2017年中央财政支持地方高校发展专项资金项目——财经类～
（藏财教指〔2018〕8号）阶段性成果、2020年西藏大学财经～
业建设"阶段性成果、2020年西藏大学"一流本科课程–财政学～
阶段性成果

统计学

STATISTICS

杨阿维　王建南　孔凡胜◎著

经济管理出版社

ECONOMY & MANAGEMENT PUBLISHING HOUSE

图书在版编目（CIP）数据

统计学/杨阿维，王建南，孔凡胜著 . —北京：经济管理出版社，2021.1
ISBN 978 - 7 - 5096 - 7679 - 0

Ⅰ. ①统…　Ⅱ. ①杨…　②王…　③孔…　Ⅲ. ①统计学—高等学校—教材　Ⅳ. ①C8

中国版本图书馆 CIP 数据核字（2021）第 011015 号

组稿编辑：丁慧敏
责任编辑：张莉琼　丁光尧
责任印制：黄章平
责任校对：王淑卿

出版发行：经济管理出版社
　　　　　（北京市海淀区北蜂窝 8 号中雅大厦 A 座 11 层　100038）
网　　址：www. E - mp. com. cn
电　　话：（010）51915602
印　　刷：北京晨旭印刷厂
经　　销：新华书店
开　　本：720mm × 1000mm/16
印　　张：19.5
字　　数：339 千字
版　　次：2021 年 1 月第 1 版　　2021 年 1 月第 1 次印刷
书　　号：ISBN 978 - 7 - 5096 - 7679 - 0
定　　价：78.00 元

前　言

　　《统计学》是针对财经类专业统计学课程教学而专门编制的本科教材，主要内容包括统计的基本概念、数据的收集、数据的图表展示、数据的概括性度量、参数估计、假设检验、分类数据分析、方差分析、一元线性回归、多元线性回归、时间序列分析和预测、指数。本书内容共分为 12 章，各章编写分工如下：第一章、第二章、第三章、第四章由杨阿维编写；第五章、第六章、第七章、第八章由王建南编写；第九章、第十章、第十一章、第十二章由孔凡胜编写。

　　由于编者学识和能力有限，书中不足与疏漏之处在所难免，敬请广大读者在阅读过程中提出宝贵意见，以便进一步修订和完善。

目 录

第一章　导论

统计在许多领域都有应用。在日常生活中，我们也经常会接触到各种统计数据，比如，国家统计局、媒体报道中使用的一些统计数据、图表等。以下就是统计研究的一些结论：藏族是西藏主体民族；海拔高度与人均寿命呈反比关系；身材高挑的父母，其子女的身材也较高挑；两天服一片阿司匹林会减少心脏病第二次发作的概率；如果每天摄取 500 毫升的维生素 C，生命可延长 6 年；统计调查表明，怕老婆的丈夫得心脏病的概率较大；延长鸡棚光照时间可以增加鸡蛋产量。这些结论是正确的吗？你相信这些结论吗？要正确阅读并理解这些数据，就需要具备一些统计学知识。

掌握一些统计学知识对普通大众非常有必要，每天我们生活中关心的一些事情就包含统计学知识。比如，在外出旅游时，需要关心一段时间内的详细天气预报；在投资股票时，需要了解股票市场价格的信息，了解某只特定股票的有关财务信息；在观看世界杯足球赛时，要了解每支球队的技术；等等。

随着计算机技术的广泛应用、大数据的推广和数据统计的需要，与之而来的统计软件也是种类繁多、功能俱全，为人们捕捉数据、处理数据、分析数据提供了便利。本章将介绍统计学的一些基本问题，包括统计学的含义、统计数据及其分类、统计中的常用基本概念等。

第一节　统计及其应用领域

一、什么是统计学

统计学是处理数据的一门科学。人们给统计学下的定义很多，比如，统计学是收集、分析、表达和解释数据的科学；统计是一组方法，用来设计实验、获得数据，然后在这些数据的基础上组织、概括、演示、分析、解释和得出结论。综合地说，统计学（statistic）是收集、处理、分析、解释数据并从数据中得出结论的科学。

统计学是关于数据的科学，它所提供的是一套有关收集、处理、分析、解释数据并从数据中得出结论的方法，统计研究的是来自各领域的数据。数据收集是取得统计数据；数据处理是将数据用图表等形式展示出来；数据分析则是选择适当的统计方法研究数据，并从数据中提取有用信息进而得出结论。

数据分析所用的方法可分为描述统计方法和推断统计方法。描述统计（descriptive statistics）研究数据收集、数据处理、数据汇总、图表描述、图表概括与图表分析等统计方法。推断统计（inferential statistics）是研究如何利用样本数据来推断总体特征的统计方法。比如，要了解一个地区的人口特征，不可能对每个人的特征一一进行测量；对产品质量进行的检验往往是破坏性的，也不可能对每个产品进行测量。这就需要抽取部分个体即样本进行测量，然后根据获得的样本数据对所研究的总体特征进行推断，这就是推断统计要解决的问题。

二、统计学的研究对象

统计学的研究对象是由统计工作的实践要求决定的。既然统计是一种调查研究活动，那么，统计学就应该是立足这种调查研究活动，研究如何进行这种调查研究活动的科学。所以我们认为：统计学是认识客观现象总体数量特征和数量关系的实质性的方法论科学，就客观现象的实质内容，给出较为科学而客观的认识方法。统计学的研究对象是关于收集、整理、分析和提供客观现象总体数量方面的原理、原则和方式、方法。

关于统计学的学科性质和研究对象，我国统计理论界经过多年的争论，基本上形成了两种意见：一种意见主张统计学是研究统计方法的，与统计学的研究对象相区别，称之为"方法论学派"，统计学则是"方法论学科"。另一种意见主张统计学是研究经济规律的，与其研究对象统一称之为"规律学派"，统计学则是"实质性学科"。

历史地、辩证地看，统计学对统计方法和统计规律的研究是不能截然分开的，更不能分成相互对立的两种观点。从社会经济统计学的形成过程看，随着其知识体系的变迁和发展，对统计方法和统计规律的研究是有机统一的，他们的研究趋势如下：第一，从客观社会经济现象的文字记述向描述社会经济现象数量特征发展。主要表现在"国势学派"和"政治算术学派"合流的社会经济统计形成的过程中，"国势学派"用文字记述有关国情国力的系统知识，但没有把数量对比分析作为其基本特征，"算术学派"运用大量的实际资料，对国情国力做了系统的数量对比分析，为社会经济统计学的形成打下了基础，对规律的揭示和对方法的研究此时已见雏形。第二，从简单直接的统计调查方法向抽样方法等多种科学性方法发展。19世纪中叶后，涌现大批社会经济统计学家，他们不仅以研究社会现象的数量方面为主，把大量观察法作为统计的基本方法，而且还从探索社会现象中的统计规律向提供研究社会现象统计方法转移，主张采用抽样法并把某些数理统计方法引入社会统计方法论中。第三，从认识统计规律向既认识统计规律又研究统计认识的科学方法发展。主要表现在"社会统计学派"学科体系完成的社会经济统计发展过程。德国社会统计学派的代表人物梅尔1877年出版的《社会生活中的规律》一书主张"统计学是在对总体现象大量观察的基础上，对人类社会生活实际状态及其产生的规律作系统的表述和说明"。因此，统计学是研究规律的实质性科学。随后他又把统计方法作为统计学理论的基本内容进行研究。自古那些国家统计中所使用的方法和技术，到19世纪后半叶的今天，已不够用了。作为科学认识手段的统计学，应该从简单的收集和记述数字的形式和定义，上升到研究规律的实质意义。为此，梅尔根据统计学发展的历史，把大量观察法的地位推向极点，使得大量观察法在自然科学的认知中排第二位，而在社会科学的认知中排第一位。大量观察法的理论体系，全部由梅尔完成，并成为19世纪后半叶到20世纪初支配德国统计学界的主要理论体系。梅尔认为，统计方法在当时已经分化并独立发展为统计（方法论）科学，因此，他主张把实质性统计学和方法论统计学合并成一门学科。至此，社会经济统计学在性质上为实质性的方法论学科已趋于形成。

在我国，有学者将统计学的方法性与实质性割裂开来，认为统计学是为研究客观现象数量关系而研究如何进行统计的方法和方法论。客观现象的数量关系是统计方法的客体，但统计不是直接研究客体，而是为研究客体提供方法，客体则是统计机关、统计工作的研究对象。唯物主义原理认为，一切方法只能来源于客观现象，而不可能脱离客观现象。由人们头脑随意制造、设计出来。任何科学方法都是人们在认识和改造世界的过程中研究概括出来的，是人们认识客观世界及其发展规律的产物。认识或研究的方法是由客观的研究对象决定的。因此，对象——客体是第一性的，而方法则是由研究对象决定的，是第二性的，当人们对研究客体有了充分认识，掌握了研究对象的内在联系，从而得到科学的方法，进一步帮助我们认识对象，但方法是否科学，并不随人们主观而论，最后还要接受实践的检验，从人与客观世界的关系中来回答。试问，统计学如果不研究客观的社会经济现象，它又怎能为统计工作和其他社会科学提供研究社会经济现象的方法呢？所有主张统计学仅仅是方法论的学者，总是认为研究方法可以脱离研究对象而独立存在，这是不符合马克思主义认识论的基本原理的。

如果统计方法的研究可以离开一个国家的具体情况，不研究这个国家的社会经济的现状和发展趋势，那么统计研究方法不就是一成不变了吗？

事实上，我国现有的论著和论文，并不仅仅是统计方法的简单叙述，大都在说明每一种统计方法是怎样根据被研究对象的具体情况描述出来，又怎样根据客观过程的情况和条件才得到各种正确的统计指标。统计研究方法不仅仅是一个统计方法，同时又是关于一定的社会经济现象范畴的数量说明。从辩证唯物主义看来，一切科学范畴、统计指标的社会经济内容和计算分析方法，共同构成统计学的基本内容。

从研究内容上来看，统计是一种对客观现象的调查研究活动。这种调查研究活动可以产生两方面的成果：一是关于客观现象数量方面的认识成果，表现为统计资料和对客观现象数量关系的分析研究成果；二是研究和总结这种调查研究活动是怎样进行的，怎样调查研究才能达到对客观现象数量方面的正确认识。纵观统计学的整个历史发展过程，这两方面的成果始终都被包含在其研究范围之内。区别在于由于人们认识的差异，在某些时候，第一种认识成果所占份额大些，而在另一些时段，第二种认识成果所占份额大些。这与统计学的性质即实质性的方法论科学相一致，它既符合历史的发展和学科的客观情况，也适应统计工作发展的要求。

因此，对象、规律、方法是不可分割地联系在一起的，除马克思主义哲学外，没有哪一门科学能够认识现象的规律而没有自己的研究方法，也没有哪一门科学能为一切科学提供共同的研究方法。

三、统计的应用领域

统计方法是适用于所有学科领域的通用数据分析方法，只要有数据的地方就会用到统计方法。随着人们对定量研究的日益重视，统计方法已被应用到自然科学和社会科学的众多领域，统计学也已发展成为由若干分支学科组成的学科体系。可以说，几乎所有的研究领域都要用到统计方法，比如政府部门、学术研究领域、大数据应用、公司或企业的生产经营管理等。

利用统计方法可以简化繁杂的数据，比如，用图表展示数据，建立数据模型，使复杂问题简单化。有人认为统计的目的就是让人看懂数据，其实这仅仅是一个方面，统计更重要的功能是对数据进行分析，它提供了一套分析数据的方法和工具。不同的人对数据分析的理解也会大不一样，曲解数据分析是常见的现象。在有些人的心目中，数据分析就是为他的理论及模型寻找数据支持，他们的心目中可能有了某种结论性的东西，或者说他们希望看到符合其需要的某种结论，而后去找些统计数据来支持他们的结论。这恰恰歪曲了数据分析的本质，数据分析的真正目的是从数据中找出规律、从数据中寻找启发，而不是寻找支持。真正的数据分析就如做证明题一样，事先是没有结论的，通过对数据的分析才能得出结论。统计不是万能的，它不能解决面临的所有问题。统计可以帮助分析数据，并从分析中得出某种结论，但对统计结论的进一步解释，则需要与专业知识结合。比如，生活不规律会使患抑郁症的概率增大，这是一个统计结论，但要解释生活不规律为什么会引发抑郁症，这就需要有更多的医学知识和病理研究基础才行。

第二节　统计数据的类型

统计数据是对现象进行测量的结果。比如，对投资、消费和净出口的测量可以得到国内生产总值（GDP）数据；通过对公司利润表和资产负债表进行分析，判断企业的盈利能力；通过对新出生人口性别的测量，评估未来婚生时代男女性别匹配状况。下面将从不同角度对统计数据进行分类。

一、分类数据、顺序数据、数值型数据

依据所采用的计量尺度，可以将统计数据分为分类数据、顺序数据和数值型数据。分类数据（categorical data）是只能归于某一类别的非数字型数据，它是对事物进行分类的结果，数据表现为类别，用文字来表述。例如，人口按照性别

分为男、女两类；产业按产业结构分为第一产业、第二产业和第三产业；企业按企业所有制形式划分为国有企业、集体企业、私营企业、股份制企业、外商独资企业、中外合资企业、个人独资企业等，这些均属于分类数据。为便于统计处理，可以用数字代码来表示各个类别，比如，用1表示"男性"，0表示"女性"；用1表示"第一产业"，2表示"第二产业"，3表示"第三产业"，等等。

顺序数据（rank data）是只能归于某一有序类别的非数字型数据。顺序数据虽然也是类别，但这些类别是有序的。比如，将产品质量等级分为一等品、二等品、三等品、次品；考试成绩可以分为优、良、中、及格、不及格；一个人的受教育程度可以分为文盲、小学、初中、高中、大学及以上；一个人对某一事物的态度可以分为非常满意、满意、保持中立、不满意、非常不满意。同样，顺序数据也可以用数字代码来表示。比如，1表示"非常同意"，2表示"同意"，3表示"保持中立"，4表示"不同意"，5表示"非常不同意"。

数值型数据（metric data）是按数字尺度测量的观察值，其结果表现为具体的数值。现实中所处理的数据大多数都是数值型数据，比如身高、年龄、体重、工资、增长率等。

分类数据和顺序数据说明的是事物的品质特征，通常用文字来表述，其结果均表现为类别，也可统称为定性数据或品质数据（qualitative data）；数值型数据说明的是现象的数量特征，通常用数值来表现，也可称为定量数据或数量数据（quantitative data）。

二、观测数据和实验数据

依据统计数据的收集方法，可以将其分为观测数据和实验数据。观测数据（observational data）是通过调查或观测而收集到的数据，这类数据是在没有人为控制的条件下得到的，有关社会经济现象的统计数据几乎都是观测数据。实验数据（experimental data）则是在实验中控制实验对象而收集到的数据。比如，食物保质期的实验数据，一种新药物临床试验的实验数据。自然科学领域的大多数数据都是实验数据。

数据的测量尺度有四种：①分类尺度（nominal scale），指按照事物的某种属性对其进行平行分类，数据表现为类别。②顺序尺度（ordinal scale），指对事物类别顺序的测度，数据表现为有序的类别。③间隔尺度（interval scale），指对事物类别或次序之间间距的测度，没有绝对零点，数据表现为数字。④比率尺度（ratio scale），指对事物类别或次序之间间距的测度，有绝对零点，数据表现为数字。

三、截面数据和时间序列数据

依据被描述的现象与时间的关系，可以将统计数据分为截面数据和时间序列数据。截面数据（cross – sectional data）是在相同或近似相同的时间点上收集的二维数据集合，这类数据通常是在不同的空间上获得的，用于描述现象在某一时刻各类数据的变化情况。比如，2020 年我国各地区的国内生产总值数据就是截面数据。时间序列数据（time series data）是由按一定时间间隔和时间先后顺序排列的某个变量的一系列观察值组成，这类数据是按时间顺序收集到的，用于描述现象随时间变化的情况。比如，2010～2020 年我国的国内生产总值就是时间序列数据。面板数据（time series – cross sect）是在时间序列上取多个截面，在这些截面上同时选取样本观察值所构成的样本数据，比如，2010～2020 年我国人均国内生产总值、人均可支配收入、恩格尔系数、基尼系数等。

区分数据的类型是十分重要的，因为对不同类型的数据，需要采用不同的统计方法来处理和分析。比如，对分类数据我们通常计算出各组数据的频数或频率，计算其众数和异众比率，进行列联表分析和 χ^2 检验等；对顺序数据，可以计算其中位数、四分位差和等级相关系数等；对数值型数据可以用更多的统计方法进行分析，如计算各种统计量、进行参数估计和检验等。

第三节 统计中的几个基本概念

统计学中的概念很多，其中有几个概念是经常要用到的，有必要单独加以介绍。这些概念包括总体和样本、参数和统计量、变量等。

一、总体和样本

1. 总体

总体（population）是包含所研究的全部个体（数据）的集合，它通常由所研究的一些个体组成，如由多个企业构成的集合、多个城市户籍人口构成的集合、多个经济学专业大学生构成的集合等。组成总体的每个元素称为个体，在由多个企业构成的总体中，每个企业就是一个个体；在由多个城市户籍人口构成的总体中，每个城市户籍人口就是一个个体；在由多个经济学专业大学生构成的总体中，每个经济学专业的大学生就是一个个体。

总体范围的确定有时比较容易。比如，要检验一批灯泡的使用寿命，这批灯泡构成的集合就是总体，每个灯泡就是一个个体，总体的范围很清楚。但有时总体范围的确定则比较困难。比如，对西藏民族文化的需求，要想知道消费者是否喜欢，首先必须弄清哪些人是消费的主体，也就是要确定构成西藏民族文化需求的消费者这一总体。但事实上，我们很难确定西藏民族文化的范畴，哪些消费者会消费该产品和服务，总体范围的确定十分复杂。当总体的范围难以确定时，可根据研究目的来定义什么是西藏民族文化，西藏民族文化的范畴包含哪些内容，在此基础上确定消费者的总体。

总体根据其所包含的单位数目是否可数，可以分为有限总体和无限总体。有限总体是指总体的范围能够明确确定，而且元素的数目是有限可数的。比如，由若干个企业构成的总体就是有限总体，一批待检验的灯泡也是有限总体。无限总体是指总体所包括的元素是无限的、不可数的。比如，在科学实验中，每个实验数据可以看作总体的一个元素，而实验则可以无限进行下去，因此，由实验数据构成的总体就是一个无限总体。

将总体分为有限总体和无限总体主要是为了判别在抽样中每次抽取是否独立。对于无限总体，每次抽取一个单位，并不影响下一次的抽样结果，因此，每次抽取可以看作是独立的。对于有限总体，抽取一个单位后，总体的元素就会减少一个，前一次的抽样结果往往会影响第二次的抽样结果，因此，每次抽样是不独立的。这些因素会影响到抽样推断的结果。

最后，再对总体的概念作进一步的说明。如前所述，要检验一批灯泡的寿命，这批灯泡构成的集合就是总体。在统计问题中，我们只是关心每个灯泡的寿命，而不是灯泡本身，所以也可以把这批灯泡的寿命集合作为总体，这个总体是一些实数构成的集合。一般而言，有限总体就是有限个实数的集合。如果不是针对一批特定的灯泡，而是全面地考察某企业生产的灯泡的寿命，可能的寿命是多少呢？答案是 $[0, +\infty)$ 这样一个区间。或者这样看这个问题，随机从该企业生产的灯泡中拿出一个，问这个灯泡可能的寿命是多少，答案只能是"非负实数"，当然，这个"非负实数"在实际检验前是未知的。这时称该企业生产的灯泡寿命总体是取值于 $[0, +\infty)$ 区间上的一个随机变量，这是一个无限总体。

在统计推断中通常针对的是无限总体，因而通常把总体看作随机变量。一般情况下，统计上的总体是一组观测数据，而不是一群人或一些物品的集合。

2. 样本

样本（sample）是从总体中抽取一部分作为研究对象的元素的集合，构成样本的元素的数目称为样本量（sample size）。抽样的目的是根据样本提供的信息推断总体的特征。比如，从一批灯泡中随机抽取 100 个，这 100 个灯泡就构成了一个样本，然后根据这 100 个灯泡的平均使用寿命去推断这批灯泡的平均使用寿命。所抽样本量越大，抽样结果越接近真实值。

二、参数和统计量

1. 参数

参数（parameter）是用来描述总体特征的概括性数字度量，它是研究者想要了解的总体的某种特征值。研究者所关心的参数通常有总体平均数、总体标准差、总体比例等。在统计学中，总体参数通常用希腊字母表示。比如，总体平均数用 μ 表示，总体标准差用 σ 表示，总体比例用 π 表示，等等。

由于总体数据通常是未知的，所以参数是一个未知的常数。比如，我们不知道某一地区所有人口的平均年龄，不知道一个城市所有家庭的实际收入差异，不知道所有人群的受教育年限，等等。正因为如此才进行抽样，根据样本计算出某些值去估计总体参数。

2. 统计量

统计量（statistic）是用来描述样本特征的概括性数字度量。它是根据样本数据计算出来的一个量，由于抽样是随机的，因此统计量是样本的函数。研究者所关心的统计量主要有样本平均数、样本标准差、样本比例等。样本统计量通常用英文字母来表示。比如，样本平均数用 $\bar{x}$ 表示，样本标准差用 s 表示，样本比例用 p 表示，等等。由于样本是已经抽出来的，所以统计量是已知的。抽样的目的就是要根据样本去估计总体参数。比如，用样本平均数 $\bar{x}$ 去估计总体平均数 μ。用样本标准差 s 去估计总体标准差 σ，用样本比例 p 去估计总体比例 π，等等。

除了样本均值、样本比例、样本方差这类统计量，还有一些是为统计分析的需要而构造出来的统计量，比如用于统计检验的 z 统计量、t 统计量、χ^2，等等，它们的含义将在后相关章节中做介绍。

三、变量

变量（variable）是说明现象某种特征的概念，其特点是从一次观察到下一次观察，结果会呈现出差别或变化，如"商品销售额""人均可支配收入""就业率"等。变量的具体取值称为变量值，比如，"商品销售额"可以是 200 万元、300 万元、500 万元等；"人均可支配收入"可以是 3000 元、5000 元、8000 元等；"就业率"可以是 30%、50%、90%、100%。统计数据就是统计变量的某些取值。变量可以分为以下几种类型。

1. 分类变量

分类变量（categorical variable）是说明事物类别的变量，其取值是分类数据。比如，"性别"就是一个分类变量，其变量值为"男"或"女"；"行业"也是一个分类变量，其变量值可以为"零售业""旅游业""汽车制造业"；购买商品时的支付方式可分为现金、信用卡、支票等。

2. 顺序变量

顺序变量（rank variable）是说明事物有序类别的变量，其取值是顺序数据。比如，"产品质量等级"是一个顺序变量，其变量值可以为"一等品""二等品""三等品""次品"等；"受教育程度"也是一个顺序变量，其变量值可以为"小学""初中""高中""大学"等；一个人对某种事物的看法是一个顺序变量，其变量值可以为"同意""保持中立""反对"；年龄也是一个顺序变量等。

3. 数值型变量

数值型变量（metric variable）是说明事物数字特征的变量，其取值是数值型数据。如"产品产量""商品销售额""零件尺寸""年龄""时间"等都是数值型变量，这些变量可以取不同的数值。数值型变量根据其取值的不同，又可以分为离散型变量和连续型变量。离散型变量（discrete variable）是只能取可数值的变量，它只能取有限个值，而且其取值都以整数断开，可以一一列举，如"企业数""产品数量"等。连续型变量（continuous variable）是可以在一个或多个区间中取任何值的变量，它的取值是连续不断的，不能一一列举，如"年龄""温度""零件尺寸的误差"等。在对社会和经济问题的研究中，当离散型变量的取值很多时，也可以将离散型变量当作连续型变量来处理。

变量这一概念以后经常要用到，但多数情况下所说的变量是指数值型变量，大多数统计方法所处理的也都是数值型变量。当然，也可以从其他角度对变量进行分类，比如，随机变量和非随机变量、经验变量（empirical variable）和理论变量（theoretical variable）等。经验变量所描述的是周围环境中可以观察到的事物。理论变量则是由统计学家用数学方法所构造出来的一些变量，比如后面的有些章节中将要用到的 z 统计量、t 统计量、χ^2 统计量、F 统计量等。

习题

一、思考题

1. 什么是统计学？
2. 统计数据可分为哪几种类型？不同类型的数据各有什么特点？
3. 解释分类数据、顺序数据和数值型数据的含义。
4. 举例说明总体、样本、参数、统计量、变量这几个概念。
5. 变量可分为哪几类？
6. 举例说明离散型变量和连续型变量。
7. 请举出几个统计应用的例子。

二、练习题

1. 指出下面变量的类型。
（1）体重。
（2）性别。
（3）企业类型。
（4）农牧民对精准扶贫的满意度（非常满意、满意、中立、不满意、非常不满意）。
（5）购买商品时的支付方式（现金、信用卡、支票）。
（6）工资。
（7）汽车产量。
2. 西藏自治区统计局准备抽取 20000 个家庭，推断全区人均可支配收入。
（1）描述总体和样本。
（2）指出参数和统计量。
3. 一家研究机构从西藏大学生中随机抽取 1000 人作为样本进行消费行为调

查，其中，70%的人回答他们的月均支出在 1500 元以上，50%的人回答微信支付是他们的消费支付方式之一。

（1）这一研究的总体是什么？

（2）月均支出是分类变量、顺序变量，还是数值型变量？

（3）消费支付方式是分类变量、顺序变量，还是数值型变量？

（4）这一研究涉及截面数据，还是时间顺序数据？

4. 一项调查表明西藏大学生每月在网上购物的平均花费是 300 元，他们选择在网上购物的主要原因是"可选择性较多"。

（1）这一研究的总体是什么？

（2）"西藏大学生网上购物的原因"是分类变量、顺序变量，还是数值型变量？

（3）研究者所关心的参数是什么？

（4）"西藏大学生每月网上购物的平均花费为 300 元"是参数，还是统计量？

（5）研究者所使用的主要是描述统计方法，还是推断统计方法？

第二章 数据的收集

一个反例:《文学文摘》预测罗斯福精选落败。在美国 1936 年的总统选举中,两位竞争者分别为民主党的罗斯福和共和党的兰登。一般民意测验认为罗斯福将获胜,如盖洛普公司基于对 5 万选民的抽样调查,预测罗斯福的得票率为 56%。但是美国著名杂志《文学文摘》(*Literary Digest*)宣布,根据他们对 240 万人的调查,兰登将获得 57% 的选票。最后的投票结果是,罗斯福赢得 2770 万张选票,而兰登只得到 1600 万张选票,罗斯福以绝对优势胜出。

值得思考的问题是,为什么《文学文摘》调查的样本量如此之大,结果却那样离谱。细分析起来,他们预测失败的根本原因在于调查方案存在严重失误,违背了统计学规律,主要反映在以下两个方面:

第一,样本抽选有偏。兰登的支持者主要是富裕阶层、大资产阶级,而罗斯福的支持者主要是一般工薪阶层、中下层平民。《文学文摘》的调查对象集中在富人圈,因为《文学文摘》是通过电话簿和俱乐部进行调查的,而在 1936 年,美国约有 1100 万户家庭拥有电话,大多是富裕家庭支持兰登。而俱乐部成员(如高尔夫球俱乐部等)则是更富裕的阶层,他们也支持兰登。美国当时有 900多万失业人口,按《文学文摘》的调查方案,这些失业人口难以被纳入样本中,而这些人中的绝大多数都是支持罗斯福的。

第二,没有考虑缺失数据的影响。《文学文摘》在进行调查时发放了 1000 万份问卷,但只收回了近 240 万份。例如,他们当年对 1/3 的芝加哥选民进行调查,却只有 20% 的比较富裕的阶层给予回答,而那些忙于生计的一般家庭大多拒绝回应。实际投票中,在芝加哥市罗斯福以压倒性多数票胜过兰登。这说明,当回答者和无回答者有显著差异时,忽略缺失数据进行推断一定会出错。

《文学文摘》的这次调查被称为美国历史上最失败的一次调查,多次作为数据收集失败的案例被写入各类调查图书。《文学文摘》最终也因此破产倒闭。

受教育程度与收入有关系吗?城乡收入差距是扩大还是缩小?对父母的孝敬

程度与子女的性别有关系吗？政府转移支付能否增加该区域的个人可支配收入？这些都是现实当中我们遇到却不知道答案的问题。为了回答这些问题，就需要收集大量的相关数据进行分析。这就是说，当研究的问题确定之后，我们就要考虑为研究提供数据支撑，这里包括：数据的来源是什么？调查内容是什么？调查对象是什么？选中被调查者以后，我们如何实施调查？有些研究问题可能需要通过实验的方法获得数据，那么，怎样使用实验方法获得数据呢？我们所得到的这些数据都很准确吗？如果不准确，误差是怎么产生的？应当怎样控制误差，以便获得较高质量的数据？这些工作都是统计研究活动中所不可缺少的环节。本章将对上述有关问题加以讨论。

第一节　数据的来源

所有原始统计数据的来源，都是调查或实验。但是，从使用者的角度看，统计数据主要来自两条渠道：一个是数据的间接来源，即数据是由别人通过调查或实验的方式收集的，使用者只是找到它们并加以使用，对此我们称为数据的间接来源；另一个是通过自己的调查或实验活动，直接获得第一手数据，对此我们称为数据的直接来源。本节将对获取数据的这两条渠道分别加以介绍。

一、数据的间接来源

如果与研究内容有关的原信息已经存在，我们只是对这些原信息重新加工、整理，使之成为我们进行统计分析可以使用的数据，则把它们称为间接来源的数据。从收集的范围看，这些数据可以取自系统外部，也可以取自系统内部。数据取自系统外部的主要渠道有统计部门和各级政府部门公布的有关资料，如定期发布的统计公报、定期出版的各类统计年鉴；各类经济信息中心、信息咨询机构、专业调查机构、各行业协会和联合会提供的市场信息和行业发展的数据情报；各类专业期刊、报纸、图书所提供的文献资料；各种会议，如博览会、展销会、交易会及专业性、学术性研讨会上交流的有关资料；从互联网或图书馆查阅到的相关资料；等等。取自系统内部的资料，如果就经济活动而言，则主要包括业务资料，如与业务经营活动有关的各种单据，记录经营活动过程中的各种统计报表、各种财务会计核算和分析资料等。

相对而言，这种二手资料的收集比较容易，采集数据的成本低，并且能很快得到。二手资料的作用也非常广泛，除了分析所要研究的问题，这些资料还可以提供研究问题的背景，帮助研究者更好地定义问题，检验和回答某些疑问和假设，寻找研究问题的思路和途径。因此，收集二手资料是研究者最先考虑并采用的，分析也应该先从对二手资料的分析开始。

但是，二手资料也有很大的局限性，研究者在使用二手资料时要保持谨慎的态度。因为二手资料并不是为特定的研究问题而产生的，所以在回答所研究的问题方面可能是有缺陷的，如资料的相关性不够，口径不一致，数据不准确，缺乏时效性，等等。因此，在使用二手资料前，对二手资料进行评估是必要的。

对二手资料进行评估可以考虑以下方面：

（1）资料是谁收集的？（这主要是考察数据收集者的实力和社会信誉度。例如，对于全国性的宏观数据，与某个专业性的调查机构相比，政府有关部门公布的数据可信度更高。）

（2）为什么目的而收集？（为了某个集团的利益而收集的数据是值得怀疑的。）

（3）数据是怎样收集的？（收集数据可以有多种方法，不同方法所采集到的数据，其解释力和说服力都是不同的。如果不了解收集数据所用的方法，则很难对数据的质量做出客观的评价。数据的质量决定于数据的产生过程。）

（4）什么时候收集的？（过时的数据，其说服力自然受到质疑。）

使用二手数据，要注意数据的定义、含义、计算口径和计算方法，避免错用、误用、滥用。在引用二手数据时，应注明数据的来源，尊重他人的劳动成果。

二、数据的直接来源

虽然二手数据具有收集方便、数据采集快、采集成本低等优点，但对一个特定的研究问题而言，二手资料的主要弱点是针对性不够强，所以仅仅靠二手资料还不能回答研究所提出的问题，这时就要通过调查和实验的方法直接获得一手资料。我们把通过调查方法获得的数据称为调查数据，把通过实验方法得到的数据称为实验数据。

调查通常是对社会现象而言的。例如，经济学家通过收集经济现象的数据来分析经济形势、某种经济现象的发展趋势、经济现象相互之间的联系和影响。社会学家通过收集有关人的数据以了解人类行为。管理学家通过收集生产经营活动的有关数据以分析生产过程的协调性和效率。调查数据通常取自有限总体，即总体所包含的个体单位是有限的。如果调查针对总体中的所有个体单位进行，就把这种调查称为普查。普查数据具有信息全面、完整的特点，对普查数据的全面分析和深入挖掘是统计分析的重要内容。但是，当总体较大时，进行普查将是一项很大的工程，由于普查涉及的范围广，接受调查的单位多，所以耗时、费力，调查的成本也非常高，因此，普查不可能经常进行。事实上，统计学家所面临的经常是样本的数据，如何从总体中抽取出一个有效的样本，就成为统计学家需要考虑的一个问题。对于调查数据，将在下一节中专门讨论。

实验大多是对自然现象而言的。例如，化学家通过实验了解不同元素结合后产生的变化，农学家通过实验了解水分、温度对农作物产量的影响，医学家通过实验验证新药的疗效。但实验作为收集数据的一种科学的方法也广泛应用于社会科学中。心理学、教育学的研究大量使用实验的方法获取所需要的数据，社会学、经济学、管理学中也有许多使用实验方法获得研究数据的案例。关于实验数据，我们将在本章第三节中专门讨论。

第二节　调查数据

一、概率抽样和非概率抽样

在数据采集阶段，统计学家面临的一个关键问题是如何抽选出一个好的样本。好的样本都是相对而言的，相对包括两方面的含义：一方面是针对研究的问题而言的。不同的研究问题，对样本的要求会有所差别，对某个研究问题，这可能是一个不错的样本，对另一个研究问题，这个样本可能就是糟糕的。例如，如果研究顾客的满意度，样本选取应当来自该产品的用户，而如果了解消费者对该产品的购买意愿，样本就应当取自所有潜在的购买者。所以，进行什么样的抽样设计首先取决于研究目的。另一方面是针对调查费用与估计精度的关系而言的。进行数据收集总要投入一定的调查费用，调查中也希望获得更多高质量的数据。

但两者往往是有矛盾的，一个好的样本应具有最好的性能价格比，即在相同调查费用的条件下，获得数据的估计精度最高，或在相同估计精度的条件下，调查成本最低。在研究中，我们对估计结果的精度要求是可以有差别的，有些问题很重要，我们希望估计的精度高一些，有些数据相比而言不太重要，放松估计精度而节省大量调查费用也是一个不错的选择，正如对航天器中精密仪器主轴加工精度的要求和制作一根香肠时所要求的精度不能相提并论一样，对投资股票收益率的估计和对电视节目收视率的估计的精度要求也可以有所不同，因为它们意味着不同的后果。

使用抽样采集数据的具体方式有许多种，可以将这些不同的方式分为两类：概率抽样和非概率抽样。

1. 概率抽样

概率抽样（probability sampling）也称随机抽样，是指遵循随机原则进行的抽样，总体中每个单位都有一定的机会被选入样本。它具有下面几个特点：

首先，抽样时是按一定的概率以随机原则抽取样本。所谓随机原则就是在抽取样本时排除主观上有意识的抽取调查单位，使每个单位都有一定的机会被抽中。需要注意的是，随机不等于随便，随机有严格的科学含义，可以用概率来描述，而随便则带有人为的主观因素。例如，要在一个学院内抽取 100 位同学作为样本，若采用随机原则，就需要事先将学院内的同学按某种顺序编上号，通过一定的随机化程序，如使用随机数字表，抽取出样本，这样可以保证学院内每个年级每个专业的每个同学都有一定的机会被选中。而如果调查人员站在宿舍，将最先走到宿舍楼外的 100 位同学选入样本，这就是随便而不是随机，这种方法不能使学院内的所有同学都有一定的机会被选中，例如，已经在宿舍楼外的人不可能被选中，由于上课时间安排和就餐时间差异使在调查时段不外出的人也没有机会被选中。随机与随便的本质区别就在于，是否按照给定的入样概率，通过一定的随机化程序抽取样本单元。

其次，每个单位被抽中的概率是已知的，或是可以计算出来的。

最后，当用样本对总体目标量进行估计时，要考虑到每个样本单位被抽中的概率。这就是说，估计量不仅与样本单位的观测值（也称为观察值）有关，也与其入样概率有关。

需要提及的是，概率抽样与等概率抽样是两个不同的概念。当我们谈到概率抽样时，是指总体中的每个单位都有一定的非零概率被抽中，单位之间被抽中的概率可以相等，也可以不等。若是前者，称为等概率抽样；若是后者，称为不等概率抽样。

调查实践中经常采用的概率抽样方式有以下几种。

（1）简单随机抽样。

进行概率抽样需要抽样框，抽样框（sampling frame）通常包括所有总体单位的信息，如企业名录（抽选企业）、学生名册（抽选学生）和住户门牌号码（抽选住户）等。抽样框的作用不仅在于提供备选单位的名单以供抽选，它还是计算各个单位入样概率的依据。简单随机抽样（simple random sampling）就是从包括总体 N 个单位的抽样框中随机地、一个个地抽取 n 个单位作为样本，每个单位的入样概率是相等的。抽样的随机性是通过抽样的随机化程序体现的，实施随机化程序可以使用随机数字表，也可以使用能产生符合要求的随机数序列的计算机程序。

简单随机抽样是一种最基本的抽样方法，是其他抽样方法的基础。这种方法的突出特点是简单、直观，在抽样框完整时，可以直接从中抽取样本，由于抽选的概率相同，用样本统计量对目标量进行估计及计算估计量误差都比较方便。但简单随机抽样在实际应用中也有局限性：首先，它要求将包含所有总体单位的名单作为抽样框，当 N 很大时，构造这样的抽样框并不容易；其次，根据这种方法抽出的单位有时很分散，给实施调查增加了困难；最后，这种方法没有利用其他辅助信息以提高估计的效率。所以，在规模较大的调查中，很少直接采用简单随机抽样，一般是把这种方法和其他抽样方法结合起来使用。

（2）分层抽样。

分层抽样（stratified sampling）是将抽样单位按某种特征或某种规则划分为不同的层，然后从不同的层中独立、随机地抽取样本，再将各层的样本结合起来，对总体的目标量进行估计。分层抽样有许多优点，例如，这种抽样方法保证了样本中包含有各种特征的抽样单位，样本的结构与总体的结构比较接近，从而可以有效提高估计的精度；分层抽样在一定条件下为组织实施调查提供了方便（当层按行业或行政区划进行划分时）；分层抽样既可以对总体参数进行估计，也可以对各层的目标量进行估计；等等。这些优点使分层抽样在实践中得到了广泛的应用。

（3）整群抽样。

将总体中若干个单位并为组，这样的组称为群。抽样时直接抽取群，然后对选中群中的所有单位全部实施调查，这样的抽样方法称为整群抽样（cluster sampling）。

与简单随机抽样相比，整群抽样的特点在于：第一，抽取样本时只需要群的抽样框，而不必要求具有所有单位的抽样框，这就大大简化了编制抽样框的工作量。第二，由于群通常是由那些地理位置邻近的或隶属于同一系统的单位所构成，因此调查的地点相对集中，从而节省了调查费用，方便了调查的实施。整群抽样的主要弱点是估计的精度较差，因为同一群内的单位或多或少有些相似，在样本量相同的条件下，整群抽样的抽样误差通常比较大。一般来说，整群抽样要得到与简单随机抽样相同的精度，需要增加基本调查单位。

（4）系统抽样。

将总体中的所有单位（抽样单位）按一定顺序排列，在规定的范围内随机抽取一个单位作为初始单位，然后按事先规定好的规则确定其他样本单位，这种抽样方法称为系统抽样（systematic sampling）。典型的系统抽样是先从数字 $1 \sim k$ 随机抽取一个数字作为初始单位，然后依次取 $r+k$，$r+2k$，$\cdots$，$r+nk$，所以可以把系统抽样看成是将总体内的单位按顺序分成 k 群，用相同的概率抽取出一群的方法。

系统抽样的主要优点是操作简便，如果有辅助信息，对总体内的单位进行有组织的排列，可以有效提高估计的精度。系统抽样的缺点是对估计量方差进行计算比较困难。系统抽样方法在调查实践中有广泛的应用。

（5）多阶段抽样。

采用类似整群抽样的方法，首先抽取群，但并不是调查群内的所有单位，而是进一步抽样，从选中的群中抽取出若干个单位进行调查。因为抽取这些接受调查的单位需要两个步骤，所以将这种抽样方式称为二阶段抽样。群是初级抽样单位，第二阶段抽取的是最终抽样单位，将这种方法推广，使抽样的段数增多就称为多阶段抽样（multi-stage sampling）。例如，第一阶段抽取初级单位，第二阶段抽取二级单位，第三阶段抽取接受调查的最终单位，就是三阶段抽样，同样的方法还可以定义四阶段抽样。不过，实施大规模的抽样调查，抽取样本的阶段也应当尽可能减少。因为每增加一个抽样阶段，就会增加一份估计误差，用样本对总体进行估计也更加复杂。

多阶段抽样具有整群抽样的优点，它保证了样本的相对集中，从而节约了调查费用；不需要包含所有低阶段单位的抽样框；同时，由于实行了再抽样，使得调查能够在更广的范围内展开。在较大规模的抽样调查中，多阶段抽样是经常采用的办法。

以上介绍了几种常见的概率抽样方式。概率抽样的最主要优点是，可以依据调查结果，计算估计量误差，从而提高对总体目标量进行推断的可靠程度。另外，也可以按照要求的精确度，计算必要的样本单位数目。所以这些都为统计结果的评估提供了有力的依据，所以，统计分析的样本主要是概率样本，即样本是采用概率抽样方式得到的。

2. 非概率抽样

非概率抽样（non-probability sampling）是相对于概率抽样而言的，指抽取样本时不是依据随机原则，而是根据研究目的对数据的要求，采用某种方式从总体中抽出部分单位对其实施调查。非概率抽样的方式有许多种，可以归为以下几种类型。

（1）方便抽样。

调查过程中由调查员依据方便的原则，自行确定进入抽样本的单位。例如，调查员在街头、公园、商店等公共场所进行拦截式的调查；厂家在出售产品的柜台前对路过的顾客进行的调查，等等。方便抽样的最大特点是容易实施，调查成本低，但这种抽样方式也有明显的弱点。例如，样本单位的确定带有随意性，因此，方便样本无法代表有明确定义的总体，将方便样本的调查结果推广到总体是没有任何意义的。因此，如果研究的目的是对总体参数进行推断，使用方便样本是不合适的。但在科学研究中，使用方便样本可以帮助研究人员对研究内容产生初步认识或建立假设。

（2）判断抽样。

判断抽样是另一种比较方便的抽样方式，是指研究人员根据经验、判断和对研究对象的了解，有目的地选择一些单位作为样本，实施时根据不同的目的使用重点抽样、典型抽样、代表抽样等方式。重点抽样是从调查对象的全部单位中选择少数重点单位，对其实施调查。这些重点单位的数量虽然不多，但在总体中占有重要地位。例如，要了解全国钢铁企业的生产状况，可以选择产量较大的几个钢铁企业，对这些重点单位进行调查，就可以了解钢铁产量的大致情况及产量变化的基本走势。典型抽样是从总体中选择若干个典型的单位进行深入调研，目的是通过典型单位来描述或揭示所研究问题的本质和规律，因此，选择的典型单位应该具有研究问题的本质特征。例如，研究青少年犯罪问题，可以选择一些典型的犯人，对其做深入细致的调查，掌握大量一手资料，进而分析青少年犯罪的一般规律。代表抽样是通过分析，选择具有代表性的单位作为样本，在某种程度上，也具有典型抽样的含义。例如，某奶粉生产企业欲了解消费者对奶粉成分的需求，可以调查一些年轻的母亲，因为她们购买奶粉的数量较大，对奶粉的成分有更高的要求，通过她们可以了解消费者购买奶粉时的选择意向。判断抽样是主观的，样本选择的好坏取决于调研者的判断、经验、专业程度和创造性。这种抽样方式的成本比较低，也容易操作，但由于样本是人为确定的，没有依据随机的原则，因而调查结果不能用于对总体参数进行估计。

（3）自愿样本。

自愿样本指被调查者自愿参加，成为样本中的分子，向调查人员提供有关信息。例如，参与报刊和互联网刊登的调查问卷活动，向某类节目拨打热线电话等，都属于自愿样本。自愿样本与抽样的随机性无关，样本的组成往往集中于某类特定人群，尤其集中于对该调查活动感兴趣的人群，因此，这种样本是有偏的。我们不能依据样本的信息对总体的状况进行估计，但自愿样本仍可以给研究人员提供许多有价值的信息，它可以反映某类群体的一般看法。

（4）滚雪球抽样。

滚雪球抽样往往用于对稀少群体的调查。在滚雪球抽样中，首先选择一组调查单位，对其实施调查之后，再请他们提供另外一些属于研究总体的调查对象，调查人员根据所提供的线索，进行此后的调查。这个过程持续下去，就会形成"滚雪球效应"。例如，欲对自行车爱好者进行某项调查，调查人员先找到若干名自行车爱好者，然后通过他们找到更多的自行车爱好者。滚雪球抽样也属于非概率抽样，因为与随机抽取的被调查者相比，被推荐的被调查者在许多方面与推荐他们的那些人更为相似。滚雪球抽样的主要优点是容易找到那些属于特定群体的被调查者，调查成本也比较低。它适合对特定群体进行研究的资料收集。

（5）配额抽样。

配额抽样类似于概率抽样中的分层抽样，在市场调查中有广泛的应用。首先，将总体中的所有单位按定的标志（变量）分为若干类，然后在每个类别中采用方便抽样或判断抽样的方式选取样本单位。这种抽样方式操作比较简单，而且可以保证总体中不同类别的单位都能包括在所抽样本之中，使得样本结构和总体结构类似。但因为在抽取具体样本单位时，并不是依据随机原则，所以它属于非概率抽样。

在配额抽样中，可以按单一变量控制，也可以按交叉变量控制。表 2-1 是单一变量控制的例子。在一个城市中，采用配额抽样抽出一个 $n = 400$ 的样本。控制变量有年龄和性别，配额是按单个变量分别分配的，如各个年龄段的配额和性别的配额。这种配额抽样操作比较简便，但有可能出现偏斜，如年龄低的均为女性，年龄高的均为男性。表 2-2 是交叉变量控制的例子。

表 2-1　单一变量控制配额分配表

年龄	人数	性别	人数
18（含 18 岁）~30 岁（不含 30 岁）	100		
30（含 30 岁）~40 岁（不含 40 岁）	100	男	200
40（含 40 岁）~50 岁（不含 50 岁）	100	女	200
50 岁以上（含 50 岁）	100		
合计	400		400

表 2-2　交叉变量控制配额分配表

年龄	男	女	人数
18（含 18 岁）~30 岁（不含 30 岁）	55	45	100
30（含 30 岁）~40 岁（不含 40 岁）	45	55	100
40（含 40 岁）~50 岁（不含 50 岁）	48	52	100
50 岁以上（含 50 岁）	52	48	100
合计	200	200	400

交叉变量配额控制可以保证样本的分布更为均匀，但现场调查中为了保证配额的实现，尤其是在调查接近结束时，所选的样本单位要同时满足特定的配额，操作的难度可能要大一些。

3. 概率抽样与非概率抽样的比较

概率抽样与非概率抽样是性质不同的两种抽样类型，在调查中采用何种抽样类型，取决于多种因素，包括研究问题的性质、使用数据要说明的问题、调查对象的特征、调查费用、时间等。

由于非概率抽样不是依据随机原则抽选样本，样本统计量的分布是不确切的，因而无法使用样本的结果对总体相应的参数进行推断。如果调查的目标是用样本的调查结果对总体相应的参数进行估计，并计算估计的误差，得到总体参数的置信区间，就不适合用非概率抽样。非概率抽样的特点是操作简便、时效快、成本低，而且对统计学专业技能的要求不是很高。非概率抽样适合探索性研究，调查结果用于发现问题，为更深入的数量分析做好准备。非概率抽样也适合市场调查中的概念测试，如产品包装测试、广告测试等。

概率抽样是依据随机原则抽选样本，这时样本统计量的理论分布是存在的，因此，可以根据调查的结果对总体的有关参数进行估计，计算估计误差，得到总体参数的置信区间，并在进行抽样设计时，对估计的精度提出要求，计算为满足特定精度要求所需要的样本量。所以，如果调查的目的在于掌握研究对象总体的数量特征，得到总体参数的置信区间，就应当使用概率抽样的方法。当然，概率抽样的技术含量更高，无论是抽选样本还是对调查数据进行分析，都要求有较高的统计学专业知识水平，调查的成本也比非概率抽样高。

有时在一项研究项目中，也可以把概率抽样和非概率抽样相结合，发挥各自的特点，满足研究中的不同需求。

鉴于概率抽样对统计学专业知识的要求，在本书后面对统计方法的讨论中，若没有特殊说明，均假定数据取自概率样本。

同样需要说明的是，由于概率抽样有抽取样本的不同方式（参见前面对概率抽样的讨论），而本书并不是论述抽样技术的专门图书，所以在本书后面的讨论中均假定样本是采用简单随机抽样的方式抽选出的，这有助于我们集中把握推断统计的基本原理。对其他抽样方式感兴趣的读者，请参阅相关图书。

二、收集数据的基本方法

样本单位确定之后，对这些单位进行调查，即从样本单位那里得到所需要的数据，可以采用不同的方法。收集数据的基本方法有以下几种。

1. 自填式

自填式是指在没有调查员协助的情况下由被调查者自己填写，完成调查问卷。把问卷递送给被调查者的方法有很多，如调查员分发，通过邮寄方式，通过网络方式，或把问卷刊登在报刊上，等等。由于被调查者在填答问卷时调查员一般不在现场，问卷中的疑问无人解答，所以这种方法要求调查问卷结构严谨，有清楚的说明，让被调查者一看就知道如何完成问卷。与其他调查方式相比，自填式问卷应有制作详细、形象友好的说明，必要时可在问卷上提供调查员的联系电话，以便被调查者遇到疑问时与调查员联络。

自填式方法通常要求被调查者具有一定的文化素养，可以读懂问卷，能正确理解调查问卷中的问题并进行回答。与其他收集数据的方式相比，调查组织者对自填式方法的管理相对容易，只要把问卷正确送达被调查者手中即可。自填式的调查成本也是最低的，增大样本量对调查费用的影响很小，所以可以进行大范围的调查。这种方法省时，也有利于被调查者选择方便的时间填答问卷，可以参考有关记录而不必依靠记忆进行回答。由于填写问卷时调查员不在场，因而自填式方法也可以在一定程度上减少被调查者回答敏感问题的压力。

自填式方法的弱点也是明显的。首先，问卷的回收率比较低，因为被调查者往往不够重视，在完成问卷时没有压力，所以放弃不答。同时，由于不重视，被调查者也容易把问卷丢失和遗忘。所以采用自填式方法时，通常需要做很多跟踪回访工作，以取得较高的回收率。其次，自填式方法不适合结构复杂的问卷，因为许多被调查者不会认真阅读填写问卷的指南，如果问卷中出现跳答、转答这样的问题，被调查者往往会回答错误，而如果问卷中不使用跳答、转答这样的技术手段，研究人员可能就无法收集到最合适的所需信息。再次，自填式方法对调查的内容会有所局限。此外，自填式方法的调查周期通常都比较长，调查人员也需要对问卷的递送和回收方法进行仔细的研究和选择。最后，对于在数据收集过程中出现的问题，一般难以及时采取调改措施。

2. 面访式

面访式是指现场调查中调查员与被调查者面对面，调查员提问、被调查者回答这种调查方式。面访式的主要优点是，由于是面对面的交流，调查人员可以激励被调查者的参与意识，说服不愿意参与的被访者，由此提高调查的回答率。调查员可以在现场解释问卷，回答被调查者的问题，同时，对被调查者的回答进行鉴别和澄清，提高调查数据的质量，并且可以对识字率低的群体实施调查。由于调查问卷是由经过培训的调查员所控制，所以在问卷设计中可以采用更多的技术手段，使得调查问题的组合更为科学、合理，而且，在面访式调查中，还可以借助其他调查工具，如图片、照片、卡片、实物等，丰富调查内容。面访式的数据收集方法还有一个优点，即它能对数据收集所花费的时间进行调节，如果数据收集进展太慢，需要加快速度，就可以雇用更多的调查员，而这在使用自填式方法时是不可能的。

面访式方法的弱点主要有以下几点：首先，调查的成本比较高，因为有调查员的培训费用、调查员的工资、面访式调查中送给被调查者的小礼品和调查员的交通费用，与样本量关系十分密切，所以，在大样本调查中，研究人员会面临巨大的成本压力。其次，采用面访这种收集数据的方式时，在调查过程中进行质量控制有一定难度，调查的数据质量与调查员的工作态度、责任心有直接关系，当调查员参与调查时，保证高质量的现场操作就是一个很重要的问题。此外，对于敏感问题，除非对调查员进行角色筛选和对调查员的访谈技巧进行专门的技术培训，否则，在面对面的条件下，被调查者通常不会像自填式那样放松，也容易受调查员倾向性提问的影响。

3. 电话式

电话式是指调查人员通过打电话的方式向被调查者实施调查。电话式调查的最大特点是速度快，能够在很短的时间内完成。电话式调查特别适合样本单位十分分散的情况，由于不需要支付调查员的交通费，数据收集的成本大大下降。电话式调查对调查员也是安全的，他们不必在晚上走访偏僻的居民区，而在面访式调查中，这些都是不可避免的。在电话式调查中，对访问过程进行控制也比较容易，因为调查员的工作地点都在一起，调查中遇到的问题可以得到及时处理和解决，调查督导对访问实施监听也很容易。目前，这方面的技术正在朝计算机辅助电话调查（Computer Assisted Telephone Inteview，CATI）方向发展。CATI 系统把计算机与电话式访问连接起来，调查的问卷被输入计算机，调查员在计算机屏幕前操作，随机样本的抽选由计算机完成，计算机进行自动拨号，调查员将调查结果（用鼠标点击选项）输入计算机，设计的程序可以对录入的结果进行逻辑审核，从而保证数据的合理性，可以得到即时的调查结果并进行统计，从而发现样本结构、样本分布等，使得样本的组成更为合理。对于无人接听或对方因为忙无法接受调查等特殊情况，可以在调查过程中随时暂停，CATI 系统可以自动记载下来，并在适当的时候向调查人员做出提示，对这些样本单位进行重新调查。目前在发达国家，使用 CATI 系统已经成为数据收集的最主要方法。我国电话拥有率较高，使用电话调查的方式收集数据有广阔的发展空间。

电话式调查也有一定的局限性。首先，因为电话式调查的工具是电话，如果被调查者没有电话，调查将无法实施，所以在电话拥有率不高的地区，电话调查这种方式就会受到限制。其次，使用电话进行访问的时间不能太长，人们不愿意通过电话进行冗长的交谈，当被访者对调查的内容不感兴趣时更是如此。再次，电话式调查所使用的问卷要简单，如果问卷答案的选项过长、过多，被调查者听了后面忘了前面，不仅延缓调查进度，被调查者还很容易挂断电话。最后，与面访式相比，电话式调查不是面对面的交流，在被访者不愿意接受调查时要说服他们就更为困难。

此外，收集数据的方法还有观察式，即调查人员通过直接观测的方法获取信息，如利用安置在超市中的录像设备观察顾客挑选商品时的表情，在十字路口通过计数的方法估计车流量等。

4. 数据收集方法的选择

收集数据的方法各有各的特点，在选择数据收集方法时，需要考虑以下几个问题。

（1）抽样框中的有关信息。

抽样框中的有关信息是影响方法选择的一个因素。如果抽样框中没有通信地址，就不能将自填式问卷寄给被调查者；如果没有计算机随机数字拨号系统，又没有电话号码的抽样框，电话式调查的样本就难以产生，电话式调查就无法进行。

（2）目标总体的特征。

目标总体的特征也会影响数据收集方法。目标总体的特征表现在多个方面。例如，如果总体的识字率很低，对问卷的理解有困难，就不宜使用自填式方法。样本的地理分布也很重要，如果样本单位分布很广，地域跨度大，进行面访式调查的交通费就会很高，调查过程的管理和质量监控实施起来也不容易。

（3）调查问题的内容。

调查问题的内容也会影响数据收集。面访式调查比较适合复杂的问题，因为调查员可以在现场对模糊的问题进行解释和澄清，并判断被访者对问题是否真正理解，调查问卷的设计也可以采用更多技术，如跳答、转答等，使收集的数据满足研究的要求。如果调查涉及敏感问题，那么使用匿名的数据收集方法可能更合适，如自填式或电话式调查。

（4）有形辅助物的使用。

有形辅助物的使用对调查通常是有帮助或是必要的，例如，在调查期间显示产品、产品的广告等，在一些市场调查中，还需要被调查者试用产品后接受调查。在这些情况下，面访是最合适的方法，采用邮寄问卷的自填式调查方法也可以有一些效果，因为可以随问卷邮寄有关调查内容的图片。但电话式调查会限制有形辅助物的使用。

（5）调查资源。

调查资源会对收集数据的方法产生重大影响。这些资源包括经费预算、人员、调查设备和调查所需时间。面访式调查的费用是最高的，需要支付调查员的劳务费、交通费，被访者的礼品费等，还要找到能够满足调查需要的一定数量的调查员。如果使用计算机辅助电话调查，就需要有计算机设备和 CATI 操作系统。

（6）管理与控制。

有些数据收集方法比另些方法更容易管理。例如，在电话式调查中，调查员通常集中在调查中心一起工作，因此，管理和控制相对简单。而面访式调查中，调查员分散、独立地工作，对他们的管理与控制存在一定难度。

（7）质量要求。

质量要求也是确定数据收集方法的一个重要因素。如果调查员是经过考核选拔出来的，有较好的素质和责任心，经过专门的培训，面访式调查就能够有效减少被访者的回答误差。例如，对于调查中所使用的概念，调查员能够给出清晰无误的解释；有经验的调查员还可以对被访者回答的真实性做出判断，并使用调查询问的相关技术进行澄清，以保证高质量的数据。回答率也是影响数据质量的一个重要指标。由于面访具有面对面交流的有利条件，所以一般而言，面访式的回答率最高，自填式的回答率最低。但面访式的调查成本也是最高的，自填式的调查成本最低。

三种收集数据方法的特点如表 2 - 3 所示。

表 2 - 3　收集数据不同方法的特点

项目 ＼ 方法	自填式	面访式	电话式
调查速度	慢	中等	快
调查费用	低	高	低
问卷难度	要求容易	可以复杂	要求容易
有形辅助物的使用	中等利用	中等利用	无法利用
调查过程控制	简单	复杂	容易
调查员作用的发挥	无法发挥	充分发挥	一般发挥
回答率	最低	较高	一般

由此可知，没有哪种方法在所有方面都是最好的，因此，在数据收集使用方法的选择中要根据调查所需信息的性质、调查对象的特点、对数据质量和回答率的要求，以及预算费用和时间要求等方面因素综合而定。也许没有哪种方法是完全适用的，这时就要考虑研究人员对数据需求的最主要方面。需要说明的是，各种方法并不是相互排斥的；相反，在许多方面恰恰是相互补充的，因此，在一项调研活动中，将各种方法结合起来使用也许是不错的选择。例如，对被选中的调查单位先采用邮寄问卷，让受访者自填的方式，对没有返回问卷的受访者，再进行电话追访或面访。

第三节　实验方法

收集数据的另一类方法是通过实验，在实验中控制一个或多个变量，在控制条件下得到观测结果。所以，实验数据是指在实验中控制实验对象而收集到的变量的数据。例如，对在一起饲养的一群牲畜，分别喂给它们不同的饲料，以检验不同饲料对牲畜增重的影响。实验是检验变量间因果关系的一种方法。在实验中，研究人员要控制某一情形的所有相关方面，操纵少数感兴趣的变量，然后观察实验的结果。

一、实验组和对照组

实验不仅是收集数据的一种方式，而且是一种研究方法。实验法的基本逻辑是：有意识地改变某个变量的情况（不妨设为 A 项），然后看另一个变量变化的情况（不妨设为 B 项）。如果 B 项随着 A 项的变化而变化，就说明 A 项对 B 项有影响。因此，需要将研究对象分为两组，一组为实验组，另一组为对照组。实验组（experiment group）是指随机抽选的实验对象的子集。在这个子集中，每个单位接受特别的处理或改变原有条件。而在对照组（control group）中，每个单位都不接受特别的处理或改变原有条件。

早在 17 世纪初，英国海军就试图运用实验法找出坏血病的起因。当时，在海上长期航行的水手面临坏血病的威胁，皮肤上有青灰斑点，牙龈大量出血，英国海军部怀疑这是缺乏柑橘类水果所导致的。当这个想法被提出时，恰好有四艘海军军舰正要离开英国本土做长期航行，为调查是不是缺乏柑橘类水果而导致这种疾病，海军部安排其中一艘军舰上的水手每天喝柑橘汁，而其他三艘军舰上的水手则没有柑橘汁供应。航行还未结束，没有喝柑橘汁的水手开始成批生病，以至于不得不把每天喝柑橘汁的水手分配到这三艘军舰上以帮助这些军舰进港。

在这项实验中，喝柑橘汁的水手构成了实验组，没有喝柑橘汁的水手构成了对照组，需要对照组的原因是，若没有对照组，就无法判定 A 项是否对 B 项产生影响。设想，如果四艘军舰上的水手都喝柑橘汁，那么，没有得坏血病的原因就无法验证。每个好的实验设计都有一个实验组和一个或多个对照组。

但英国海军的实验还是有欠缺的，主要表现在两点：一是实验组和对照组所处的外部环境应该相同，在这个原则下，每艘船上都应该有喝柑橘汁和不喝柑橘汁的实验者，这样就排除了船的因素的影响。二是实验者在哪个组应该随机产生，否则，如果喜欢喝柑橘汁的人跑到了实验组，而喜欢喝酒的人在对照组，在研究开始之前，两组人员的身体状况就存在差异，这样就无法说明问题。如果实验对象是随机安排的，那么，健康和不健康的水手在每一组中的人数差不多，身体状况对坏血病的影响就被抵消了，实验数据才有更高的可信度。

一个好的实验，对照组和实验组的产生不仅应该是随机的，而且应该是匹配的。所谓匹配，是指对实验单位的背景材料进行分析比较，将情况类似的每对单位分别随机分配到实验组和对照组。例如，在实验新药或新疗法时，将接受实验的患者按照年龄、性别、病情等变量匹配后分到实验组和对照组。这样，不同组的患者有大致相同的背景。同时，分组的结果不让患者知道，最好主持评价的医生也不知道，这称为双盲法。双盲法在实验设计中应广泛采用。

二、实验中的若干问题

实验法逻辑严密，可以较好地证明假设，分析事物因果关系，但在实验过程中也会遇到一些问题。

1. 人的意愿

根据前面的讨论，我们知道，在划分实验组和对照组时，应该采用随机原则，但在实施过程中会遇到挑战。如果研究对象是人，这种挑战就更为明显。人们都有自己的生活方式和处事原则，都有自己的爱好和兴趣，未必会按照研究者的要求和布置行事，未必不会让自己的行为处于一定的控制条件下。

2. 心理问题

人们的价值观是受家庭、朋友、社区环境、教育环境、生活经历和工作经历等因素影响而逐渐形成的，因为每个人所遇到的这些因素千差万别，因而每个人判断是非善恶的标准就不可能完全相同，每个人对待权力、财富、爱情、家庭、子女、社会、人生和个人责任等的态度也各式各样，所以面对同样的问题，每个人做出的决策不可能完全相同，甚至可能完全相反。在实验研究中，人们在被研究时非常敏感，这使得他们更加注意自我，从而走向另一个极端。

记录这种影响的例子之一——要求管理人员和工人双方在精神上和思想上来一个彻底变革，这是实施科学管理的核心问题。1912 年，泰勒在美国众议院特别委员会所作的证词中强调：科学管理是一场重大的精神变革，他要求工厂的工人树立对工作、对同伙、对雇主负责任的观念；同时，也要求管理人员——领工、监工、业主、董事会改变对同事、对工人和对一切日常问题的态度，增强责任意识。这种重大的精神变革，可以使管理人员和工人双方都把注意力从利润的分配转移到增加利润上来。当他们以合作和互相帮助代替对抗和斗争时，他们就能够创造出比过去更多的利润，从而使工人的工资大大增加，使企业主的利润也大大增加，这样双方之间便没有必要再为利润的分配而争吵了。

记录这种影响的例子之二是埃尔顿·梅奥的霍桑实验。梅奥曾参加 1927 ~ 1932 年在芝加哥西方电气公司霍桑工厂进行的实验工作，即引起管理科学界重视的霍桑实验。

霍桑实验的目的是找出工作条件对生产效率的影响，以寻求提高劳动生产率的途径。实验先从变换工作现场的照明强度着手。研究人员将参加实验的工人分成两组，一组为实验组，另一组为控制组。控制组一直在平常的照明强度下工作，而对实验组则给予不同的照明强度。当实验组的照明强度逐渐增大时，实验组的生产率增长比例与控制组大致相同；当实验组的照明强度逐渐降低时，实验组的产量明显下降。实验表明，照明度的一般改变，不是影响生产率的决定因素。

后来，又继续进行改变其他条件的实验。这次实验是在电话继电器装配实验室分别按不同工作条件进行的。实验开始后，逐步增加休息次数，延长休息时间，缩短每日工作时间，供应茶点，实行五日工作制等；接着，逐步取消这些待遇，恢复原来的工作条件。结果发现，不论工作条件如何变化，生产量都是增加的，而且工人的劳动热情还有所提高，缺勤率减少了 80%。后来，又选择了工资支付方式作为实验内容，即将集体奖励制度改为个人奖励制度。实验结果又发现，工资支付法的改变也不能明显影响工人的生产效率。那么，为什么实验过程中工人的产量会上升呢？研究小组认为，可能出于工人对实验的关心和兴趣。工人们则认为，产量上升的原因是由于没有工头的监督，工人可以自由地工作。实验中工人受到尊重，实验计划的制订和工作条件的变化事先都倾听过工人的意见，因而，工人与研究小组的人员建立了良好的感情。工人之间由于增加了接触，也产生了一种团结互助的感情。

在实验过程中，研究小组的人员感到工人中似乎存在一种"非正式组织"。为此，又对有 14 名工人的生产小组进行了观察实验。这个小组是根据集体产量计算工资，根据组内人员的情况，完全有可能超过他们原来的实际产量。可是，经过了五个月的统计，小组产量总是维持在一定的水平上。

经过观察，发现组内存在一种默契：往往不到下班，大家已经歇手；当有人超过日产量时，旁人就会暗示他停止工作或放慢工作速度。大家都按这个集体的平均标准工作，谁也不做超额生产的拔尖人物，谁也不偷懒。他们当中还存在着自然领袖人物，这就证实"非正式组织"是存在的，而且这个组织对工人的行为有着较强的约束力，这种约束力甚至超过经济上的刺激。在进行实验的同时，研究小组还广泛同工人进行交谈，以了解工人对工作和工作环境、监工和公司的看法及持有这种看法对生产的影响。他们前后共与两万多名职工进行了交谈，取得了大量的材料。

梅奥等就实验及访问交谈结果进行了总结，得出的主要结论是：生产效率不仅受物理、生理因素的影响，而且受社会环境、社会心理的影响。

3. 道德问题

道德问题使得对人和动物的实验复杂化。当某种实验涉及道德问题时，人们会处于进退两难的尴尬境地。例如，有一种理论认为，人口密度大会导致犯罪率的上升。研究人员通过动物实验，观察作为实验对象的小白鼠的行为变化。随着被关在一起的小白鼠的密度的不断增加，小白鼠变得越来越烦躁，最后，相互攻击，自相残杀。显然，对人做这种实验是不道德的，那么，对小白鼠做这种实验就道德吗？再例如，做药物实验时，如何看待实验组和对照组的结果？发明了一种有望治疗艾滋病的新药，实验组的患者服用这种药，而对照组的患者不能服用这种药。如果新药是有效的，对照组的人得不到新药就会面临死亡的威胁；然而，如果发现这种药有副作用，导致服用该药的人在两年后有更高的死亡率，那么，没有服用这种药的对照组患者则可能避免这种风险。这中间确实存在道德的困境。

三、实验中的统计

统计在实验过程中发挥着重要的作用。这些作用主要表现在：确定进行实验所需要的单位的个数，以保证实验可以得到统计显著的结果；将统计思想融入实验设计，使实验设计符合统计分析的标准；提供尽可能最有效的、可以同时研究几个变量影响的方法。

确定进行实验所需要的单位的个数，以便得到关于实验精度预期的结果，这需要统计学的专业知识。一般来说，实验数据越多越好。但进行大规模的实验，收集数据的成本将非常高，所需要的时间也更长。统计分析能够为在精度与费用的平衡中做出决断提供参考信息。

进行实验设计也离不开统计学知识。实验设计本身就是一个统计问题。实验设计是探索如何根据研究问题的需要，科学安排实验，使我们用尽可能少的实验获得尽可能多的信息。实验设计的有关问题将在后续章节中介绍。

根据研究的需要对实验数据进行分析时，统计可以提供最恰当的分析方法。一个好的实验应该在两个方面都有效。一方面是内部的有效性，内部的有效性意味着实验测量的准确性。实验的目的是考察自变量和因变量之间的因果关系，如果实验观察结果受到其他无关变量的影响，就很难推断自变量与因变量之间的因果关系。另一方面是外部的有效性，外部的有效性决定是否可以将实验中发现的因果关系加以推广，即能否将结果推广到实验环境以外的情况。如果可以，结果可以推广到什么样的总体、什么样的环境、什么样的自变量和因变量？在社会现实中与实验情况完全相同的环境，是很难复制的，那么，实验结果是否还有效？对这些问题进行分析和解释，需要利用统计方法。例如，多元回归分析可以将各变量的影响区分开，在一定条件下定量地比较各自变量对因变量的影响。协方差分析可以通过调整每组因变量的平均值，达到将无关变量的影响剔除的目的。此外，多元统计分析的方法在实验数据的分析中也发挥着重要的作用。

四、实验法案例

通过实验得到的数据称为实验数据，实验数据可以作为研究者判断假设的依据。下面的两个案例或许可以使读者对实验数据的作用有更多的体会。

案例 2-1 X、Y 理论

在资本主义管理理论中，有根据对人的行为看法的不同划分为三种理论。

（1）X 理论和 Y 理论。

美国麻省理工学院教授道格拉斯·麦格雷戈于 1957 年首次提出 X 理论和 Y 理论。他在 1960 年发表的《企业的人的方面》一文中，对两种理论进行了比较。

麦格雷戈所指的 X 理论主要有以下观点：人的本性是坏的，一般人都有好逸恶劳，尽可能逃避工作的特性，因此，对大多数人来说，仅用奖赏的办法不足以战胜其厌恶工作的倾向，必须使用强制、监督、指挥、惩罚或威胁，才能使他们付出足够的努力去完成给定的工作目标；一般人都胸无大志，满足于平平稳稳地完成工作，不喜欢具有压迫感的创造性的困难工作。

与 X 理论相反的是 Y 理论。麦格雷戈认为，Y 理论是较为传统的 X 理论的合理替代物，Y 理论的主要观点是：人并不懒惰，他们对工作的喜欢和憎恶决定于工作对他是一种满足，还是一种惩罚；在正常情况下，人愿意承担责任；人们都热衷于发挥自己的才能和创造性。

对比 X 理论及 Y 理论可以发现，它们的差别在于对工人的需要的看法不同，因此，采用的管理方法也不相同。按 X 理论来看待工人的需要，进行管理就要采取严格的控制、强制方式；按 Y 理论看待工人的需要，管理者就要创造一个能多方面满足工人的需要的环境，使人们的智慧、能力得以充分发挥，以更好地实现组织和个人的目标。

（2）超 Y 理论。

在麦格雷戈提出 X 理论和 Y 理论之后，美国的乔伊·洛尔施和约翰·莫尔斯对此进行了实验。他们选取两个工厂和两个研究所作为实验对象，其中，一个工厂和一个研究所按照 X 理论实施严密的组织和督促管理；另一个工厂和另一个研究所则按照 Y 理论实施松弛的组织和参与管理，并以诱导和鼓励为主。实验结果如表 2-4 所示。

表 2-4 X 理论和 Y 理论实验结果

管理思想　　　　　实验对象的性质	任务易测定的工厂	任务不易测定的研究所
X 理论	效率高（亚克龙工厂）	效率低（哈特福工厂）
Y 理论	效率低（卡美研究所）	效率高（史托克顿研究所）

从表 2 - 4 中可以看出，采用 X 理论的单位和 Y 理论的单位都有效率高和效率低的。可见，Y 理论不一定都比 X 理论好。那么，到底应在什么情况下选用哪种理论呢？洛尔施等认为，管理方式要由工作性质、成员素质等来决定，并据此提出了超 Y 理论。超 Y 理论的主要观点是：不同的人对管理方式的要求不同。

案例 2 - 2 科普节目效果实验

为了增加儿童（4~7 岁）对天文学基本知识的了解，培养家长和儿童对天文学和观察天象的兴趣，提高他们对天文学的鉴赏能力，有关部门制作了一系列天文学科普节目，在天文馆播出。为了解系列节目的效果，需要调查在天文馆的观看经历对儿童产生了什么影响。这种影响可以分为两个层面：一个是短期的影响，这可以通过受访者对观看节目的感受得到。另一个是长期的影响，即看完节目后采取了哪些相关行动。这项节目效果实验调查的设计是这样的：在儿童观看节目前和观看节目后的几分钟内，对他们进行短暂的调查；然后，在观看节目一个月以后进行另一项跟踪调查；调查的样本量为儿童 500 名，家长 500 名。

一开始的调查是在天文馆现场进行的。在该节目播出期间，每个被抽中的儿童在观看节目前接受访员（年轻的大学生）大约 5 分钟的谈话调查。访员所询问的问题与被访者年龄相适应，与天文学相关，同时，还要询问观察天象的经历（如果有观察天象的经历）。观看节目前询问的问题有看电视节目的习惯，例如，询问是否看过《我们的宇宙》（一个在电视上播出过的天文学科普节目），有哪些家庭学习资源（如电视、望远镜、电脑等），以及是否参观过天文馆或者类似的地方。观看后的询问应该由同一个访员来进行，询问时间不超过 10 分钟，问题包括对节目中有关信息的回忆、对观察天象的兴趣和态度。在询问结束后，送给孩子一个和天文学相关的小礼物，以感谢他们接受访问。

对于带儿童参观的家长或看护人，让他们在观看节目之前填写一份简短的问卷，在观看节目后马上填写另一份简短的问卷。填写两份问卷的时间分别不超过 5 分钟和 10 分钟。观看前的问卷询问被访者是否带孩子参与过与天文学有关的活动，孩子参加活动的特点，学习天文学的资源（望远镜、电脑和杂志等），以及孩子对天文学的兴趣和了解程度。观看后的问卷将了解看护人对带儿童观看节目的感受，将了解的知识运用到今后活动中的想法，以及他们个人对天文学的兴趣和态度。

在被调查者接受现场调查约一个月后，对被访者进行电话跟踪调查，接受调查的要与在天文馆进行现场调查的是同一个人，调查时间为 10 分钟。跟踪调查是为了了解被访者在观看节目后是否进行过与天文学有关的活动，例如，购买书、资料或望远镜，收看有关天文学的电视节目，参观天文馆或类似的场馆，与孩子共同讨论有关天文学的问题以及观察天象，对天文学和科学的态度，以及经过一段时间后对天文馆科普节目的评价。结束对家长的访问后，要询问家长是否可以问孩子几个问题。如果得到同意，调查员要让孩子回答一些那天观看天文学节目的问题，参加的一些天文学方面的活动、观看的有关电视节目，以及与家长和其他小朋友讨论的问题。对儿童的电话访问时间不超过 10 分钟。

在这个案例中，我们没有详细讨论如何抽选天文馆，以及在中选的天文馆现场如何抽选接受调查的孩子和家长，抽选的原则是随机的。

第四节　数据的误差

数据的误差是指通过调查收集到的数据与研究对象真实结果之间的差异。数据的误差可分为两类：抽样误差和非抽样误差。

一、抽样误差

抽样误差（sampling error）是由抽样的随机性引起的样本结果与总体真值之间的差异。在概率抽样中，我们依据随机原则抽取样本，可能抽中由这样一些单位组成的样本，也可能抽中由另外一些单位组成的样本。根据不同的样本，可以得到不同的观测结果。例如，为检验一批产品的非优质品率，随机抽出一个样本，样本由若干个产品组成，通过检测得到的非优质品率为 30%。如果我们再抽取一个产品数量相同的样本，检测的结果不一定是 30%，有可能是 29%，有可能是 31%。不同样本会得到不同的结果。但是我们知道，总体真实的结果只能有一个，尽管这个真实的结果我们并不知道。不过可以推测，虽然不同的样本会带来不同的答案，但这些不同的答案应该在总体真值附近。如果不断增大样本量，不同的答案也会不断向总体真值逼近。事实也是如此，如果这批产品的数量非常大，不得不采用抽样的办法检查其质量，假设样本由随机抽取出的 1000 个零件组成，经过多次抽样，得到多个不同样本的检测结果，就会发现这些结果的分布是有规律的。例如，如果总体真正的非优质品率是30%，那么，大部分的样本结果（如反复抽样中95%的样本结果）会落在27.2%～32.8%。以总体的真值30%为中心，有95%的样本（100个样本中大约有95个样本）结果在2.8%的误差范围内波动，也就是30%－2.8%＝27.2%，30%＋2.8%＝32.8%。这个2.8%的误差是由抽样的随机性带来的，我们把这种误差称为抽样误差。抽样误差的示意图如图2-1所示。

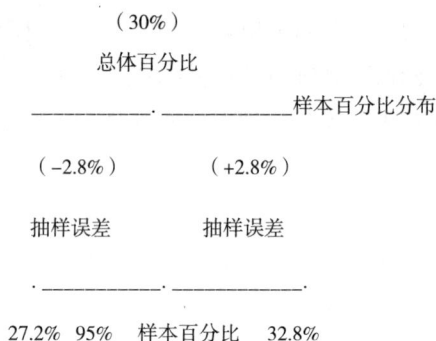

（30%）

总体百分比

_____._____样本百分比分布

（-2.8%）　　　　　（+2.8%）

抽样误差　　　　抽样误差

._____._____

27.2% 95%　　样本百分比　　32.8%

图2-1　总体百分比和抽样误差示意图

由此看出，抽样误差并不是针对某个具体样本的检测结果与总体真实结果的差异而言的，抽样误差描述的是所有样本可能的结果与总体真值之间的平均差异。例如，在图2-1中，全部样本中95%的样本结果与真值之间的差异上下不超过2.8%的范围。读到这里，读者可能会问："既然总体真值都不知道，怎么可能知道有95%的样本结果与真值的差异是2.8%呢？"确实，总体真值我们是不知道的，否则也就不用调查了。但是，通过样本可以计算出这个误差。

抽样误差的大小与多方面因素有关。最主要的是样本量的大小，样本量越大，抽样误差就越小。当样本量大到与总体单位相同时，抽样调查变成普查，这时抽样误差便减小到零，因为这时已经不存在样本选择的随机性，每个单位都需要接受调查。抽样误差的大小还与总体的变异性有关。总体的变异性越大，即各单位之间的差异越大，抽样误差也就越大，因为有可能抽中特别大或特别小的样本单位，从而使样本结果偏大或偏小；反之，总体的变异性越小，各单位之间越相似，抽样误差也就越小。如果所有的单位完全一样，调查一个就可以精确无误地推断总体，抽样误差也就不存在了。但在现实中，这种情况也是不存在的，否则，对这样的总体也就不用进行专门的抽样调查了。

二、非抽样误差

非抽样误差（non - sampling error）是相对抽样误差而言的，指除抽样误差之外的，由其他原因引起的样本观察结果与总体真值之间的差异。抽样误差是一种随机性误差，只存在于概率抽样中；非抽样误差则不同，无论是概率抽样、非概率抽样，还是在全面调查中，都有可能产生非抽样误差。非抽样误差有以下几种类型。

1. 抽样框误差

在概率抽样中，需要根据抽样框抽取样本。抽样框是有关总体全部单位的名录，在地域抽样中，抽样框可以是地图。一个好的抽样框应该是，抽样框的单位和研究总体的单位有对应的关系。例如，如果在某一个学校抽取一个学生样本，则抽样框是该学校所有学生的名单，这时，名单中的每个名字都对应着一个学生。该校所有学生的名字都在抽样框中，抽样框中的所有名字又确实是该校目前注册的所有学生，这时，就存在一一对应的关系。但如果学生名单是上一年的，新入学学生的名字没有在名单上，而名单上的学生有些已经毕业，不属于该校的学生，这时，抽样框的单位与研究总体的单位就不存在一一对应的关系，使用这样的抽样框抽取样本就会出现错误。例如，由于新入学学生的名字没有在抽样框中，所以他们不可能被选入样本，他们那部分的信息就无法知道；而已毕业学生的名字仍然在名单中，但他们已经不属于研究总体，他们名字的存在使得抽样过程中的单位入样率发生变化，导致错误的推论。这些错误的统计推论是抽样框的不完善造成的，我们把这种误差称为抽样框误差。

构造好的抽样框是抽样设计中的一项重要内容。在调查对象确定后，通常可以选取不同的资料构造抽样框。例如，前文对学生情况的调查，抽样框可以是学生名单，也可以是学生宿舍的号码，先抽取宿舍，再从选中的宿舍中抽取学生。在这种情况下，设计人员的任务是选择与调查内容最贴切的抽样框。

2. 回答误差

回答误差是指被调查者在接受调查时给出的回答与真实情况不符。回答误差的原因有多种，主要有理解误差、记忆误差和有意识误差。

（1）理解误差。

不同的被调查者对问题的理解不同，每个人都按自己的理解回答，大家的标准不一致，造成理解误差。

例如，有一些表示频率的词在调查中经常使用，如"经常""频繁""偶尔"等。实际上，不同的人对这些词的理解是有差别的。设想在一项关于电视收视率的调查中询问被调查者这样一个问题：

您经常看电视节目吗？

1）从来不看；

2）偶尔看；

3）有时看；

4）经常看；

5）天天看。

被调查者对这五个选项的理解可能是不同的。例如，某人一周看两次电视，他认为属于"偶尔看"，而另一个人同样一周看两次电视，却可能选择"有时看"或"经常看"。这说明，问卷中的措辞对减少调查中的非抽样误差起着相当重要的作用。对这个问题的调查，比较好的措辞可以是：

您经常看电视节目吗？

1）从来不看；

2）平均每周少于1次；

3）平均每周1～2次；

4）平均每周3～5次；

5）平均每周6～7次。

这样，被调查者对问题的理解就统一了，有可能减少理解误差。

有时，问卷中问题的排序也会对调查结果产生影响。这方面的一个经典案例取自1980年的一项实验调查，调查的对象是美国居民，调查的问题有下面两个：

A. 你是否认为美国应该让其他社会主义国家（如苏联）的记者到美国来，并把他们看到的新闻发回去。

B. 你是否认为像苏联那样的社会主义国家应该让美国新闻记者入境，并把他们看到的新闻发回美国。

实验结果是，如果按A－B的顺序排列，对问题A赞同的比例有54.7%，对问题B赞同的比例有63.7%。但是，如果按B－A的顺序排列，对问题A赞同的比例有74.6%，对问题B赞同的比例有81.9%。不同的排序得到不同的结果。从心理学的角度分析，人们在回答问题时总是有意无意地保持一致。美国人可能比较愿意让美国的记者到社会主义国家去，并把新闻发回美国。当把问题 B 放在前面时，就形成一个比较宽松的框架，既然苏联应该让美国记者入境，美国也应该让苏联记者进入美国，所以同意的比例都比较高。

这些对问题的理解都与被调查者的心理活动有关。心理学知识对于设计一份好的调查问卷是有帮助的。

（2）记忆误差。

有时，调查的问题是关于一段时期内的现象或事实，需要被调查者回忆。间隔越久，回忆的数据就可能越不准确。所以，缩短调查所涉及的时间间隔可以减少记忆误差。但是，有些事件按一定周期发生。例如，研究农作物产量与施肥量的关系，产量通常以年度为周期，而肥料的用量与收获年度有关。在这种情况下，以年度为调查周期更适宜。

（3）有意识误差。

当调查的问题比较敏感，被调查者不愿意回答，迫于各种原因又必须回答时，就可能会提供一个不真实的数字。产生有意识误差的动因大致有两种：一种是调查问题涉及个人隐私，被调查者不愿意告知，所以造假；另一种是受利益驱动，进行数字造假。有意识误差比记忆误差的危害要大。因为记忆误差具有随机性，有些人可能说高了，有些人可能说低了，高低相抵，调查结果具有趋中的倾向；有意识误差则不同，它往往偏向一个方向，是一种系统性偏差。例如，调查纳税情况时，被调查者往往高报，以表现自己没有漏税行为；而调查高收入者的收入时，被调查者往往低报，以避免被视为富人。

减少回答中的有意识误差需要多方面的努力。调查人员要做好被调查者的思想工作，让他们打消顾虑；调查人员要遵守职业道德，为被调查者保密；调查中，应尽量避免敏感问题。对于政府统计中的调查，要加强法制化管理，让"数字造假""数字出官"没有市场。

3. 无回答误差

无回答误差是指被调查者拒绝接受调查，调查人员得到的是一份空白的问卷。无回答也包括那些进行调查时被访者不在家的情况。电话调查中，拨通后没有人接；邮寄问卷调查中，地址写错，被调查者搬家，以及被调查者虽然收到问卷却把问卷遗忘或丢失，这些都可以视为调查中的无回答。

无回答会对调查结果产生什么影响？在一项调查中，如果无回答所占比例很小，对最后结果的影响不大。但是，如果无回答占到样本很大的比例，调查结果的说服力将大打折扣。令人不安的是，现在调查中的无回答率呈上升趋势；更令人不安的是，一些调查人员还没有深刻认识到无回答对数据质量的危害，对存在大量无回答的调查结果不采取任何补救措施，拿来就用。但用样本推算总体时，失之毫厘必将谬以千里。

无回答误差有时是随机的，有时是系统性的。假设无回答的产生与调查内容无关，例如，邮寄的问卷丢失，或调查时被访者正在生病，无法接受调查。在随机状态下，被访者如果回答，其结果可能高于平均值，也可能低于平均值，高低相互抵消，不会产生有偏估计。但当无回答的产生与调查内容有关时，就可能产生系统性误差。例如，调查收入时拒绝回答者通常是收入比较高的人群，仅仅用收入低者的回答对结果进行推算，偏差就不可避免。如果无回答误差是随机的，可以通过增加样本量的方式解决。例如，调查设计要求完成 1000 个样本单位，结果回答了 800 个，无回答率为 20%，这时可以再随机抽 250 个单位，并对其进行调查，如果无回答率仍旧为 20%，就可以得到 200 个单位的回答。在有些情况下，虽然无回答的产生与调查内容无关，但如果无回答集中于某类群体，结果仍然是危险的。例如，采用电话调查方式了解居民对公共交通的看法。如果电话没人接就用另一个号码代替，这意味着，经常不在家或回家晚的人有较小的被调查机会，而可能恰恰这群人与公共交通有更多的接触。频繁地更换也违背了每个人都应该有固定的被调查机会这一抽样原则。所以，当遇到被访者不在家这类情况时，调查人员不要轻易放弃，应该进行多次回访。大量事实证明，调查数据的质量与调查员的责任心和耐心密切相关。

无回答的系统性误差令人头疼。解决的途径主要有两个方面：一方面是预防，即在调查前做好各方面的准备工作，尽量把无回答降到最低程度；另一方面当无回答出现后，分析无回答产生的原因，采取补救措施。例如，在无回答单位中抽取一个样本，实施更有力的调查，并以此作为无回答层的代表，和回答层的数据结合起来对总体进行估计。目前，对无回答问题的研究仍在进行。

4. 调查员误差

这是指调查员自身的原因而产生的调查误差。例如，调查员粗心，在记录调查结果时出现错误。调查员误差还可能来自调查中的诱导，而调查员本人或许并没有意识到。例如，在调查过程中，调查员有意无意流露出对调查选项的看法或倾向，调查员的表情变化、语气变化、语速变化都可能对被调查者产生某种影响。

5. 测量误差

如果调查与测量工具有关，则很有可能产生测量误差。例如，对小学生的视力状况进行抽样调查，视力的测定与现场的灯光、测试距离都有密切关系。调查在不同地点进行，如果各测试点的灯光、测试距离有差异，就会给调查结果带来测量误差。调查有时采用观察、记数的方式进行。例如，在调查商场客流量时，调查员站在商场门口查点进出的顾客；在调查汽车流量时，查点过往的车辆。谁敢保证这种查点一个不错呢？

三、误差的控制

前文对调查中的误差进行了比较详细的讨论。如何有效控制各种误差，提高数据的质量，是研究人员和现场调查人员共同面临的挑战。

抽样误差是由抽样的随机性带来的，只要采用概率抽样，抽样误差就不可避免。令人欣慰的是，抽样误差是可以计算的。在对特定问题的研究中，研究人员对抽样误差有一个可以容忍的限度。例如，用抽检的方法检验产品的质量，对总体合格品率估计的误差不超过1%，这个1%就是允许的抽样误差。允许的抽样误差有多大，取决于对数据精度的要求。一旦这个误差确定下来，就可以采用相应的措施进行控制，进行控制的一个主要方法是改变样本量，统计方法已经给出了计算样本量的公式（见第七章）。要求的抽样误差越小，所需要的样本量就越大。

非抽样误差与抽取样本的随机性无关，因而在概率抽样和非概率抽样中都会存在，但抽样框误差仅在概率抽样中存在。有很多原因会造成非抽样误差，因此控制起来比较困难。全面讨论非抽样误差的控制问题已经超出本书的范围，有兴趣的读者可以参考本书所列参考文献，这里只是简要做些介绍。

如果采用概率抽样，就需要抽样框，抽样框误差就可能出现。在有些情况下，抽样人员对这个问题不够重视，使用了不太好的抽样框。其实，对同一个调查问题，可以构造不同的抽样框，例如，对学校教师进行抽样调查，以了解他们对建设一流大学的看法，抽样框可以是教师的名单、可以是教师住所的门牌号码，也可以是教师家的电话号码，甚至可以是教师上课的教室编号。不同的抽样框，其质量可能会有所差别，通过认真分析可以选出比较好的抽样框。此外，构造抽样框还需要广泛收集有关信息，对抽样框进行改进，例如，把两个抽样框结合起来，以弥补抽样框覆盖不全的缺陷。

一份好的调查问卷可以有效减少调查误差。问卷中题目的类型、提问的方式、使用的词汇、问题的组合等，都可能会对被调查者产生哪怕是十分微小的影响，而大量微小影响累加的后果是不可忽视的。做好问卷设计是减少非抽样误差的一个方法。

控制非抽样误差的重要方法是对调查过程进行质量控制。应从以下几方面进行：调查员的挑选，调查员的培训，督导员的调查专业水平，对调查过程进行控制的具体措施，对调查结果进行的检验、评估，对现场调查人员进行奖惩的制度，等等。目前，在规范的专业性市场调查咨询公司都有一些进行质量控制的规章制度和经验。

第五节　统计指标与指标体系

一、统计指标

1. 统计指标的概念

关于统计指标的概念，有两种解释。第一种解释，统计指标是说明统计总体数量特征的概念或范畴，是从纯理论、纯概念研究的角度来理解的，认为统计指标概念和指标数值具有相对独立的意义。常用于统计理论研究和统计设计，如国内生产总值、人口总数、全员劳动生产率、社会商品零售额、人口密度等。按照这个解释，统计指标有三个构成因素：指标名称、计量单位和计算方法。第二种解释，统计指标是说明统计总体数量特征的概念或范畴及其具体数值。这是从统计实务的角度来理解的，认为统计指标概念和数值分别作为所研究现象的质和量的规定性，两个方面是需要统一的。常用于实际统计工作，例如，2018 年西藏全年实现全区生产总值（GDP）1477.63 亿元，按可比价计算，比上年增长9.1%；根据第二次全国残疾人抽样调查（2006 年 4 月 1 日为调查的标准时间）数据推算，我国目前各类残疾人总数为 8296 万人，占全国人口总数的 6.34%；据初步核算 2007 年我国全年国内生产总值 246619 亿元，比上年增长 11.4%，并连续五年增速达到或超过 10%。按照这个理解，统计指标有六个构成要素：指标名称、计量单位、计算方法、时间范围、空间范围和指标数值。

需要强调的是：关于统计指标概念的两种理解都是正确的，不同之处仅在于考虑的角度和应用的场合，并不影响统计指标构成的完整性。

2. 统计指标的分类

（1）按反映的数量特点不同，可以分为数量指标和质量指标。

数量指标是反映现象总规模、总水平和工作总量的统计指标，如固定资产投资总额、职工总数、国内生产总值、企业总数、商品销售额等。数量指标又称为总量指标，用绝对数表示。

质量指标是反映现象相对水平和工作质量的统计指标，如人均国民生产总值、人口密度、职工缺勤率等。质量指标是总量指标的派生指标，用相对数或平均数来表示，以反映现象之间的内在联系和对比关系。

（2）按统计指标数值的表现形式不同，可以分为总量指标、相对指标、平均指标和标志变异指标。

总量指标是反映现象在一定时空下的总体规模和水平的统计指标，认识客观现象必须从认识总量指标开始，总量指标是实行经济管理的基本依据，也是计算相对指标和平均指标的基础。

相对指标是两个有联系的统计指标对比形成的比率，也称统计相对数，它反映了相关事物之间的数量联系程度和对比关系。

平均指标是在一定条件下，同一总体各单位某一数量标志值所达到的一般水平，也称为统计平均数，它反映了总体各单位数量标志值的集中趋势。

标志变异指标是用来测定总体各单位标志值之间差异程度的统计指标，又称为标志变动度，它综合反映了标志值的离中趋势。

3. 统计指标的特点

与计划指标、财务指标、技术指标、预测指标等不同，统计指标具有自身的鲜明特点：

（1）数量性。统计指标作为描述客观现象的一种尺度，最终要以一定的数量来体现，即应是可量的。不存在不能用数量来表现的统计指标，只要是统计指标，就一定能用数量来表现。

（2）综合性。统计指标是同质总体大量个别事物或个别单位数量的总计、平均化，它综合了各个单位的标志表现，描述了统计总体的综合数量特征。

（3）具体性。统计指标所反映的是客观现象的数量特征，是一定社会经济范畴的具体体现，具有质的规定性。脱离具体客观事实的抽象的数字不是统计指标。统计指标所度量的是具体的量，而不是抽象的量。

4. 指标和标志的区别与联系

指标与标志的区别有两点：一是所说明的对象不同，指标是说明总体特征的，而标志是说明总体单位特征的；二是所有指标都必须用数值表示，而标志有不能用数值表示的品质标志和能用数值表示的数量标志。

指标和标志的联系也有两点：一是大多数指标的数值是从总体单位的数量标志值综合而来，如一个地区的在校初中生人数由该地区各中学在校初中生人数汇总而来。二是随着研究目的的变化，指标和数量标志之间存在着变换关系。例如，我们在研究一个商业企业的商品销售情况时，这个企业的销售收入、流通费用率等是说明该企业商品销售情况的统计指标；而当我们研究一个地区的商品销售情况时，每一个商业企业的销售收入、流通费用率则变成了反映各商业企业特征的数量标志。

二、统计指标体系

客观现象是错综复杂的，由多层次、多系统、多侧面构成的有机整体。各种现象之间相互影响、相互联系。单个统计指标只能反映客观现象的某一方面，要想全面反映客观现象总体的各个方面及其发展过程的各个环节，综合认识总体，仅靠单个统计指标是办不到的，必须利用多个指标进行多层次、多系统、多侧面的描述与评价，即建立统计指标体系。例如，就一个工业基层单位来说，工业总产值反映以货币形式表现的工业生产总量，工业固定资产原值反映固定资产拥有量，资金利税率反映一定量资金所带来的利税额，等等。这些指标都是从某个侧面反映该工业基层单位的基本情况，要描述整个工业基层单位的全貌，只靠单个统计指标是不够的，应该建立统计指标体系。

统计指标体系是由一系列相互联系、相互依存、相互补充、相互制约的统计指标组成的有机整体。按指标体系的内容不同，可以分为经济统计指标体系、社会统计指标体系和科技统计指标体系。

1. 经济统计指标体系

经济活动是整个社会生活的基础，因此，经济统计指标体系在统计指标总体系中居于首要地位。它包括经济活动基本条件、部门经济活动、宏观经济运行和社会经济效益及影响四个主要门类，每个门类之中又可分大类，大类中再继续分中类、小类或指标。

2. 社会统计指标体系

在整个经济、社会、科技统计指标体系中，社会统计指标体系处于中心地位。经济、科技的发展，归根结底是为了促进社会进步，提高人民的物质文化生活水平，同时，安定和谐的社会环境也是保证经济、科技顺利发展的条件。它包括五大门类，即社会生活环境（自然环境、环境保护、基本经济科技资源、国际环境等）；社会生活主体（人口、家庭、民族、社团、居民生活时间分配等）；社会物质生活（饮食与营养、住房、衣着和生活用品消费等）；政治与社会活动（政党组织与活动、社会治安、社会保障等）；精神文化生活（教育、文化艺术、新闻出版、广播电视、体育、旅游、宗教等）。

3. 科技统计指标体系

科技的发展不仅直接促进了生产力的发展，而且对整个社会生活的影响也越来越大，科技进步已成为推动社会发展的关键因素，科技统计指标体系可分为五大门类，即社会经济环境（人力资源、财力资源、信息资源和国际环境）；科技投入（人力、财力、物力、信息和结构）；科技活动（研究与实验发展、教育与培训、科技服务与合作等）；科技产出（科技成果、文献、专利新技术采用等）；效益及影响（科技进步、经济效益、社会效益）。

习题

1. 什么是二手资料？使用二手资料需要注意些什么？

2. 比较概率抽样和非概率抽样的特点。举例说明什么情况下适合采用概率抽样，什么情况下适合采用非概率抽样。

3. 调查中，收集数据的方法主要有自填式、面访式、电话式。除此之外，还有哪些收集数据的方法？

4. 自填式、面访式、电话式调查各有什么利弊？

5. 请举出（或设计）几个实验数据的例子。

6. 你认为应当如何控制调查中的回答误差？

7. 怎样减少无回答？请通过一个例子，说明你所考虑到的减少无回答的具体措施。

第三章　数据的图表展示

统计研究表明，某种原因会使寿命减少。我们用三种方式来描述统计研究的结果：第一种方式是使用文字来描述；第二种方式是用表格来描述不同原因引起的寿命减少的天数；第三种方式是用图形来描述这些结果。

比较上述三种方式，你认为哪种方式更好？

合理使用图表描述统计结果是应用统计的基本技能之一。本章首先介绍数据的预处理方法，然后介绍频数分布表的编制和图表展示方法。

第一节　数据的预处理

数据的预处理是指对数据进行分类或分组之前所做的必要处理，内容包括数据审核、筛选、排序等。

一、数据审核

数据审核就是检查数据是否有错误。对于通过调查取得的原始数据（raw data），主要从完整性和准确性两个方面去审核。完整性审核主要是检查相应调查的单位或个体是否有遗漏，所有的调查项目是否填写齐全等。准确性审核主要是检查数据是否错误，是否存在异常值等。对于异常值要仔细鉴别，如果异常值属于记录时的错误，在分析之前应予以纠正；如果异常值是一个正确的值，则予以保留。

对于通过其他渠道取得的二手数据，应着重审核数据的适用性和时效性。二手数据来自多种渠道，有些数据可能是为特定目的，通过专门调查取得的，或者已经按特定目的的需要做了加工处理。对使用者来说，应弄清楚数据的来源、数据的口径以及有关背景资料，以确定这些数据是否符合分析研究的需要，不能盲目生搬硬套。此外，还要对数据的时效性进行审核。对于时效性较强的问题，如果所取得数据过于滞后，就可能失去研究的意义。

二、数据筛选

数据筛选（data filter）是根据需要找出符合特定条件的某些数据。比如，找出销售额在 1000 万以上的企业，找出考试成绩在 90 分以上的学生，按收入高低进行排序，等等。数据筛选可借助计算机自动完成。下面通过一个简单的例子，说明用 Excel 进行数据筛选的过程。

例 3 - 1　表 3 - 1 是 10 名学生 4 门课程的考试成绩数据（单位：分）。试找出统计学成绩低于 75 分的学生、英语成绩前三名的学生和四门课程成绩都大于 70 分的学生。

表 3 - 1　10 名学生的考试成绩数据

姓名	统计学成绩	英语成绩	经济学成绩	管理学成绩
许静	87	67	83	72
陈曦	67	76	73	83
马欢	78	87	85	75
杨海彬	95	76	93	64
刘燕	86	77	73	82
刘宇	76	89	95	72
付兆丽	78	74	73	78
王月异	86	73	75	58
张思杰	79	82	78	54
申彦龙	65	92	84	67

解：下面给出用 Excel 进行数据筛选的具体步骤。

第一步：将光标放在任意数据单元表格，然后点击【数据】，并点击【筛选】，这时会在数据的第一行出现下拉箭头。点击【数字筛选】，结果如图 3 - 1 所示。

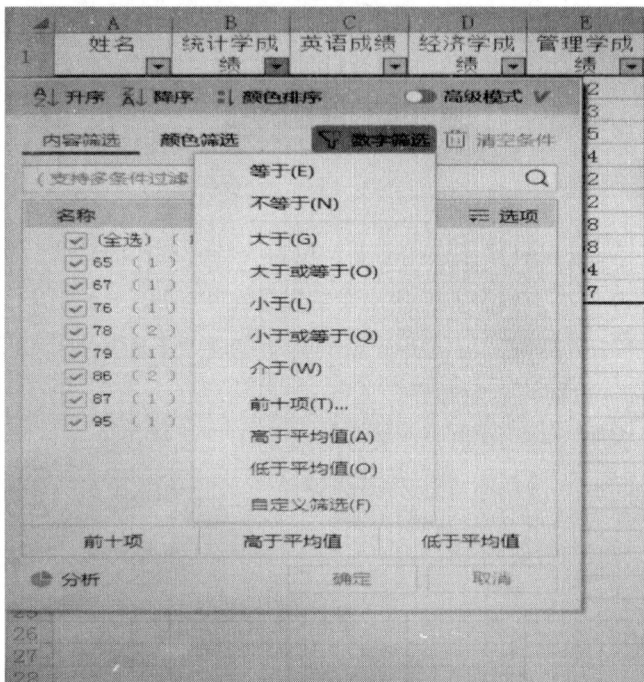

图 3 - 1 Excel 的数据筛选命令

第二步：选择筛选条件。比如，要筛选出统计学成绩低于 75 分的学生，选择【小于】，并在出现的对话框【小于】后输入 75，得到的结果如表 3 - 2 所示。要筛选出英语成绩前三名的学生，可选择【前 10 项】，并在对话框的【最大】后输入数据 3，结果如表 3 - 3 所示。

表 3 - 2 Excel 数据筛选出统计学成绩低于 75 分的学生

姓名	统计学成绩	英语成绩	经济学成绩	管理学成绩
陈曦	67	76	73	83
申彦龙	65	92	84	67

表 3 - 3 Excel 数据筛选出英语成绩前三名的学生

姓名	统计学成绩	英语成绩	经济学成绩	管理学成绩
马欢	78	87	85	75
刘宇	76	89	95	72
申彦龙	65	92	84	67

第三步：如果要筛选出四门课程都大于 70 分的学生，由于设定的条件比较多，需要使用【高级筛选】命令。使用高级筛选时，必须建立条件区域。在 F2 表格利用 F2 = AND（B2 > 70，C2 > 70，D2 > 70，E2 > 70），判断许静的四门课程成绩是否达到 70 分以上，再选中 F2 表格，该文本框右下角变成实心 " + " 时下拉至 F11，该公式自然筛选出结果判断为 TRUE 的学生。出现的界面如表 3 - 4 所示。

表 3 - 4　Excel 数据筛选出四门成绩均达到 70 分以上的学生

姓名	统计学成绩	英语成绩	经济学成绩	管理学成绩	筛选结果
许静	87	67	83	72	FALSE
陈曦	67	76	73	83	FALSE
马欢	78	87	85	75	TRUE
杨海彬	95	76	93	64	FALSE
刘燕	86	77	73	82	TRUE
刘宇	76	89	95	72	TRUE
付兆丽	78	74	73	78	TRUE
王月昇	86	73	75	58	FALSE
张思杰	79	82	78	54	FALSE
申彦龙	65	92	84	67	FALSE

三、数据排序

数据排序是指按一定顺序将数据排列，以便研究者通过浏览数据发现一些明显的特征或趋势，找到解决问题的线索。除此之外，排序还有助于对数据进行纠错、重新归类或分组等。在某些场合，排序本身就是分析的目的之一，例如，了解究竟谁是中国汽车产业的三巨头，对汽车厂商而言，不论它是伙伴还是竞争者，都是很有用的信息。美国《财富》杂志每年都要在全世界范围内排出 500 强企业，通过这一信息，不仅可以了解自己企业所处的位置，清楚自己的差距，还可以从侧面了解到竞争对手的状况，有效制定企业的发展规划和战略目标。

对于分类数据，如果是字母型数据，排序则有升序、降序之分，但习惯上升序用的更多，因为升序与字母的自然排列相同；如果是汉字型数据，排序方式则很多，可以按汉字的首拼音字母排列，这与字母型数据的排序完全一样，也可以按形式笔画排序，其中，也有笔画多少的升序、降序之分。交替运用不同方式排序，在汉字型数据的检查纠错过程中十分有用。

对于数值型数据，排序只有两种，即递增和递减。设一组数据为 x_1，x_2，$\cdots$，x_n，递增排序后可表示为：$x_1 < x_2 < \cdots < x_n$；递减排序后可表示为：$x_1 > x_2 > \cdots > x_n$。序后的数据也称为顺序统计量（order statistics）。无论是分类数据还是数值型数据，排序均可借助 Excel 很容易完成。

第二节　品质数据的整理与展示

数据经过预处理后，可根据需要进一步做分类或分组。在对数据进行整理时，首先要弄清所面对的是什么类型的数据，因为不同类型的数据所采取的处理方式和所适用的处理方法是不同的。对品质数据主要是做分类整理，对数值型数据则主要是做分组整理。品质数据包括分类数据和顺序数据，它们在整理和图形展示的方法上大多是相同的，但也有微小差异。

一、分类数据的整理与图示

分类数据本身就是对事物的一种分类，因此，在整理时先列出所分的类别，然后计算出每一类别的频数、频率或比例、比率等，即可形成一张频数分布表，最后，根据需要选择适当的图形进行展示，以便对数据及其特征有一个初步的了解。

1. 频数与频数分布

频数（frequency）是落在某一特定类别或组中的数据个数。把各个类别及落在其中的频数全部列出，并用表格形式表现出来，称为频数分布（frequency distribution）。下面通过一个例子说明如何使用 Excel 来制作分类数据的频数分布表。

例 3-2　为研究不同类型软饮料的市场销售情况，一家市场调查公司对随机抽取的一家超市进行调查，表 3-5 是调查员随机观察的 50 名顾客购买的饮料类型及顾客性别的记录。根据表 3-5，生成频数分布表，观察饮料类型和顾客性别的分布状况，并进行描述性分析。

表 3-5　顾客性别及购买的饮料类型

顾客性别	饮料类型	顾客性别	饮料类型	顾客性别	饮料类型
男	矿泉水	男	矿泉水	女	牛奶
女	碳酸饮料	女	果汁	女	果汁
男	绿茶	男	碳酸饮料	女	绿茶
女	矿泉水	女	碳酸饮料	男	绿茶
男	碳酸饮料	男	牛奶	女	矿泉水
女	牛奶	男	绿茶	女	牛奶
女	矿泉水	女	矿泉水	女	碳酸饮料
男	牛奶	男	果汁	男	矿泉水
男	牛奶	女	绿茶	男	果汁
女	绿茶	男	矿泉水	女	碳酸饮料
女	碳酸饮料	女	果汁	男	牛奶
女	矿泉水	女	碳酸饮料	女	牛奶
女	牛奶	男	矿泉水	男	碳酸饮料
女	果汁	女	牛奶	男	矿泉水
男	绿茶	女	碳酸饮料	女	牛奶
女	碳酸饮料	男	矿泉水	男	牛奶
男	矿泉水	男	牛奶		

解：在 Excel 中使用【数据分析】工具中的【直方图】命令也可以生成频数分布表。表 3-3 是由 Excel 生成的频数分布表。表 3-6 中的"行"是"饮料类型"变量，"列"是"性别"变量，行和列可以互换，也可以生成只含一个变量的频数分布表。这种由两个或两个以上变量交叉分类的频数分布表也称为列联表（contingency table）。二维的列联表（两个变量交叉分类）也称为交叉表（cross table）。

Excel 中的【数据分析】工具提供了一些常用统计方法的程序。如果你的机器还没有安装此项功能，需要安装后才能使用。具体的安装步骤如下：第一步：在 Excel 工作表界面中点击【文件】和【选项】，在弹出的对话框中选择【加载项】；第二步：在【加载项】中选中【分析工具库】，然后点击【转到】，再点击【确定】即可。

使用 SPSS 生成频数分布表时，可以得到相应的描述统计量。下面仍以例 3-2 为例，说明使用 SPSS 生成频数分布表（包括交叉表）的操作步骤。

表 3 – 6　不同类型饮料和顾客性别的频数分布

饮料类型	男	女	总计
碳酸饮料	3	8	11
牛奶	6	7	13
绿茶	4	3	7
矿泉水	8	5	13
果汁	2	4	6
总计	23	27	50

表 3 – 7 是饮料类型和顾客性别的交叉频数分布表（列联表）。

表 3 – 7　饮料类型和顾客性别的交叉频数分布

		顾客性别		合计
		男	女	
饮料类型	矿泉水	8	5	13
	碳酸饮料	3	8	11
	绿茶	4	3	7
	牛奶	6	7	13
	果汁	2	4	6
合计		23	27	50

对于定性数据，除用频数分布表进行描述，还可以使用比例、百分比、比率等统计量进行描述。比例（proportion）也称构成比，它是一个样本（或总体）中各个部分的数据与全部数据之比，通常用于反映样本（或总体）的构成或结构。将比例乘以 100 得到的数值称为百分比（percentage），用% 表示。比率（ratio）是样本（或总体）中不同类别数据之间的比值，由于比率不是部分与整体之间的对比关系，因而，比值可能大于 1。

2. 分类数据的图示

前文介绍了如何建立频数分布表来反映分类数据的频数分布。如果用图形来显示频数分布，会更形象和直观。一张好的统计图表，往往胜过冗长的文字表述。统计图的类型有很多，多数统计图除了可以绘制二维平面图，还可以绘制三维立体图。图形的制作均可由计算机来完成。这里先介绍分类数据的图示方法，包括条形图、帕累托图、饼图等。如果有两个总体或两个样本的分类相同且问题可比，还可以绘制环形图。

（1）条形图。

条形图（barchart）是用宽度相同的条形的高度或长短来表示数据多少的图形。条形图可以横置或纵置，纵置时也称为柱形图（column chart）。此外，条形图有简单条形图、复式条形图等形式。例如，图3-2和图3-3分别给出了例3-2中饮料类型和顾客性别的条形图。

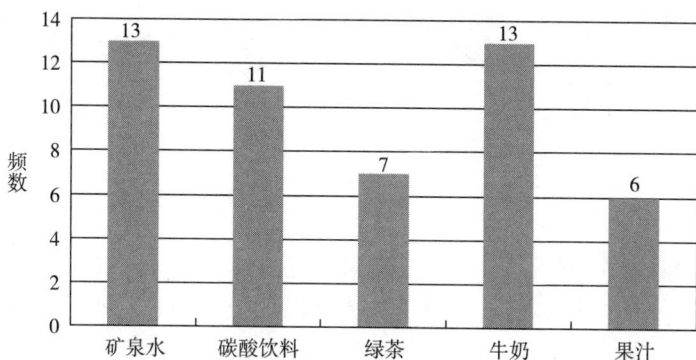

图3-2 饮料类型条形图

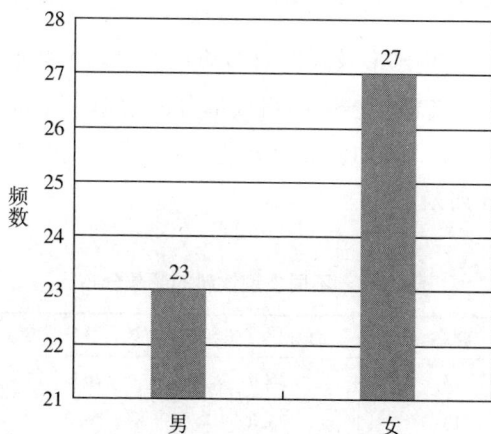

图3-3 顾客性别条形图

（2）帕累托图。

帕累托图（parto char）是以意大利经济学家 V. Pareto 的名字命名的。该图是对各类别数据出现的频数排序后绘制的条形图。通过对频数的排序，容易看出哪类数据出现得多，哪类数据出现得少。根据例 3－2 中的饮料类型绘制的帕累托图如图 3－4 所示。图中左侧的纵轴给出了计数值（count），即频数，右侧的纵轴给出了累积百分比（percent）。

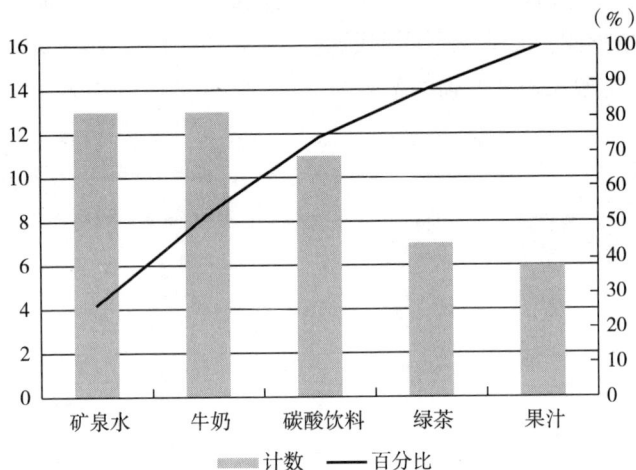

图 3－4　不同类型饮料频数分布帕累托图

（3）饼图。

饼图（pie chart）是用圆形及圆内扇形的角度来表示数值大小的图形，它主要用于表示一个样本（或总体）中各组成部分的数据占全部数据的比例，对于研究结构性问题十分有用。例如，不同类型饮料的频数分布数据如表 3－8 所示，绘制的饼图如图 3－5 所示。

表 3－8　不同类型饮料的频数分布

饮料类型	频率	百分比（%）	有效百分比（%）	累积百分比（%）
矿泉水	13	26.0	26.0	26.0
牛奶	13	26.0	26.0	52.0
碳酸饮料	11	22.0	22.0	74.0
绿茶	7	14.0	14.0	88.0
果汁	6	12.0	12.0	100.0
合计	50	100.0	100.0	

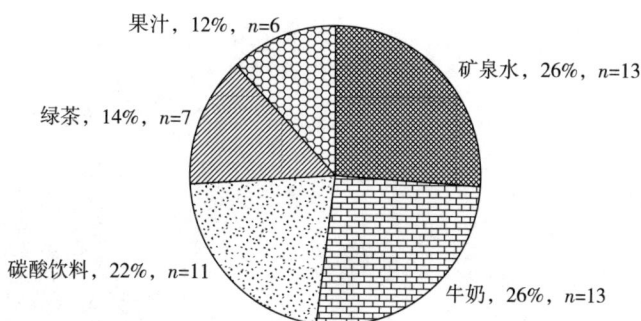

果汁，12%，*n*=6
矿泉水，26%，*n*=13
绿茶，14%，*n*=7
碳酸饮料，22%，*n*=11
牛奶，26%，*n*=13

图3-5　不同类型饮料的频数分布饼图

（4）环形图。

饼图只能显示一个样本各部分所占的比例。例如，把五个地区的人口分别按高收入、中等收入和低收入划分成三个部分，要比较五个地区不同收入的人口构成，则需要绘制五个饼图，这种做法既不经济也不便于比较。能否用一个图形比较五个地区不同收入的人口构成呢？把饼图叠在一起，挖去中间的部分就可以了，这就是环形图（doughnut chart）。

环形图与饼图类似，但又有区别。环形图中间有一个"空洞"，每个样本用一个环来表示，样本中的每一部分数据用环中的一段表示。因此，环形图可显示多个样本各部分所占的比例，有利于对构成做比较研究。

例3-3　表3-9是2012年北京、天津、上海和拉萨四个城市的城镇居民家庭人均全年消费支出数据（单位：元）。绘制环形图比较四个城市的消费结构。

表3-9　2012年北京、天津、上海、拉萨城镇居民家庭人均全年消费支出

地区	食品支出	衣着支出	居住	家庭设备及用品	医疗保健	交通和通信	文教娱乐服务	其他
北京	7535.3	2638.9	1970.9	1610.7	1658.4	3781.5	3696.0	1154.2
天津	7343.6	1881.4	1854.2	1151.2	1556.4	3083.4	2254.2	899.9
上海	9655.6	2111.2	1790.5	1906.5	1016.7	4563.8	3723.7	1485.5
拉萨	5976.0	1778.0	769.0	737.0	569.0	1669.0	739.0	729.0

解：根据表3-9的数据绘制四个城市的消费结构图如图3-6所示。

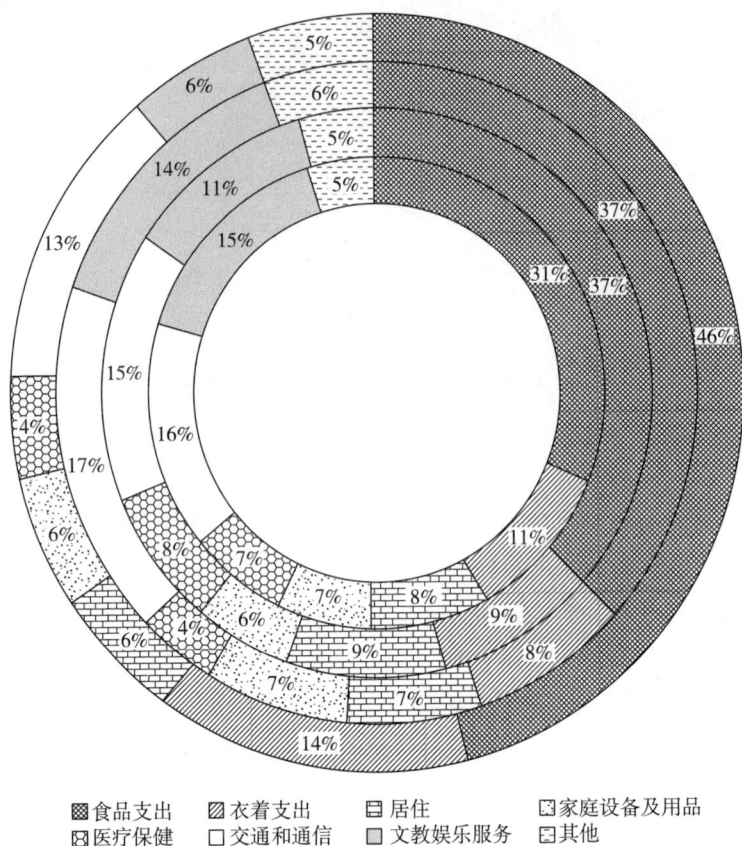

图 3－6　2012 年北京、天津、上海及拉萨城镇居民家庭人均全年消费支出构成图

图中最里面的环为北京城镇居民家庭人均全年消费支出构成，向外依次是天津、上海和拉萨人均全年消费支出构成。

二、顺序数据的整理与展示

前文介绍的分类数据的频数分布表和图示方法，如频数、比例、百分比、比率、条形图和饼图等，也都适用于对顺序数据的整理与图示。但有些适用于顺序数据的整理和图示方法，并不适用于分类数据。对于顺序数据，除了可使用前文的整理和图示技术，还可以计算累积频数和累积频率（百分比）。

1. 累积频数和累积频率

累积频数（cumulative frequencies）是将各有序类别或组的频数逐级累加起来得到的频数，频数的累积方法有两种：一种是从类别顺序的开始方向类别顺序的最后一方累加频数，数值型分组数据则是从变量值小的一方向变量值大的一方累加频数，称为向上累积；另一种是从类别顺序的最后一方向类别顺序的开始一方累加频数，数值型分组数据则是从变量值大的一方向变量值小的一方累加频数，称为向下累积。通过累积频数，可以很容易看出某一类别或数值以下或某一类别或数值以上的频数之和。

累积频率或累积百分比（cumulative percentages）是将各有序类别或组的百分比逐级累加起来，它也有向上累积和向下累积两种方法。

例 3 - 4 在一项有关城市住房问题的研究中，研究人员在 A、B 两个城市各抽样调查 30 户人家，其中的一个问题是"您对您家庭目前的住房状况是否满意"，回答选项如下：

（1）非常不满意；

（2）不满意；

（3）一般；

（4）满意；

（5）非常满意。

调查结果的频数分布如表 3 - 10 和表 3 - 11 所示。

表 3 - 10　A 城市家庭对住房状况评价的累积频数分布

回答类别	户数（户）	百分比（%）	向上累积		向下累积	
			户数（户）	百分比（%）	户数（户）	百分比（%）
非常不满意	35	10	35	10	350	100
不满意	100	29	135	39	315	90
一般	76	22	211	61	215	61
满意	89	25	300	86	139	40
非常满意	50	14	350	100	50	14
合计	350	100	—	—	—	—

表 3 - 11　B 城市家庭对住房状况评价的频数分布

回答类别	户数（户）	百分比（%）	向上累积		向下累积	
			户数（户）	百分比（%）	户数（户）	百分比（%）
非常不满意	25	7	25	7	350	100
不满意	105	30	130	37	325	93

回答类别	户数（户）	百分比（%）	向上累积		向下累积	
			户数（户）	百分比（%）	户数（户）	百分比（%）
一般	80	23	210	60	220	63
满意	60	17	270	77	160	46
非常满意	80	23	350	100	80	23
合计	350	100	—	—	—	—

2. 顺序数据的图示

根据累积频数或累积频率，可以绘制累积频数分布图或累积频率分布图。例如，根据表 3-10 的数据绘制的累积频数分布图，如图 3-7 所示。

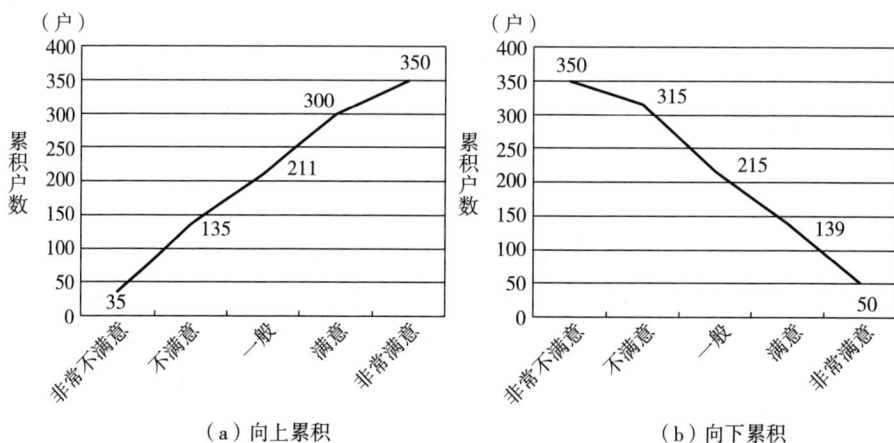

（a）向上累积

（b）向下累积

图 3-7　A 城市家庭对住房状况评价的累积频数分布图

第三节　数值型数据的整理与展示

上节介绍的分类数据和顺序数据的整理与图示方法也都适用于数值型数据。但数值型数据的一些特定的整理和图示方法，并不适用于分类数据和顺序数据。

一、数据分组

数据分组是根据统计研究的需要，将原始数据按照某种标准分成不同的组别，分组后的数据称为分组数据（grouped data）。数据分组的主要目的是观察数据的分布特征。数据分组后再计算出各组中数据出现的频数，就形成了一张频数分布表。数据分组的方法有单变量值分组和组距分组两种。单变量值分组是把每一个变量值作为一组，这种分组通常只适合离散变量且变量值较少的情况下使用。在连续变量或变量值较多的情况下，通常采用组距分组。它是将全部变量值依次划分为若干个区间，一个区间的变量值为一组。在组距分组中，一个组的最小值称为下限（lower limit），最大值称为上限（upper limit）。

下面结合具体的例子，说明分组的方法和频数分布表的编制过程。

例3－5 下面是某中学高中二年级 100 名学生的身高数据（单位：厘米），试对数据进行分组，制成一个频数分布表。

表 3－12 某中学高中二年级 100 名同学身高统计表

138	148	168	174	167	154	150	161	160	161
171	150	169	148	168	155	157	160	182	162
172	155	145	148	169	158	153	167	161	163
176	153	179	143	139	157	159	168	162	164
177	157	167	149	162	158	155	169	163	165
178	155	188	147	163	159	158	174	164	166
179	158	169	146	164	164	157	175	165	178
173	157	171	147	165	165	158	176	166	187
160	158	173	148	166	166	159	177	189	168
186	159	185	183	167	181	180	198	192	184

解：采用手工分组时，可先对上面的数据进行排序，使用计算机时不必排序。分组和编制频数分布表的具体步骤如下。

第一步：确定组数。一组数据分多少组合适呢？一般与数据自身的特点和数据的多少有关。由于分组的目的之一是观察数据分布的特征，因此，组数的多少应适中。组数太少，数据的分布就会过于集中；组数太多，数据的分布就会过于分散，这些都不便于观察数据分布的特征和规律。一般情况下，一组数据所分的组数应不少于 5 组，不多于 15 组，即 $5 \leq K \leq 15$。实际应用时，可根据数据的多少、特点和分析的要求来确定组数。本例由于数据较多，可分为 6 组。

第二步：确定各组的组距。组距（class width）是一个组的上限与下限的差。组距可根据全部数据的最大值、最小值和所分的组数来确定，即组距 =（最大值 − 最小值）÷ 组数。例如，本例数据的最大值为 198，最小值为 138，则组距 =（198 − 138）÷ 6 = 10。数据较多时，为便于计算，组距宜取 5 或 10 的倍数，而且第一组的下限应低于最小值，最后一组的上限应高于最大值。本例数据组距可取 10。

第三步：根据分组编制频数分布表。用 Excel 来制作频数分布表，这一过程与前文介绍的分类数据类似。只是需要在【接收区域】方框内，输入各组的上限值。需要注意的是，Excel 在制作频数分布表时，每一组的频数包括一个组的上限值，即 $a < x < b$。因此，需要在【接收区域】列输入 139，149，159，…，199。表 3 – 13 就是 Excel 输出的频数分布表①。

表 3 – 13　某中学高中二年级学生身高的频数分布表（一）

按身高分组（厘米）	频数（人）	频率（%）
130 ~ 140	2	2.0
140 ~ 150	10	10.0
150 ~ 160	24	24.0
160 ~ 170	36	36.0
170 ~ 180	16	16.0
180 ~ 190	10	10.0
190 ~ 200	2	2.0
合计	100	100.0

采用组距分组时，需要遵循不重不漏的原则，不重是指一项数据只能分在某

① 使用 Excel 中的直方图工具有一个缺陷，就是频数分布表和直方图没有与数据链接，因此，如果改变任何一个数据，频数分布表和直方图不会跟着改变，必须重复上面的步骤，创建一个新的频数分布表和直方图。为解决这一题，可以使用 Excel 中的 FREQUENCY 函数来创建频数分布表和直方图。可根据频数分布表，使用条形图来创建立方图。这样，当改变任何一个数据时，频数分布表和直方图也会随之改变。

一组，不能在其他组中重复出现；不漏是指组别能够穷尽，即在所分的全部组别中每项数据都能分在其中的某一组，不能遗漏。

为解决不重的问题，统计分组时习惯上规定"上组限不在内，即当相邻两组的上下限重叠时，恰好等于某一组上限的变量值不算在本组内，而计算在下一组内。用数学语言来表示就是分组后的变量值 x 满足 $a \leqslant x < b$。例如，在表 3－13 的分组中，140 这一数值不计算在"130～140"这一组内，而计算在"140～150"组中，其余类推。当然，对于离散变量，可以采用相邻两组组限间断的办法解决不重的问题。例如，可以对上面的数据做如下分组，如表 3－14 所示。

表 3－14　某中学高中二年级学生身高的频数分布表（二）

按身高分组（厘米）	频数（人）	频率（%）
130～140	2	2.0
140～150	10	10.0
150～160	24	24.0
160～170	36	36.0
170～180	16	16.0
180～190	10	10.0
190～200	2	2.0
合计	100	100.0

而对于连续变量，可以采取相邻两组组限重叠的方法，根据"上组限不在内"的规定解决不重的问题，可以对一个组的上限值采用小数点的形式，小数点的位数根据所要求的精度来确定。例如，对零件尺寸可以分组为 10.00～11.99，12.00～13.99，14.00～15.99，等等。

在组距分组中，如果全部数据的最大值和最小值与其他数据相差悬殊，为避免出现空白组（即没有变量值的组）或个别极端值被漏掉，第一组和最后一组可以采用"××以下"及"××以上"这样的开口组。开口组通常以相邻组的组距作为其组距。例如，在本例的 100 个数据中，假定将最小值改为 110，最大值改为 224，采用上面的分组就会出现空白组，这时可采用开口组，如表 3－15 所示。

表 3 - 15　某中学高中二年级学生身高的频数分布表（三）

按身高分组（厘米）	频数（人）	频率（%）
140 以下	2	2.0
140 ~ 150	10	10.0
150 ~ 160	24	24.0
160 ~ 170	36	36.0
170 ~ 180	16	16.0
180 ~ 190	10	10.0
190 以上	2	2.0
合计	100	100.0

在组距分组时，如果各组的组距相等，则称为等距分组；如果各组的组距不相等，则称为不等距分组。前文的分组就是等距分组。有时，因为某些特殊现象或为了特定研究的需要，也可以采用不等距分组。例如，对人口年龄的分组，可根据人口成长的生理特点分成 0 ~ 6 岁（婴幼儿组）、7 ~ 17 岁（少年儿童组）、18 ~ 59 岁（中青年组）、60 岁及以上（老年组）。

组距分组掩盖了各组的数据分布状况，为反映各组数据的一般水平，我们通常用组中值作为该组数据的一个代表值。组中值（class midpoint）是每一组下限值与上限值中间的值，即组中值 =（上限值 + 下限值）÷ 2。

使用组中值代表一组数据时，有一个必要的假定条件，即各组数据在本组内呈均匀分布或在组中值两侧呈对称分布。如果实际数据的分布不符合该假定，用组中值作为一组数据，可以计算出累积频数或累积频率。

为了统计分析的需要，有时需要观察某一数值以下或某一数值以上的频数或频率之和，这时，可以计算出累积频数或累积频率。

使用 Excel 中的 FREQUENCY 函数也可以创建频数分布表，具体步骤是：①选择与接受区域相邻的单元格区域，作为频数分布表输出的区域；②选择统计函数中的 FREQUENCY 函数；③在对话框 Date - array 后输入数据区域，在 Bins - array 后输入接受区域；④同时按下 Ctrl - Shift - Enter 组合键，即得到频数分布表。

二、数值型数据的图示

前文介绍的条形图、饼图、环形图和累积分布图等都适用于数值型数据。此外，数值型数据还有一些图示方法，但这些方法并不适用于分类数据和顺序数据。

1. 分组数据：直方图

用图形来展示数据的分布更形象、直观。显示分组数据频数分布特征的图形有直方图、折线图和曲线图等。直方图（histogram）是用于展示分组数据分布的一种图形，它是用矩形的宽和高的乘积（即面积）来表示频数分布的。绘制该图时，在平面直角坐标中，用横轴表示数据分组，纵轴表示频数或频率，这样，各组与相应的频数就形成了一个矩形，即直方图。例如，根据表 3 – 13 中的分组数据用 Excel 绘制的直方图，如图 3 – 8 所示。

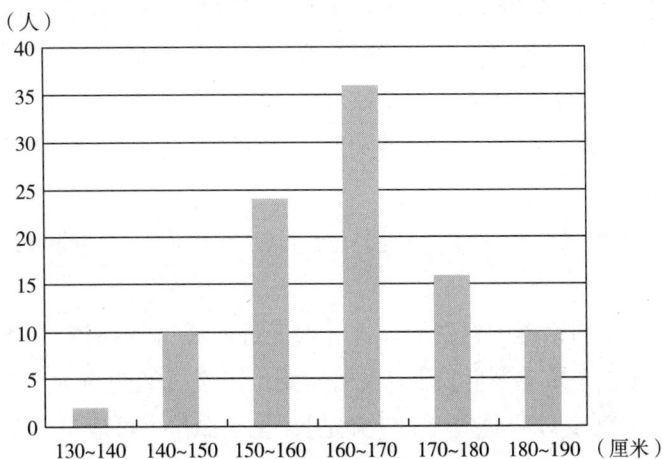

图 3 – 8　某中学高中二年级 100 名学生身高的频数分布直方图

从图 3 – 8 可以直观地看出，某中学高中二年级 100 名学生身高的分布近似正态分布，且呈右偏分布。

直方图与条形图不同。第一，条形图是用条形的长度（横置时）表示各类别频数的多少，其宽度（表示类别）是固定的；直方图是用面积表示各组频数的多少，矩形的高度表示每一组的频数或频率，宽度则表示各组的组距，因此其高度与宽度均有意义。第二，由于分组数据具有连续性，直方图的各矩形通常是连续排列，而条形图则是分开排列。第三，条形图主要用于展示分类数据，而直方图则主要用于展示数值型数据。

2. 未分组数据：茎叶图和箱线图

（1）茎叶图。

茎叶图（stem and leaf display）是反映原始数据分布的图形。它由茎和叶两部分构成，其图形是由数字组成的。通过茎叶图，可以看出数据的分布形状及数据的离散状况，例如，分布是否对称，数据是否集中，是否有离群点，等等。

绘制茎叶图的关键是设计好树茎。制作茎叶图时，首先把一个数字分成两部分，通常是以该组数据的高位数值作为树茎，而且叶上只保留该数值的最后一个数字。例如，125 分成 12 | 5，12 分成 1 | 2，1.25 分成 12 | 5（单位：0.01），等等，前部分是树茎，后部分是树叶。树茎一经确定，树叶就自然地长在相应的树茎上了。

茎叶图类似于横置的直方图，与直方图相比，茎叶图既能给出数据的分布状况，又能给出每一个原始数值，即保留了原始数据的信息。而直方图虽然能很好地显示数据的分布，但不能保留原始的数值。在应用方面，直方图通常适用于大批量数据，茎叶图通常适用于小批量数据。

由于 Excel 中没有绘制茎叶图的功能，下面给出用 SPSS 绘制茎叶图的操作步骤。

第一步：选择【Analyze】→【Descriptive Statistics - Explore】，进入主对话框。

第二步：在主对话框中将变量选入【因变量列表】，本例为身高；点击【绘制】，在对话框中选择【茎叶图】，根据需要也可选【直方图】以给出直方图；点击【继续】回到主对话框，点击【确定】。上述操作也可应用于给出单批数据的箱线图。图 3 -9 是用 SPSS 绘制的高二年级学生身高一组数据的茎叶图。

Frequency	Stem	&	Leaf
1.00	15	.	4
5.00	15	.	57889
1.00	16	.	4
2.00	16	.	56
1.00	Extremes		（≥181）

Stemwidth：	10.00	
Eachleaf：	1 case（s）	

图 3 -9   某中学高中二年级学生身高分布的茎叶图

图 3-9 中的第一列是每根茎上叶子的频数，第二列是茎，第三列是叶。下面标出了高二年级学生身高大于等于 181 厘米的身高数据茎叶图（极端值的确定方法请参阅箱线图），茎的宽度为 10.00，每片叶代表一个数据。SPSS 自动将每根茎重复了一次，使分布的细节看得更清楚一些。当然，在数据较少时茎的数值也可以不重复。

（2）箱线图。

箱线图（box plot）是根据一组数据的最大值（maximum）、最小值（minimum）、中位数（median）、两个四分位数（quartiles）[①] 这五个特征值绘制而成的，它主要用于反映原始数据分布的特征，还可以进行多组数据分布特征的比较。

箱线图的绘制方法是：先找出一组数据的最大值、最小值、中位数和两个四分位数；然后，连接两个四分位数画出箱子；再将最大值和最小值与箱子连接，中位数在箱子中。箱线图的一般形式，如图 3-10 所示。

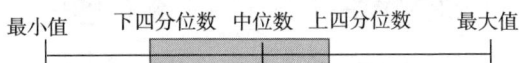

图 3-10 简单箱线图

例如，例 3-5 的最大值为 229，最小值为 131，中位数为 180，下四分位数为 159，上四分位数为 188。绘制的箱线图如图 3-11 所示。

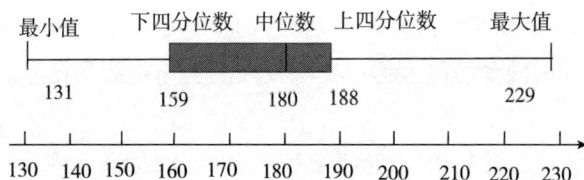

图 3-11 某中学高中二年级学生身高分布的箱线图

---

① 中位数是一组数据排序后，处于中间位置上的变量值，用 M_e 表示；四分位数是一组数据排序后，处在数据 25% 位置和 75% 位置上的两个值，用 Q_L 表示下四分位数，Q_U 表示上四分位数。这些统计量将在第四章中详细介绍。

通过箱线图的形状，可以看出数据分布的特征。图3-12就是几种不同的箱线图与其所对应的分布形态的比较。对于多组数据，可以将各组数据的箱线图并列起来，进行分布特征的比较。

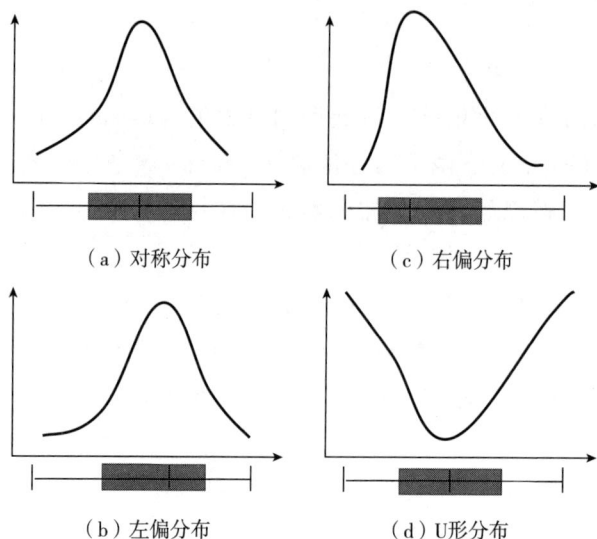

（a）对称分布　　　　　　（c）右偏分布

（b）左偏分布　　　　　　（d）U形分布

图3-12　简单箱线图

3. 时间序列数据：线图

如果数值型数据是在不同时间取得的，即为时间序列数据，可以绘制线图。线图（line plot）主要用于反映现象随时间变化的特征。

例3-6　2006~2015年西藏城乡居民人均可支配收入如表3-16所示。绘制时间序列图，分析城乡居民人均可支配收入的变化趋势和特点。

表3-16　西藏城乡居民人均可支配收入

年份	农村居民人均可支配收入（元）	城镇居民人均可支配收入（元）
2000	1326	6567
2001	1399	7251
2002	1515	7906
2003	1685	8207
2004	1854	8352

年份	农村居民人均可支配收入（元）	城镇居民人均可支配收入（元）
2005	2070	8567
2006	2426	9107
2007	2777	11337
2008	3164	12713
2009	3519	13795
2010	4123	15258
2011	4885	16496
2012	5697	18362
2013	6553	20394
2014	7359	22016
2015	8244	25457
2016	9094	27802
2017	10330	30671
2018	11450	33797

资料来源：《2019 年西藏自治区统计年鉴》。

根据表 3－16 数据绘制的线图如图 3－13 所示。

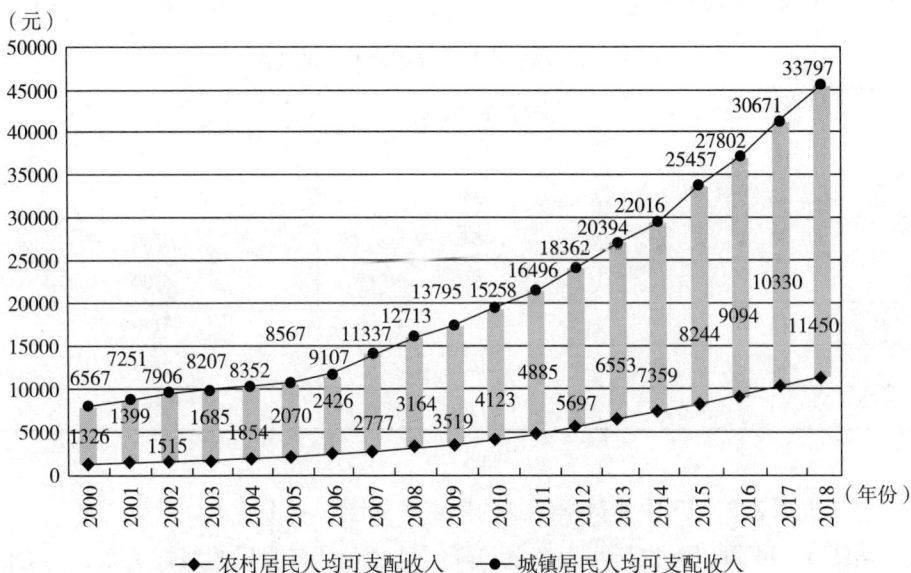

图 3－13　西藏城乡居民人均可支配收入

从图 3-13 可以看出，西藏城乡居民人均可支配收入逐年提高，城镇居民的人均消费水平高于农村，且这种城乡人均可支配收入差距有扩大的趋势。

绘制线图时，时间一般绘在横轴，观测值绘在纵轴。一般应绘成横轴略大于纵轴的长方形，其长宽比例大致为 10:7。图形过扁或过于瘦高，不仅不美观，而且会给人造成错觉，不利于对数据变化的理解。一般情况下，纵轴数据下端应从"0"开始，以便做比较。如果数据与"0"之间的间距过大，可以采用折断的符号将纵轴折断。

4. 多变量数据的图示

前文介绍的一些图示描述的都是单变量数据。当有两个或两个以上变量时，可以采用多变量的图示方法，常见的有散点图、气泡图、雷达图等。

（1）散点图。

散点图（catter diagram）是用二维坐标展示两个变量之间关系的一种图形。坐标横轴代表变量 x，纵轴代表变量 y，每组数据（x, y）在坐标系中用一个点表示，n 组数据在坐标系中形成的 n 个点称为散点，由坐标及散点形成的二维数据图称为散点图。

例 3-7 小麦的单位面积产量与降雨量、温度等有一定关系。为了解它们之间的关系形态，收集到数据如表 3-17 所示。试绘制小麦产量与降雨量的散点图，并分析它们之间的关系。

表 3-17 小麦产量、降雨量及温度数据

温度（摄氏度）	降雨量（毫米）	产量（千克/公顷）
8	28	2500
10	34	3550
12	54	4550
13	65	5800
15	77	6150
17	100	7300
20	120	8150

解：根据表 3-17 中的数据绘制的散点图如图 3-14 所示。

从图 3-14 可以看出，小麦产量与降雨量之间具有明显的线性关系，随着降雨量的增多，产量也随之增加。

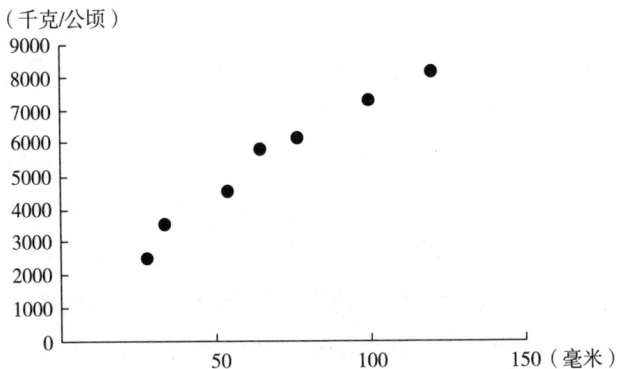

图 3－14　小麦产量与降雨量的散点图

（2）气泡图。

气泡图（bubble chart）可用于展示三个变量之间的关系。它与散点图类似，绘制时将一个变量放在横轴，另一个变量放在纵轴，第三个变量则用气泡的大小来表示。根据表 3－17 中的数据绘制的气泡图如图 3－15 所示，气泡大小表示产量。

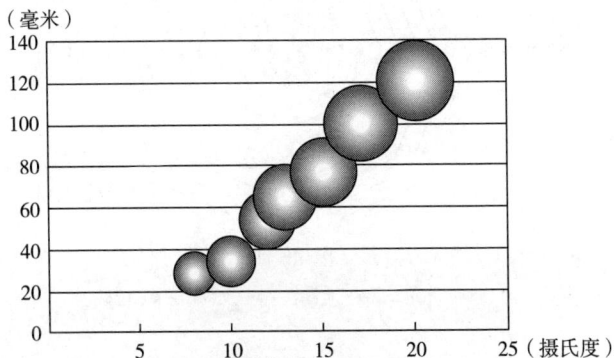

图 3－15　小麦产量、降雨量及温度的气泡图

从图 3－15 可以看出，随着气温的升高，降雨量也在增加；随着气温和降雨量的增加，小麦的产量也在增加，气泡在变大。

（3）雷达图。

雷达图（radar chart）是显示多个变量的常用图示方法，也称为蜘蛛图（spider chart）。设有 n 组样本，分别是 S_1，S_2，$\cdots$，S_n，每个样本测得 P 个变量 X_1，X_2，$\cdots$，X_P。绘制这 P 个变量的雷达图的具体做法是：先画一个圆，然后将圆 P 等分，得到 P 个点，令这 P 个点分别对应 P 个变量，再将这 P 个点与圆心连线，得到 P 个辐射状的半径，这 P 个半径分别作为 P 个变量的坐标轴，每个变量值的大小由半径上的点到那个圆心的距离表示，再将同一样本的值在 P 个坐标上的点连线。这样，n 个样本形成的 n 个多边形就是一张雷达图。

雷达图在显示或对比各变量的数值总和时十分有用。假定各变量的取值具有相同的正负号，则总的绝对值与图形所围成的区域成正比。此外，利用雷达图可以研究多个样本之间的相似程度。

例 3 - 8 沿用例 3 - 3，绘制雷达图，分析北京、天津、上海和拉萨的家庭消费支出的特点和相似性。

解：根据表 3 - 9 的数据绘制的雷达图如图 3 - 16 所示（单位：元）。

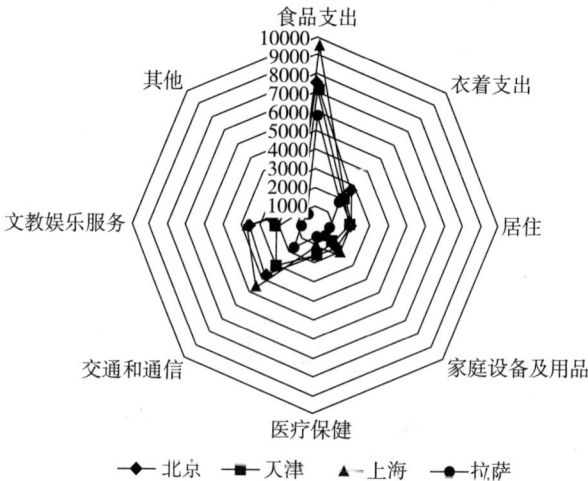

图 3 - 16 2012 年北京、上海、天津和拉萨城镇居民家庭人均全年消费支出雷达图

从图 3 - 16 中可以得到以下几个结论：第一，从各项支出的金额看，四个地区的家庭人均消费支出中，食品支出都是最多的，其他支出则是最少的；第二，上海的人均各项消费支出均比较高，其次是北京、天津和拉萨；从雷达图所围成的形状看，四个地区的家庭人均消费支出的结构十分相似。

第四节　合理使用图表

统计图和统计表是展示数据的两种主要方式。在日常生活中，阅读报纸、杂志，或者看电视、上网时，我们都能看到大量的统计图表。统计表把杂乱的数据有条理地组织在一张简明的表格内，统计图把数据形象地显示出来。显然，看统计表和统计图要比看枯燥的数字更有趣，也更容易理解。在对某些实际问题进行研究时，也经常要使用统计表和统计图。正确使用统计表和统计图是做好统计分析的最基本技能。

图 3 – 17 总结了数据的类型与主要图示方法。

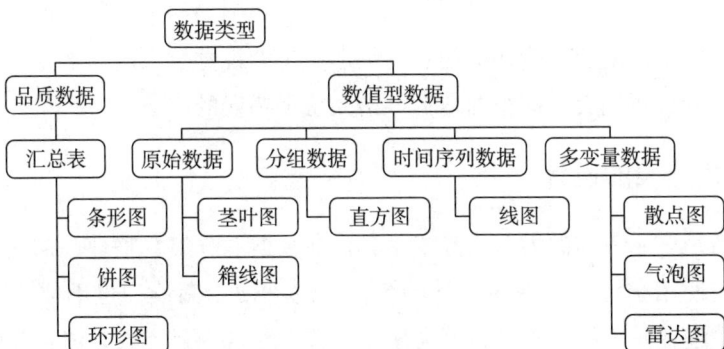

图 3 – 17　数据类型与主要图示方法

一、鉴别图形优劣的准则

一个精心设计的图形是展示数据的有效工具。前文介绍了用图形来展示统计数据的方法，借助于计算机可以很容易地绘制出漂亮的图表，但需要注意的是，初学者往往会在图形的修饰上花费太多的时间和精力，这样做得不偿失，也未必合理，或许还会画蛇添足。

精心设计的图形可以准确表达数据所要传递的信息。设计图形时，应绘制得尽可能简洁，以清晰地显示数据、合理地表达统计目的为准则。爱德华·R.塔夫特在其著作 *The Visual Display of Quantitative Information*（1983）中使用"图优性"（graphical excellency）来描述一张好图。塔夫特指出，一张好图应具有以下基本特征：

（1）显示数据；

（2）让读者把注意力集中在图形的内容上，而不是制作图形的程序上；

（3）避免歪曲；

（4）强调数据之间的比较；

（5）服务于一个明确的目的；

（6）有对图形的统计描述和文字说明。

塔夫特还提出了五条鉴别图形优劣的准则：

（1）一张好图应当精心设计，有助于洞察问题的实质；

（2）一张好图应当能在最短的时间内以最少的笔墨给读者提供大量信息；

（3）一张好图应当使复杂的观点得到简明、确切、高效的阐述；

（4）一张好图应当是多维的；

（5）一张好图应当表述数据的真实情况。

在绘制图形时，应避免不必要的修饰。过于花哨的修饰往往会使人注重图形本身，而掩盖了图形所要表达的信息。图形产生的视觉效果应与数据所体现的事物特征相一致，否则有可能歪曲数据，给人留下错误的印象。

二、统计表的设计

统计表是展示数据的另一个基本工具。在数据的收集、整理、描述和分析过程中，都要使用统计表。许多杂乱的数据，既不便于阅读，也不便于理解和分析，一旦整理在一张统计表内，就会使这些数据变得一目了然、清晰易懂。制作好统计表并充分利用是做好统计分析的基本要求。

统计表的形式多种多样，根据使用者的要求和统计数据本身的特点，可以绘制形式多样的统计表。表3-18就是一种比较常见的统计表。

表3-18　2017年西藏农牧民家庭基本状况调查资料

各项分指标	单位	数值
农牧民平均预期寿命	岁	65.13
孕妇分娩死亡占总死亡人口比重	%	2.52
农牧民自身健康满意度	%	39.59
去医院就诊率	%	97.15
农牧民拥有教师数	个	0.19
农牧民人均受教育年限	年	4.80

续表

各项分指标	单位	数值
农牧民现代技术使用率	%	69.17
年家庭收入增加家庭所占比重	%	32.86
年货币支出增加家庭所占比重	%	73.87
农牧民就业率	%	88.49
农牧民住房满意度	%	82.53
农村恩格尔系数	%	58.55
教育娱乐支出比重	%	4.24

注：本表根据西藏农牧区居民家庭基本状况抽样调查数据整理。

　　从表3-18中可以看出，统计表一般由四个主要部分组成，即表头、行标题、列标题和数据资料，此外，必要时可以在统计表的下方加上表外附加。表头应放在表的上方，它说明的是统计表的主要内容。行标题和列标题通常安排在统计表的第一列和第一行，它们表示的是所研究问题的类别名称和变量名称，如果是时间序列数据，行标题和列标题也可以是时间，当数据较多时，通常将时间放在行标题的位置。表的其余部分是具体的数据资料。表外附加通常放在统计表的下方，主要包括数据来源、变量的注释和必要的说明等内容。

　　由于使用者的目的和统计数据的特点不同，统计表的设计在形式和结构上会有较大差异，但基本要求是一致的。尽管计算机的应用使得对统计表形式的要求越来越少，但科学、实用、简练、美观仍然是设计和使用统计表所要求的。具体来说，设计和使用统计表时要注意以下几点：

　　首先，要合理安排统计表的结构，例如，行标题、列标题、数据资料的位置。当然，由于强调的问题不同，行标题和列标题可以互换，但应使统计表的横竖长度比例适当，避免出现过高或过宽的表格形式。

　　其次，表头一般应包括表号、总标题和表中数据的单位等内容。总标题应简明确切地概括出统计表的内容，一般需要说明统计数据的时间（when）、地点（where）和内容（what），即标题内容应满足3W要求。如果表中的全部数据都是同一计量单位，可在表的右上角标明。若各变量的计量单位不同，则应在每个变量后或单列一列标明。

　　再次，表中的上下两条横线一般用粗线，中间的其他线用细线，这样看起来清楚、醒目。通常情况下，统计表的左右两边不封口，列标题之间必要时可用竖线分开，而行标题之间通常不用横线隔开。总之，表中尽量少用横竖线。对于没有数据的表格单元，一般用"—"表示，一张填好的统计表中不应出现空白单元格。

最后，在设计统计表的过程中，必要时可在表的下方加上注释，特别要注意应注明资料来源，以表示对他人劳动成果的尊重，以备读者查阅使用。

习题

一、思考题

1. 数据的预处理包括哪些内容？

2. 分类数据和顺序数据的整理和图示方法各有哪些？

3. 数值型数据的分组方法有哪些？简述组距分组的步骤。

4. 直方图与条形图有何区别？

5. 绘制线图应注意哪些问题？

6. 饼图和环形图有什么不同？

7. 茎叶图与直方图相比有什么优点？它们的应用场合是什么？

8. 鉴别图表优劣的准则有哪些？

9. 制作统计表时应注意哪些问题？

二、练习题

1. 为评价家电行业售后服务的质量，随机抽取了 100 个家庭，构成一个样本。服务质量的等级分别表示为：A. 好；B. 较好；C. 一般；D. 较差；E. 差。调查结果如下：

C	A	B	D	C	A	B	C	E	D
A	B	C	D	B	C	D	E	D	D
A	B	C	D	B	C	E	C	B	C
D	A	C	B	C	D	B	A	E	B
C	B	D	A	E	A	B	B	D	A
A	C	B	D	C	C	D	B	B	E
B	E	B	C	D	A	D	C	A	D
D	C	D	A	B	E	C	C	C	A

C	B	C	D	A	E	B	D	C	C
E	C	D	B	C	B	D	E	B	B

（1）指出上面的数据属于什么类型。

（2）用 Excel 制作一张频数分布表。

（3）绘制一个条形图，反映评价等级的分布。

（4）绘制评级等级的帕累托图。

2. 为了确定灯泡的使用寿命，在一批灯泡中随机抽取 100 个进行测试，所得的数据如下：

623	678	659	720	672	725	682	685	652	666
674	683	682	707	721	688	636	642	654	634
742	704	694	735	743	651	721	703	715	685
652	643	658	672	691	644	660	732	716	657
692	684	725	703	702	643	723	670	681	623
645	723	734	665	706	653	654	690	699	641
686	741	681	648	689	658	638	700	711	631
693	714	717	646	682	681	648	687	708	633
658	673	638	658	650	724	722	677	723	655
727	652	651	659	720	713	641	717	716	676

（1）利用计算机对上面的数据进行排序。

（2）以组距为 10 进行等距分组，整理成频数分布表。

（3）根据分组数据绘制直方图，说明数据分布的特点。

（4）制作茎叶图，与直方图做比较。

3. 一种袋装食品用生产线自动化装填，每袋重量大约为 50 克，但由于某些原因，每袋重量不会恰好是 50 克。随机抽取 100 袋食品，测得的重量数据如下：

48	47	45	54	50	54	52	54	47	45
56	48	42	42	51	42	42	42	42	65
54	49	44	48	52	43	47	43	43	47
55	50	44	44	41	54	42	44	44	56
46	45	45	53	54	46	45	48	45	63

46	46	46	46	55	49	52	46	46	54
54	54	47	47	56	43	51	47	45	53
56	46	41	48	48	46	50	48	48	52
49	54	49	49	49	49	49	49	46	48
50	56	50	50	50	50	50	50	50	46

（1）构建这些数据的频数分布表。

（2）绘制频数分布的直方图。

（3）说明数据分布的特征。

4. 给下面的数据绘制散点图。

| x | 2 | 3 | 5 | 1 | 4 | 8 | 7 | 6 | 9 | 10 |
| y | 22 | 23 | 25 | 24 | 28 | 32 | 30 | 26 | 33 | 35 |

5. 甲、乙两个班各有 40 名学生，期末统计学考试成绩的分布如下：

考试成绩	人数	
	甲班	乙班
优	4	6
良	8	7
中	15	16
及格	10	9
不及格	3	2

（1）根据上面的数据，画出两个班考试成绩的对比条形图和环形图。

（2）比较两个班考试成绩分布的特点。

（3）画出雷达图，看看两个班考试成绩的分布是否相似。

第四章　数据的概括性度量

费希尔在 1952 年的一篇文章中举了一个例子，说明如何由基本的描述统计量知识引出一个重要发现。

20 世纪早期，哥本哈根卡尔堡实验室的施密特发现不同地区捕获的同种鱼类的脊椎骨和鳃腺的数量有很大不同，甚至在同一海湾内不同地点所捕获的同种鱼类，也发现同样的情况。然而，鳗鱼的脊椎骨的数量变化不大。施密特从欧洲各地几乎分离的海域里捕获的鳗鱼样本中，发现了几乎一样的均值和标准偏差值。

施密特由此推断：各个不同海域内的鳗鱼是由海洋中某公共场所繁殖的。后来，名为"戴纳"（Dana）的科学考察船在一次远征中，发现了这个场所。①

利用图表展示数据，可以对数据分布的形态和特征有一个大致的了解。但要全面把握数据分布的特征，还需要找到反映数据分布特征的各个代表值。数据分布的特征可以从三个方面进行测度和描述：一是分布的集中趋势，反映各数据向其中心值靠拢或聚集的程度；二是分布的离散程度，反映各数据远离其中心值的趋势；三是分布的形态，反映数据分布的偏态和峰态。这三个方面分别反映了数据分布特征的不同侧面。本章将重点讨论分布特征值的计算方法、特点及其应用场合。

第一节　集中趋势的度量

集中趋势（central tendency）是指一组数据向某一中心值靠拢的程度，它反

---

① 贾俊平，何晓群，金勇进. 统计学［M］. 北京：中国人民大学出版社，2018.

映了一组数据中心点的位置所在。本节将从统计数据的不同类型出发，从低层次的测量数据开始，逐步介绍集中趋势的各个测度值。需要重新强调的是，低层次数据的集中趋势测度值适用于高层次的测量数据；反过来，高层次数据的集中趋势测度值并不适用于低层次的测量数据。因此，选用哪一个测度值来反映数据的集中趋势，要根据所掌握的数据的类型和特点来确定。

一、分类数据：众数

众数（mode）是一组数据中出现次数最多的变量值，用 M_0 表示。众数主要用于测度分类数据的集中趋势，当然也适用于作为顺序数据和数值型数据集中趋势的测度值。一般情况下，只有在数据量较大的情况下，众数才有意义。

例 4 - 1 根据第三章表 3 - 5 中的数据，计算饮料类型的众数。

解：这里的变量为饮料类型，这是个分类变量，不同的类型就是变量值。在所调查的 50 人当中，购买牛奶和矿泉水的人数最多，为 13 人，则众数为牛奶和矿泉水，即 M_0 = 牛奶或 M_0 = 矿泉水。

这就是说，可以用牛奶或矿泉水作为饮料类型这一变量的一个概括性度量。当然，它对这一变量的代表性，需要进一步分析。

例 4 - 2 根据第三章表 3 - 10 和表 3 - 11 中的数据，计算 A、B 两个城市对住房状况满意程度评价的众数。

解：这里的变量为回答类别，其变量值为非常不满意、不满意、一般、满意、非常满意。从表 3 - 10 中看到，A 城市中对住房表示不满意的户数最多，为 100 户，因此众数为不满意，即 M_0 = 不满意，同样，B 城市中对住房表示不满意的户数最多，为 105 户，因此，众数也为不满意，即 M_0 = 不满意。

上述结果表明，总体上来说，两个城市的家庭对目前的住房状况都是不满意的。

例 4 - 3 在某城市中随机抽取 9 个家庭，调查得到每个家庭的人均月收入数据如下（单位：元），计算人均月收入的众数。

3800　3200　3800　3400　3800　3900　4000　3600　2600

解：人均月收入出现频数最多的是 3800，因此，M_0 = 3800 元。

※ **Excel 中的统计函数**

利用 Excel 中的 MODE 函数可以计算一组数值型数据的众数，其语法为 MODE（number1，number2，…，number30）。number1，number2，…，number30

是用于计算众数的 1 ~ 30 个参数，也可以使用单一数组（即对数组域的引用）来代替用逗号分隔的参数。如果一组数据中不含有重复的数据，则 MODE 函数返回错误值 N/A。

众数是一个位置代表值，它不受数据中极端值的影响。从分布形态看，众数是具有明显集中趋势点的数值，一组数据分布的最高峰点所对应的数值即为众数。当然，如果数据的分布没有明显的集中趋势或最高峰点，众数也可能不存在，如果有两个或多个最高峰点，也可以有两个或多个众数。众数的示意图如图 4 - 1 所示。

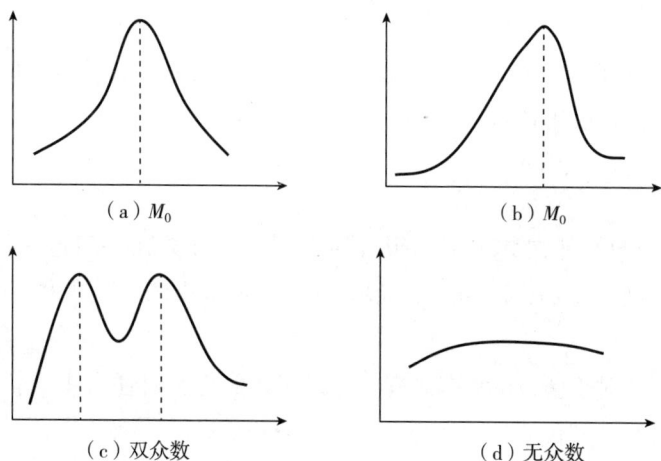

（a）M_0　　　　　　（b）M_0

（c）双众数　　　　　　（d）无众数

图 4 - 1　众数示意图

二、顺序数据：中位数和分位数

在一组数据中，可以找出处在某个位置上的数据，这些位置上的数据就是相应的分位数，其中，包括中位数、四分位数、十分位数、百分位数等。

1. 中位数

中位数（median）是一组数据排序后，处于中间位置上的变量值，用 M_e 表示。显然，中位数将全部数据等分成两部分，每部分包含 50% 的数据，一部分数据比中位数大，另一部分数据则比中位数小。中位数主要用于测度顺序数据的集中趋势，当然也适用于测度数值型数据的集中趋势，但不适用于分类数据。

计算未分组数据的中位数时，首先对数据进行排序，其次确定中位数的位置，最后确定中位数的具体数值。中位数位置的公式为：

$$中位数位置 = \frac{n+1}{2} \qquad (4-1)$$

式中，n 为数据个数。

设一组数据为 x_1，x_2，$\cdots$，x_n，按从小到大排序后为 $x_{(1)}$，$x_{(2)}$，$\cdots$，$x_{(n)}$，则中位数为：

$$M_e = \begin{cases} x_{\frac{n+1}{2}} & (n \text{ 为奇数}) \\ \dfrac{x_{\frac{n}{2}} + x_{\frac{n}{2}+1}}{2} & (n \text{ 为偶数}) \end{cases} \qquad (4-2)$$

例 4 - 4 根据第三章表 3 - 10 和表 3 - 11 中的数据，计算 A、B 两个城市家庭对住房状况评价的中位数。

$$中位数位置 = \frac{350+1}{2} = 175.5$$

从表 3 - 7 的累计次数中可以很容易看到，中位数在一般这一类中，因此，中位数是一般这一类别，即 $M_e = $ 一般。同样，B 城市的中位数也是一般这一类别，即 $M_e = $ 一般。

这就是说，对于 A、B 城市而言，可以用一般作为对住房满意状况评价的一个代表值。当然，其代表性如何还需进一步分析。

例 4 - 5 在某城市中随机抽取 9 个家庭，调查得到每个家庭的人均月收入数据如下（单位：元），计算人均月收入的中位数。

2650 3860 3550 2760 3230 3170 2950 3660 2160

解：先将上面的数据排序，结果如下：

2160 2650 2760 2950 3170 3230 3550 3660 3860

$$中位数位置 = \frac{9+1}{2} = 5$$

所以，中位数为 3170，即 $M_0 = 3170$ 元。

下面再看看当数据个数为偶数时怎样计算中位数。假定在例 4 - 5 中抽取了 10 个家庭，将每个家庭的人均月收入数据排序后得到：

2160 2650 2760 2950 3170 3230 3350 3550 3660 3860

$$中位数位置 = \frac{10+1}{2} = 5.5$$

$$M_0 = \frac{3170 + 3230}{2} = 3200 \text{（元）}$$

中位数是一个位置上的代表值，其特点是不受极端值的影响，在研究收入分配时很有用。

2. 四分位数

中位数是从中间点将全部数据等分为两部分，与中位数类似的还有四分位数、十分位数（decile）和百分位数（percentile）等，它们分别是用 3 个点、9 个点和 99 个点将数据 4 等分、10 等分和 100 等分后各分位点上的值。这里只介绍四分位数的计算。

四分位数（quartile）也称四分位点，它是一组数据排序后处于 25% 和 75% 位置上的值。四分位数是通过 3 个点将全部数据等分为 4 部分，其中，每部分包含 25% 的数据。很显然，中间的四分位数就是中位数，因此，通常所说的四分位数是指处在 25% 位置上的数值和处在 75% 位置上的数值，分别称为下四分位数和上四分位数。与中位数的计算方法类似，根据未分组数据计算四分位数时，首先，对数据进行排序，然后确定四分位数所在的位置，该位置上的数值就是四分位数。与中位数不同的是，四分位数位置的确定方法有几种，每种方法得到的结果会有一定差异，但差异不会很大。根据定义，设下四分位数为 Q_L，上四分位数为 Q_U，四分位数的位置确定方法如下：

$$Q_L \text{ 位置} = \frac{n}{4}$$

$$Q_U \text{ 位置} = \frac{3n}{4}$$

(4-3)

如果位置是整数，四分位数就是该位置对应的值；如果是在 0.5 的位置上，则取该位置两侧值的平均数，如果是在 0.25 或 0.75 的位置上，则四分位数等于该位置的下侧值加上按比例分摊位置两侧数值的差值。

例 4-6　根据例 4-5 中 9 个家庭的收入调查数据，计算人均月收入的四分位数。

解：根据式（4-3），可得到：

$$Q_L \text{ 位置} = \frac{n}{4} = \frac{9}{4} = 2.25$$

$$Q_U \text{ 位置} = \frac{3n}{4} = \frac{3 \times 9}{4} = 6.75$$

即下四分位数在第 2 个数值 2650 和第 3 个数值 2760 之间 0.25 的位置上, 上四分位数在第 6 个数值 3230 和第 7 个数值 3550 之间 0.75 的位置上。

$Q_L = 2650 + (2760 - 2650) \times 0.25 = 2677.5$ (元)

$Q_U = 3230 + (3550 - 3230) \times 0.75 = 3470$ (元)

※ **Excel 中的统计函数**

利用 Excel 中的 QUARTILE 函数可以计算一组数值型数据的四分位数, 其语法为 QUARTILE (array, quart)。array 为需求的四分位数的数组或数字的单元格区域, quart 决定返回哪一个四分位数。如果 quart 等于 0, 函数返回最小值; 如果 quart 等于 1, 函数返回第一个四分位数, 如果 quart 等于 2, 函数返回中位数; 如果 quart 等于 3, 函数返回第三个四分位数; 如果 quart 等于 4, 函数返回最大值。

三、数值型数据: 平均值

平均数也称为均值 (mean), 它是一组数据相加后除以数据的个数得到的结果。平均数在统计学中具有重要的地位, 是集中趋势的最主要测度值, 它主要适用于数值型数据, 不适用于分类数据和顺序数据。根据所掌握数据的不同, 平均数有不同的计算形式和计算公式。

1. 简单平均数与加权平均数

根据未经分组数据计算的平均数, 称为简单平均数 (simple mean)。设一组样本数据为 x_1, x_2, $\cdots$, x_n, 样本量 (样本数据的个数) 为 n, 则简单样本平均数用 $\bar{x}$ 表示, 计算公式[①]为。

$$\bar{x} = \frac{x_1 + x_2 + \cdots + x_n}{n} = \frac{\sum_{i=1}^{n} x_i}{n} \qquad (4-4)$$

---

① 如果有总体的全部数据 x_1, x_2, $\cdots$, x_n, 则总体平均数用 μ 表示, 简单总体平均数的计算公式为:

$$\mu = \frac{x_1 + x_2 + \cdots + x_n}{N} = \frac{\sum_{i=1}^{N} x_i}{N}$$

同样, 如果原始数据分成 k 组, 各组的组中值分别用 M_1, M_2, $\cdots$, M_k 表示, 各组变量值出现的频数分别用 f_1, f_2, $\cdots$, f_k 表示, 则总体加权平均数的计算公式为:

$$\mu = \frac{M_1 f_1 + M_2 f_2 + \cdots + M_k f_k}{f_1 + f_2 + \cdots + f_k} = \frac{\sum_{i=1}^{k} M_i f_i}{N}$$

例如，根据例 4 - 5 中的数据，9 个家庭人均月收入的平均数为：

$$\bar{x} = \frac{2160 + 2650 + \cdots + 3660 + 3860}{9} = 3110 \text{（元）}$$

根据分组数据计算的平均数，称为加权平均数（weighted mean）。设原始数据被分成 k 组，各组的组中值分别用 M_1，M_2，$\cdots$，M_k 表示，各组变量值出现的频数分别用 f_1，f_2，$\cdots$，f_k 表示，则样本加权平均数的计算公式为：

$$\bar{x} = \frac{M_1 f_1 + M_2 f_2 + \cdots + M_k f_k}{f_1 + f_2 + \cdots + f_k} = \frac{\sum_{i=1}^{n} M_i f_i}{n} \qquad (4-5)$$

式（4 - 5）中，$n = \sum f_i$，即样本量。

例 4 - 7 根据第三章例 3 - 5 中的数据，计算高二年级学生身高的加权平均数。

解：计算过程见表 4 - 1。

表 4 - 1 某中学高二年级学生身高数据加权平均数计算表

按身高分组（厘米）	组中值（M_i）	频数（f_i）	$M_i f_i$
130 ~ 140	135	2	270
140 ~ 150	145	10	1450
150 ~ 160	155	24	3720
160 ~ 170	165	36	5940
170 ~ 180	175	16	2800
180 ~ 190	185	10	1850
190 ~ 200	195	2	390
合计	—	100	16420

根据式（4 - 5）得：

$$\bar{x} = \frac{\sum_{i=1}^{k} M_i f_i}{n} = \frac{16420}{100} \approx 164 \text{（厘米）}$$

根据式（4 - 5）计算平均数时，用各组的组中值代表各组的实际数据，使用这一代表值时假定各组数据在组内是均匀分布的，如果实际数据与这一假定相吻合，计算的结果还是比较准确的，否则误差会较大。

平均数在统计学中具有重要地位，它是进行统计分析和统计推断的基础，从统计思想上看，平均数是一组数据的重心所在，是数据误差相互抵消后的必然结果。

※ **Excel 中的统计函数**

利用 Excel 中的 AVERAGE 函数可以计算一组数值型数据的算数平均数，其语法为 AVERAGE（number1，number2，…，number255），number1，number2，…，number255 是用于计算平均数的 1～255 个参数。

2. 一种特殊的平均数：几何平均数

几何平均数（geometric mean）是 n 个变量值乘积的 n 次方根，用 G 表示。计算公式[①]为：

$$G = \sqrt[n]{x_1 \times x_2 \times \cdots \times x_n} = \sqrt[n]{\prod_{i=1}^{n} x_i} \qquad (4-6)$$

式（4-6）中，$\prod$ 为连乘符号。

几何平均数是适用于特殊数据的一种平均数，它主要用于计算平均比率。当所掌握的变量值本身是比率形式时，采用几何平均法计算平均比率更为合理。在实际应用中，几何平均数主要用于计算现象的平均增长率。

※ **Excel 中的统计函数**

利用 Excel 中的 GEOMEAN 函数可以计算一组数值型数据的几何平均数，其语法为 GEOMEAN（number 1，number 2，…，number 255），number 1，number 2，…，number 255 是用于计算几何平均数的 1～255 个参数，也可以不使用这种用逗号分隔参数的形式，而用单个数组或数组引用的形式。如果任何数据点小于 0，则函数 GEOMEAN 返回错误值#NUM！。

例 4-8 一位投资者持有一只股票，连续 4 年的收益率分别为 3.5%、4.5%、25.5%、2.8%，计算该投资者在这 4 年内的平均收益率。

解：设平均收益率为 $\bar{G}$，根据式（4-6）可得到如下算式。

$$\bar{G} = \sqrt[4]{\prod_{i=1}^{4} x_i} - 1 = \sqrt[4]{103.5\% \times 104.5\% \times 125.5\% \times 102.8\%} - 1 = 8.6859\%$$

即该投资者的投资年平均收益率为 8.6859%。

---

① 当数据中出现零值或负值时，不宜计算几何平均数。

假定该投资者最初投入 30000 元，按各年的几何平均收益率计算，第 4 年的本利总和应为：

30000 × 103.5% × 104.5% × 125.5% × 102.8%

　＝30000 × （108.6859%）^{4}

　＝41861.43 （元）

如果按算术平均数计算，平均收益率则为：

$\overline{G}$ ＝（3.5% ＋4.5% ＋25.5% ＋2.8%）÷4 ＝9.075%

按算术平均数收益率计算，该投资者第 4 年的本利和应为：

30000 × （109.075%）^{4} ＝42464.12 （元）

两者相差 602.69 元，而这部分收益投资者并没有获得，这说明对于比率数据的平均，采用几何平均要比算术平均更合理，从下面的分析中可以更清楚地看出这一点。

设开始的数据为 y_0，逐年增长率为 G_1，G_2，…，G_n，则第 n 年的数值为：

$$y_n = y_0(1 + G_1)(1 + G_2)\cdots(1 + G_n) = y_0 \prod_{i=1}^{n}(1 + G_n) \tag{4-7}$$

从 y_0 到 y_n 有 n 年，每年的增长率都相同，这个增长率 G 就是平均增长率 $\overline{G}$，即式（4-7）中的增长率都等于 G，因此

$$(1 + G)^n = \prod_{i=1}^{n}(1 + G_i) \tag{4-8}$$

$$\overline{G} = \sqrt[n]{\prod_{i=1}^{n}(1 + G_i)} - 1 \tag{4-9}$$

当所平均的比率数值差别不大时，算术平均和几何平均的结果相差不大，如果比率的数值相差较大时，两者的差别就很明显。

四、众数、中位数和平均数的比较

众数、中位数和平均数是集中趋势的三个主要测度值，它们具有不同的特点和应用场合。

1. 众数、中位数和平均数的关系

从分布的角度看，众数始终是一组数据分布的最高峰值，中位数是处于一组数据中间位置上的值，而平均数则是全部数据的算术平均。因此，对于具有单峰分布的大多数数据而言，众数、中位数和平均数之间具有以下关系：如果数据的分布是

对称的，众数（M_0）、中位数（M_e）和平均数（$\bar{x}$）一定相等，即 $M_0 = M_e = \bar{x}$，如果数据是左偏分布，说明数据存在极小值，必然拉动平均数向极小值一方靠，而众数和中位数由于是位置代表值，不受极值的影响，因此三者之间的关系表现为：$\bar{x} < M_e < M_0$；如果数据是右偏分布，说明数据存在极大值，必然拉动平均数向极大值一方靠，则 $M_0 < M_e < \bar{x}$。上述关系如图4-2所示。

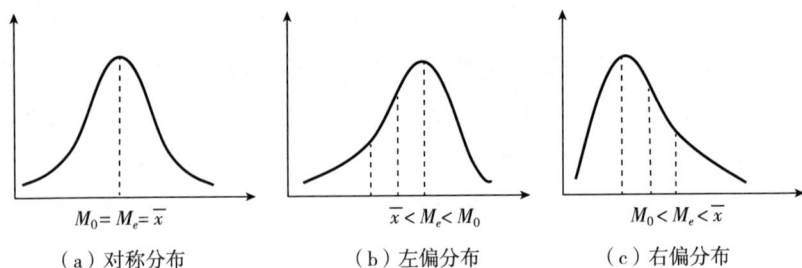

$M_0 = M_e = \bar{x}$	$\bar{x} < M_e < M_0$	$M_0 < M_e < \bar{x}$
（a）对称分布	（b）左偏分布	（c）右偏分布

图4-2 不同分布中众数、中位数和平均数的关系图示

2. 众数、中位数和平均数的特点与应用场合

掌握众数、中位数和平均数的特点，有助于在实际应用中选择合理的测度值来描述数据的集中趋势。

众数是一组数据分布的峰值，不受极端值的影响。其缺点是具有不唯一性，一组数据可能有一个众数，也可能有两个或多个众数，也可能没有众数。众数只有在数据量较多时才有意义，当数据量较少时，不宜使用众数。众数主要适合作为分类数据的集中趋势测度值。

中位数是一组数据中间位置上的代表值，不受数据极端值的影响。当一组数据的分布偏斜程度较大时，使用中位数也许是一个好的选择。中位数主要适合作为顺序数据的集中趋势测度值。

平均数是针对数值型数据计算的，而且利用了全部数据信息，它是实际中应用最广泛的集中趋势测度值。当数据呈对称分布或接近对称分布时，3个代表值相等或接近相等，这时则应选择平均数作为集中趋势的代表值。但平均数的主要缺点是易受数据极端值的影响，对于偏态分布的数据，平均数的代表性较差。因此，当数据为偏态分布，特别是偏斜程度较大时，可以考虑选择中位数或众数作为集中趋势的测度值，这时它们的代表性要比平均数好。

第二节　离散程度的度量

数据的离散程度是数据分布的另一个重要特征，它反映的是各变量值远离其中心值的程度。数据的离散程度越大，集中趋势的测度值对该组数据的代表性就越差；离散程度越小，其代表性就越好。描述数据离散程度采用的测度值，根据数据类型的不同主要有异众比率、四分位差、方差和标准差。此外，还有极差、平均差和测度相对离散程度的离散系数等。

一、分类数据：异众比率

异众比率（variation ratio）是指非众数组的频数占总频数的比例，用 V_r 表示。其计算公式为：

$$V_r = \frac{\sum f_i - f_m}{\sum f_i} = 1 - \frac{f_m}{\sum f_i} \qquad (4-10)$$

式（4-10）中，$\sum f_i$ 为变量值的总频数；f_m 为众数组的频数。

异众比率主要用于衡量众数对一组数据的代表程度。异众比率越大，说明非众数组的频数占总频数的比重越大，众数的代表性就越差；异众比率越小，说明非众数组的频数占总频数的比重越小，众数的代表性越好。异众比率主要适用于测度分类数据的离散程度，当然，对于顺序数据和数值型数据也可以计算异众比率。

例4-9　假设对 100 个消费者购买饮料类型进行调查发现，62 人购买了牛奶，其他 38 人购买了其他饮料类型，计算异众比率。

解：根据式（4-10）得：

$$V_r = \frac{\sum f_i - f_m}{\sum f_i} = \frac{100 - 62}{100} = 38/100 = 0.38$$

这说明在所调查的 100 人当中，购买其他类型饮料的人数占 38%，异众比率比较小。因此，用牛奶来代表消费者购买饮料类型的状况，代表性较好。

二、顺序数据：四分位差

四分位差（quartile deviation）也称为内距或四分位数间距（inter – quartile range），它是上四分位数与下四分位数之差，用 Q_d 表示。其计算公式为：

$$Q_d = Q_U - Q_L \qquad (4-11)$$

四分位差反映了中间 50% 数据的离散程度，其数值越小，说明中间的数据越集中；其数值越大，说明中间的数据越分散。四分位差不受极值的影响。此外，由于中位数处于数据的中间位置，因此，四分位差的大小在一定程度上也说明了中位数对一组数据的代表程度。四分位差主要用于测度顺序数据的离散程度。对于数值型数据也可以计算四分位差，但它不适用于分类数据。

例 4 – 10 根据例 4 – 6 的计算结果，计算家庭人均月收入的四分位差。

解：根据例 4 – 6 的计算结果可知，$Q_L = 2677.5$，$Q_U = 3470$。

四分位差为：$Q_d = 3470 - 2677.5 = 792.5$（元）

三、数值型数据：方差和标准差

测度数值型数据离散程度的方法主要有极差、平均差、方差和标准差，其中，最常用的是方差和标准差。

1. 极差

一组数据的最大值与最小值之差称为极差（range），也称全距，用 R 表示。其计算公式为：

$$R = X_{\max} - X_{\min} \qquad (4-12)$$

式（4 – 12）中，$X_{\max}$ 和 $X_{\min}$ 分别表示一组数据的最大值和最小值。

例如，根据例 4 – 5 中的数据，计算 9 个家庭人均月收入的极差为：

$R = 3860 - 2160 = 1700$（元）

极差是描述数据离散程度的最简单测度值，计算简单，易于理解，但它容易受极端值的影响。由于极差只是利用了一组数据两端的值，不能反映出中间数据的分散状况，因而，不能准确描述出数据的离散程度。

2. 平均差

平均差（mean deviation）也称平均绝对离差（mean absolute deviation），它是各变量值与其平均数离差绝对值的平均数，用 M_d 表示。

根据未分组数据计算平均差的公式为：

$$M_d = \frac{\sum_{i=1}^{n} | x_i - \bar{x} |}{n} \tag{4-13}$$

根据分组数据计算平均差的公式为:

$$M_d = \frac{\sum_{i=1}^{n} | x_i - \bar{x} | f_i}{n} \tag{4-14}$$

例 4 - 11 根据第三章例 3 - 5 中的数据,计算高中二年级学生身高的平均差。

解:已知 $\bar{x} = 164$,计算过程见表 4 - 2。

根据式(4 - 14)得:

$$M_d = \frac{\sum_{i=1}^{n} | x_i - \bar{x} | f_i}{n} = \frac{948}{100} \approx 9（厘米）$$

表 4 - 2 某中学高中二年级学生身高数据平均差计算表

按身高分组（厘米）	组中值（M_i）	频数（f_i）	$| M_i - \bar{x} |$	$| M_i - \bar{x} | f_i$
130 ~ 140	135	2	29	58
140 ~ 150	145	10	19	190
150 ~ 160	155	24	9	216
160 ~ 170	165	36	1	36
170 ~ 180	175	16	11	176
180 ~ 190	185	10	21	210
190 ~ 200	195	2	31	62
合计	—	100	—	948

※ Excel 中的统计函数

利用 Excel 中的 AVEDEV 函数可以计算一组数值型数据的算数平均差,其语法为 AVEDEV（number1，number2，…）,number1，number2，…是用于计算平均差的一组参数，参数可以是 1 ~ 255 个。

平均差以平均数为中心，反映了每个数据与平均数的平均差异程度，它能全面准确地反映一组数据的离散状况。平均差越大，说明数据的离散程度越大；反之，则说明数据的离散程度越小。为了避免离差之和等于零而无法计算平均差这一问题，平均差在计算时对离差取了绝对值，以离差的绝对值之和来表示总离差，这就给计算带来了不便，因而，在实际中应用较少。但平均差的实际意义比较清楚且容易理解。

3. 方差和标准差

方差（variance）是各变量值与其平均数离差平方的平均数。它在数学处理上是通过平方的办法消去离差的正负号，然后再进行平均。方差的平方根称为标准差（standard deviation）。方差和标准差能较好地反映出数据的离散程度，是实际中应用最广的离散程度测度值。

设样本方差为 s^2，根据未分组数据和分组数据计算样本方差的公式[①]分别为：

$$未分组数据：s^2 = \frac{\sum_{i=1}^{n}(x_i - \overline{x})^2}{n - 1} \qquad (4-15)$$

$$分组数据：s^2 = \frac{\sum_{i=1}^{k}(M_i - \overline{x})^2 f_i}{n - 1} \qquad (4-16)$$

※ **Excel 中的统计函数**

利用 Excel 中的 STDEV 函数可以计算一组数值型数据的样本标准差，其语法为 STDEV（number1，number2，…），number1，number2，…为样本的 1 ~ 255 个参数。如果是总体数据，则应该使用函数 STDEVP 来计算标准差。

样本方差是用样本数据个数减 1 后去除离差平方和，其中，样本数据个数减

---

① 如果能得到总体数据，对于未分组数据的原始数据，总体方差 σ^2 的计算公式为：

$$\sigma^2 = \frac{\sum_{i=1}^{n}(x_i - \mu)^2}{N}$$

对于分组数据，总体方差的计算公式为：

$$\sigma^2 = \frac{\sum_{i=1}^{k}(M_i - \mu)^2 f_i}{N}$$

1，即 $n-1$，称为自由度（degree of freedom）[1]。

方差开方后即得到标准差。与方差不同的是，标准差是具有量纲的，它与变量值的计量单位相同，其实际意义要比方差清楚。因此，在对实际问题进行分析时，要尽可能多地使用标准差。标准差的计算公式分别为：

$$未分组数据：s = \sqrt{\frac{\sum_{i=1}^{n}(x_i - \overline{x})^2}{n-1}} \qquad (4-17)$$

$$分组数据：s = \sqrt{\frac{\sum_{i=1}^{k}(M_i - \overline{x})^2 f_i}{n-1}} \qquad (4-18)$$

例 4 – 12　根据第三章例 3 – 5 中的数据，计算高中二年级学生身高的标准差。

解：已知 $\overline{x} = 164$，计算过程见表 4 – 3。

根据式（4 – 18）得到样本标准差为：

$$s = \sqrt{\frac{\sum_{i=1}^{k}(M_i - \overline{x})^2 f_i}{n-1}} = \sqrt{\frac{15540}{100-1}} = 12.53（厘米）$$

表 4 – 3　某中学高中二年级学生身高数据标准差计算表

按身高分组（厘米）	组中值（M_i）	频数（f_i）	$(M_i - \overline{x})^2$	$(M_i - \overline{x})^2 f_i$
130 ~ 140	135	2	841	1682
140 ~ 150	145	10	361	3610

---

[1]　自由度是指附加给独立观测值的约束或限制的个数。从字面含义来看，自由度是指一组数据中可以自由取值的个数。当样本数据的个数为 n 时，若样本平均数 $\overline{x}$ 确定后，则附加给 n 个观测值的约束个数就是 1 个，因此，只有 $n-1$ 个数据可以自由取值，其中，必有一个数据不能自由取值。按照这一逻辑，如果对 n 个观测值附加的约束个数为 k 个，自由度则为 $n-k$。例如，假定样本有 3 个数值，即 $x_1 = 2$，$x_2 = 4$，$x_3 = 9$，则 $\overline{x} = 5$。当 $\overline{x} = 5$ 确定后，3 个数值中只有 2 个数值可以自由取值，另一个则不能自由取值。例如，$x_1 = 6$，$x_2 = 7$，那么 x_3 必然取值为 3，而不能取其他值。

样本方差的自由度为什么是 $n-1$ 呢？因为在计算离差平方和 $\sum_{i=1}^{n}(x_i - \overline{x})^2$ 时，不是先求出样本平均数 $\overline{x}$，而是附加给 $\sum_{i=1}^{n}(x_i - \overline{x})^2$ 的一个约束，因此，计算离差平方和时只有 $n-1$ 个独立的观测值，而不是 n 个。样本方差用自由度去除，其原因可以从多方面解释，从实际应用的角度来看，在抽样估计中，当我们用样本方差 s^2 去估计总体方差 σ^2 时，它是 σ^2 的无偏估计量，对这一问题的进一步介绍可参见第七章。

续表

按身高分组（厘米）	组中值（M_i）	频数（f_i）	$(M_i-\bar{x})^2$	$(M_i-\bar{x})^2 f_i$
150~160	155	24	81	1944
160~170	165	36	1	36
170~180	175	16	121	1936
180~190	185	10	441	4410
190~200	195	2	961	1922
合计	—	100	—	15540

4. 相对位置的度量

有了平均数和标准差之后，可以计算一组数据中各个数值的标准分数，以测度每个数据在该组数据中的相对位置，并可以用它来判断一组数据中是否有离群数据。

（1）标准分数。

变量值与其平均数的差除以标准差后的值，称为标准分数（standard score），也称标准化值或 z 分数。设标准分数为 z，则有

$$z_i = \frac{x_i - \bar{x}}{s} \tag{4-19}$$

标准分数给出了一组数据中各数值的相对位置。例如，如果某个数值的标准分数为 -1.5，就知道该数据比平均数低 1.5 个标准差。式（4-19）是我们常用的统计标准化公式，在对多个具有不同量纲的变量进行处理时，常常需要对各变量进行标准化处理。

例 4-13 根据例 4-5 的数据，计算每个家庭人均月收入的标准分数。

解：根据已知数据计算得：$\bar{x}=3110$，$s=540.69$。由式（4-19）得每个家庭人均月收入的标准分数，如表 4-4 所示。

表 4-4　9 个家庭人均月收入的标准分数

家庭编号	人均月收入（元）	标准分数
1	2160	-1.757
2	2650	-0.851
3	2760	-0.647
4	2950	-0.296

续表

家庭编号	人均月收入（元）	标准分数
5	3170	0.111
6	3230	0.222
7	3550	0.814
8	3660	1.017
9	3860	1.387

由表 4-4 可知，收入最低的家庭其人均收入与平均数相比低 1.757 个标准差；而收入最高的家庭人均收入比平均数高 1.387 个标准差。

标准分数具有平均数为 0、标准差为 1 的特性。实际上，z 分数只是将原始数据进行了线性变换，它并没有改变一个数据在该组数据中的位置，也没有改变该组数据分布的形态。

例如，一组数据为 3，6，9，12，15，18，21，24，27，其平均数为 15，标准差为 8，则标准分数数据为 -1.5，-1.125，-0.75，0.375，0，0.375，0.75，1.125，1.5。

（2）经验法则。

当一组数据对称分布时，经验法则表明：

1）约有 68% 的数据在平均数 ±1 个标准差的范围之内；

2）约有 95% 的数据在平均数 ±2 个标准差的范围之内；

3）约有 99% 的数据在平均数 ±3 个标准差的范围之内。

根据表 4-4 的结果，在平均数 ±1 个标准差范围内，即 3110 ± 540.69 = (2569.31，3650.69)，共有 6 个家庭，占家庭总数的 66.7%；在平均数 ±2 个标准差范围内，即 3110 ± 2 × 540.69 = (2028.62，4191.38)，共有 9 个家庭，占家庭总数的 100%。没有在 2 个标准差之外的数据。

可以想象，一组数据中低于或高于平均数 3 个标准差之外的数值是很少的，也就是说，在平均数 ±3 个标准差的范围内几乎包含了全部数据，而在 3 个标准差之外的数据，在统计上称为离群点（outlier）。在 9 个家庭的人均月收入数据中，就没有离群点。

（3）切比雪夫不等式。

经验法则适用于对称分布的数据。如果一组数据不是对称分布，经验法则就不再适用，这时可使用切比雪夫不等式（chebyshev's inequality），它对任何分布形态的数据都适用。切比雪夫不等式提供的是"下界"，也就是"所占比例至少是多少"，根据切比雪夫不等式，对于任意分布形态的数据，至少有 $1 - 1/k^2$ 的数据是落在 k 个标准差之内。其中，k 是大于 1 的任意值，但不一定是整数。当 $k = 2$，3，4 时，该不等式的含义是：

1）至少有 75% 的数据落在平均数 ±2 个标准差的范围之内；

2）至少有 89% 的数据落在平均数 ±3 个标准差的范围之内；

3）至少有 94% 的数据落在平均数 ±4 个标准差的范围之内。

四、相对离散程度：离散系数

方差和标准差是反映数据分散程度的绝对值，其数值的大小受两方面因素影响：一方面，受原变量值本身的影响，也就是与变量的平均数大小有关，变量值绝对水平高的，离散程度的测度值自然也就大，绝对水平低的，离散程度的测度值自然也就小；另一方面，它们与原变量值的计量单位相同，采用不同计量单位的变量值，其离散程度的测度值也就不同。因此，对于平均水平不同或计量单位不同的变量值，是不能用标准差直接比较其离散程度的。为了消除变量值水平高低和计量单位不同对离散程度测度值的影响，需要计算其离散系数。

离散系数也称为变异系数（coefficient of variation），它是一组数据的标准差与平均数之比。其计算公式为：

$$v_s = \frac{s}{\bar{x}} \tag{4-20}$$

离散系数是测度数据离散程度的相对统计量，主要用于比较不同样本数据的离散程度。离散系数大，说明数据的离散程度也大；离散系数小，说明数据的离散程度也小。[①]

例 4-14 在男子 10 米气手枪比赛中，每个运动员先进行资格赛，然后根据资格赛总成绩确定进入决赛的 8 名运动员。决赛时，8 名运动员进行 10 枪射击，再将预赛成绩加上决赛成绩，确定最后的名次。在 2008 奥运会射击男子 10 米气手枪决赛中，进入决赛的 8 名运动员的预赛成绩和最后 10 枪的决赛成绩如表 4-5 所示。评价哪名运动员的发挥更稳定。

---

① 当平均数接近零时，离散系数的值趋于增大，此时，必须慎重解释。

表4-5 8名运动员10米气手枪决赛成绩

姓名	国家	资格赛成绩	决赛10枪成绩（环）									
庞伟	中国	586	9.3	10.3	10.5	10.3	10.4	10.3	10.7	10.4	10.7	9.3
荣国	韩国	584	9.5	9.9	10.6	10.3	9.4	10.2	10.1	10.8	9.9	9.8
金荣洙	朝鲜	584	9.2	10.2	10.5	9.9	10.3	9.5	10.2	8.9	10.3	10.0
贾森·特纳	美国	583	8.8	10.4	10.6	10.1	10.5	9.5	9.7	10.8	8.9	9.7
布赖恩·比曼	美国	581	10.0	10.3	10.3	10.0	10.4	10.0	9.1	10.1	10.4	10.4
列昂尼德·叶基莫夫	俄罗斯	582	10.2	10.3	8.7	9.8	9.4	9.5	9.2	10.0	10.6	9.8
瓦尔特·拉佩尔	法国	581	9.7	10.3	9.4	10.7	9.4	9.9	9.6	9.2	10.4	10.3
乍吉·巴尼巴滴功	泰国	581	9.9	9.6	9.2	9.8	9.7	10.3	10.4	9.1	10.8	9.2

解：如果各运动员决赛10枪的平均成绩差异不大，可以直接比较标准差的大小，否则，就需要计算离散系数。8名运动员最后10枪决赛的平均成绩、标准差和离散系数如表4-6所示。

表4-6 8名运动员10枪决赛的平均成绩、标准差和离散系数

姓名	国家	平均成绩	标准差	离散系数
庞伟	中国	10.22	0.4812	0.04708
荣国	韩国	10.05	0.4225	0.04204
金荣洙	朝鲜	9.90	0.5020	0.05071
贾森·特纳	美国	9.90	0.6633	0.06700
布赖恩·比曼	美国	10.10	0.3715	0.03678
列昂尼德·叶基莫夫	俄罗斯	9.85	0.5554	0.05639
瓦尔特·拉佩尔	法国	9.93	0.4981	0.05016
乍吉·巴尼巴滴功	泰国	9.80	0.5367	0.05477

从离散系数可以看出，在最后10枪的决赛中，发挥比较稳定的前两名运动员是美国的布赖恩·比曼和韩国的荣国，发挥不稳定的前两名运动员是美国的贾森·特纳和俄罗斯的列昂尼德·叶基莫夫。

所介绍反映数据离散程度的各个测度值，适用于不同类型的数据。对于分类数据，主要用异众比率来测度其离散程度；对于顺序数据，虽然也可以计算异众比

率，但主要用四分位差来测度其离散程度；对于数值型数据，虽然可以计算异众比率、四分位差、极差和平均差等，但主要用方差或标准差来测度其离散程度。需要对不同样本数据的离散程度进行比较时，则使用离散系数。实际应用时，选用哪一个测度值来反映数据的离散程度，要根据所掌握的数据的类型和分析目的来确定。

第三节　偏态与峰态的度量

集中趋势和离散程度是数据分布的两个重要特征，但要全面了解数据分布的特点，还需要知道数据分布形态是否对称、偏斜的程度和分布的扁平程度等。偏态和峰态就是对分布形态的测度。

一、偏态及其测度

"偏态"（skewness）一词是由统计学家皮尔逊（K. Pearson）于 1895 年首次提出的，它是对数据分布对称性的测度。测度偏态的统计量是偏态系数（coefficient of skewness），记作 SK。

偏态系数的计算方法有很多。根据未分组的原始数据计算偏态系数时，通常采用下面的公式：

$$SK = \frac{n \sum (x_i - \bar{x})^3}{(n-1)(n-2)s^3} \qquad (4-21)$$

式（4-21）中，s^3 是样本标准差的三次方。

如果一组数据的分布是对称的，则偏态系数等于 0；如果偏态系数明显不等于 0，表明分布是非对称的。若偏态系数大于 1 或小于 -1，则被称为高度偏态分布；若偏态系数在 0.5~1 或 -1~0.5，则被认为是中等偏态分布；偏态系数越接近 0，偏斜程度就越低。

根据分组数据计算偏态系数，可采用下面的公式：

$$SK = \frac{\sum_{i=1}^{k} (x_i - \bar{x})^3 f_i}{ns^3} \qquad (4-22)$$

式（4-22）中，SK 的数值越大，表示偏斜的程度就越大。

※ Excel 中的统计函数

利用 Excel 中的 SKEW 函数可以计算一组数值型数据的偏态系数，其语法为 SKEW（number1，number2，…），number1，number2，…是用于计算偏斜度的 1～255 个参数，如果据点少于 3 个或样本标准差为 0，则函数 SKEW 返回错误值 #DIV/0!。

同样，利用 KURT 函数可以计算一组数值型数据的峰态系数，其语法为 KURT（number1，number2，…），number1，number2，…是用于计算峰值的 1～255 个参数，如果据点少于 3 个或样本标准差为 0，则函数 KURT 返回错误值 #DIV/0!。

从式（4-22）可以看到，它是离差三次方的平均数再除以标准差的三次方。当分布对称时，离差三次方后，正负离差可以相互抵消，因而，SK 的分子等于 0，则 $SK=0$；当分布不对称时，正负离差不能抵消，就形成了正或负的偏态系数，SK 为正值时，表示正离差值较大，可以判断为正偏或右偏；反之，SK 为负值时，表示负离差值较大，可判断为负偏或左偏。在计算 SK 时，将离差三次方的平均数除以 s^3 是为了将偏态系数转化为相对数。SK 的数值越大，表示偏斜的程度越大。

例 4-15　根据第三章例 3-5 中的数据，计算高中二年级学生身高的偏态系数。

解：计算过程见表 4-7。

表 4-7　某中学高中二年级学生身高偏态系数及峰态系数计算表

按身高分组（厘米）	组中值（M_i）	频数（f_i）	$(M_i-\bar{x})^3 f_i$	$(M_i-\bar{x})^4 f_i$
130～140	135	2	-48778	1414562
140～150	145	10	-68590	1303210
150～160	155	24	-17496	157464
160～170	165	36	36	36
170～180	175	16	21296	234256
180～190	185	10	92610	1944810
190～200	195	2	59582	1847042
合计	—	100	38660	1150908

将计算结果代入式（4-22）得：

$$SK = \frac{\sum_{i=1}^{k}(M_i - \overline{x})^3 f_i}{ns^3} = \frac{\sum_{i=1}^{10}(M_i - 164)^3 f_i}{n\sqrt[3]{\dfrac{\sum_{i=1}^{10}(M_i - 164)^2 f_i}{n-1}}} = \frac{38660}{100 \times 12.53^3} = 0.1965$$

偏态系数为 0.1965 且为正值，说明某中学高中二年级学生身高的分布为左偏分布。从第三章的图 3-11 中也可以看出这一点。

需要说明的是，我们假设组距分组涵盖了各组内数据的分布情况，组中值代表一组数据，且各组内数据在本组呈均匀分布或在组中值两侧呈对称分布。本例实际数据的分布不符合这一假定，用组中值作为一组数据的代表值计算结果会存在一定的误差。

二、峰态及其测度

"峰态"（kurtosis）一词是由统计学家皮尔逊于 1905 年首次提出的，它是对数据分布平峰或尖峰程度的测度。测度峰态的统计量是峰态系数（coefficient of kurtosis），记作 K。

峰态通常是与标准正态分布相比较而言的。如果一组数据服从标准正态分布，则峰态系数的值等于 0；若峰态系数的值明显不等于 0，则表明比正态分布更平或更尖，通常称为平峰分布或尖峰分布，如图 4-3 所示。

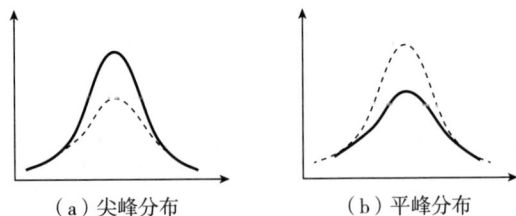

（a）尖峰分布　　　　　　（b）平峰分布

图 4-3　尖峰分布与平峰分布示意图

根据未分组数据计算峰态系数时，通常采用下面的公式：

$$K = \frac{n(n+1)\sum(x_i - \overline{x})^4 - 3[\sum(x_i - \overline{x})^2]^2(n-1)}{(n-1)(n-2)(n-3)s^4} \tag{4-23}$$

例如，根据第三章例3-5中的原始数据，由式（4-23）计算的峰态系数为 -0.298。

根据分组数据计算峰态系数是用离差四次方的平均数除以标准差的四次方，再减3，其计算公式为：

$$K = \frac{\sum_{i=1}^{k} (x_i - \overline{x})^4 f_i}{ns^4} - 3 \qquad (4-24)$$

式（4-24）中，s^4是样本标准差的四次方。

式（4-24）中将离差的四次方除以s^4是为了将峰态系数转化成相对数。通过与标准正态分布的峰态系数进行比较，来说明分布的尖峰和扁平程度。正态分布的峰态系数为0，当$K>0$时，为尖峰分布，数据的分布更集中；当$K<0$时，为扁平分布，数据的分布更分散。式（4-23）中也可以不减3，此时，比较标准是3。当$K>3$时，为尖峰分布；$K<3$时，为扁平分布。

例4-16 根据表4-7中的数据，计算高中二年级学生身高分布的峰态系数。

解：根据表4-7的计算结果，代入式（4-24）得：

$$K = \frac{\sum_{i=1}^{k} (x_i - \overline{x})^4 f_i}{ns^4} - 3 = \frac{1150908}{100 \times 12.53^4} - 3 = -2.5331$$

$K = -2.5331 < 0$，说明高中二年级学生身高的分布与正态分布相比较为扁平。

本章从数据分布特征介绍了数据的集中趋势、离散程度和分布形态。众数、中位数和平均数适用于测量集中趋势；异众比率、四分位差、极差、平均差、方差和标准差、离散系数适用于测量离散程度；偏态系数和峰态系数适用于测量分布形态。

习题

一、思考题

1. 一组数据的分布特征可以从哪几个方面进行测度？

2. 怎样理解平均数在统计学中的地位？

3. 简述四分位数的计算方法。

4. 对比率数据的平均为什么采用几何平均?

5. 简述众数、中位数和平均数的特点和应用场合。

6. 简述异众比率、四分位差、方差或标准差的适用场合。

7. 标准分数有哪些用途?

8. 为什么要计算离散系数?

9. 测度数据分布形状的统计量有哪些?

二、练习题

1. 一家电脑公司的 10 名销售人员 1 月销售的电脑数量(单位:台)排序后如下:

145　153　159　162　162　165　168　172　185　195

(1) 计算汽车销售量的众数、中位数和平均数。

(2) 根据定义公式,计算四分位数。

(3) 计算销售量的标准差。

(4) 说明电脑销售量分布的特征。

2. 随机抽取 30 名同学月消费状况,得到他们的月消费数据(单位:元)如下:

420	560	320	350	380	420	430	550	430	460
490	430	440	480	510	530	470	460	490	520
510	500	490	500	510	460	480	490	500	480

(1) 计算众数、中位数。

(2) 根据定义公式,计算四分位数。

(3) 计算平均数和标准差。

(4) 计算偏态系数和峰态系数。

(5) 对同学月消费的分布特征进行综合分析。

3. 某银行为缩短顾客到银行办理业务等待的时间,准备采用两种排队方式进行实验:一种是所有顾客都进入一个等待队列;另一种是顾客在三个业务窗口处列队 3 排等待。为比较哪种排队方式使顾客等待的时间更短,在两个队伍中各随机抽取 9 名顾客,得到第一种排队方式的平均等待时间为 7.2 分钟,标准差为

1.97 分钟，第二种排队方式的等待时间数据（单位：分钟）如下：

5.5　6.6　6.7　6.8　7.1　7.3　7.4　7.8　7.8

（1）画出第二种排队方式等待时间的茎叶图。

（2）计算第二种排队时间的平均数和标准差。

（3）比较两种排队方式等待时间的离散程度。

（4）如果让你选择一种排队方式，你会选择哪一种？试说明理由。

4. 在某地区抽取 120 家企业，按利润额进行分组，结果如下：

按利润额分组（万元）	企业数（个）
400 以下	6
400 ~ 500	10
500 ~ 600	15
600 ~ 700	20
700 ~ 800	25
800 ~ 900	18
900 ~ 1000	14
1000 ~ 1100	8
1100 以上	4
合计	120

（1）计算 120 家企业利润额的平均数和标准差。

（2）计算分布的偏态系数和峰态系数。

5. 一条产品生产线平均每天的产量为 3700 件，标准差为 50 件。如果某一天的产量低于或高于平均产量，并落在 ±2 个标准差的范围之外，就认为该生产线失去控制。下面是一周里每天的产量，该生产线哪几天失去了控制？

时间	周一	周二	周三	周四	周五	周六	周日
产量（件）	3790	3540	3690	3730	3580	3630	3940

6. 对 10 名成年人和 10 名幼儿的身高（单位：厘米）进行抽样调查，结果如下：

成年人	156	175	164	183	177	167	150	176	172	188
幼儿	120	110	80	85	90	98	92	100	105	108

（1）如果比较成年组和幼儿组的身高差异，你会采用什么样的统计量？为什么？

（2）比较分析哪一组的身高差异大？

7. 一种产品需要人工组装，现有三种可供选择的组装方法。为检验哪种方法更好，随机抽取 10 个工人，让他们分别用三种方法组装。下面是 10 个工人分别用三种方法在相同的时间内组装的产品数量：

方法 A	方法 B	方法 C
198	154	156
206	167	163
186	156	161
180	165	158
179	162	159
193	173	163
196	164	162
186	156	164
199	159	156
197	153	155

（1）你准备采用什么方法评价组装方法的优劣？

（2）如果让你选择一种方法，你会做出怎样的选择？试说明理由。

第五章　参数估计

顾客到银行办理业务时往往需要等上一段时间，而等待时间的长短也和多种因素有关，比如，银行业务员办理业务的速度、顾客排队的方式等。为此，某银行准备采用两种方式进行实验，第一种排队方式是：所有顾客进入一个等待队列；第二种排队方式是：顾客在三个业务窗口列队三排等待。为比较哪种排队方式使顾客等待的时间更短，银行各随机抽取 10 名顾客，他们在办理业务时等待的时间（单位：分钟）如表 5 - 1 所示：

表 5 - 1　不同方式的顾客业务等待时间

方式一	6.5	6.6	6.7	6.8	7.1	7.3	7.4	7.7	7.7	7.7
方式二	4.2	5.4	5.8	6.2	6.7	7.7	7.7	8.5	9.3	10.0

（1）构建第一种排队方式等待时间标准差的 95% 置信区间。

（2）构建第二种排队方式等待时间标准差的 95% 置信区间。

（3）根据（1）和（2）的结果，你认为哪种排队方式更好？（$\alpha = 0.05$）

学习完本章内容，以上问题就可以得到解答。

参数估计和假设检验是推断统计的重要内容。参数估计是在抽样及抽样分布的基础上，根据样本统计量来推断总体参数。本章将介绍参数估计的基本方法，内容包括一个总体参数的估计和两个总体参数的估计，最后，介绍参数估计中样本量的确定问题。

第一节　参数估计的基本原理

一、估计量与估计值

如果能够掌握研究总体的全部信息，那么，只需要做一些简单的统计描述就可以得到总体特征，例如，总体均值 μ、总体方差 σ^2、总体比例 π 等。但现实情况往往不能如愿，例如，有些现象的范围比较广，所以不可能对所有总体单位都进行测定；又或者有些总体单位的个数很多，不可能做到一一测定。这就需要从总体中抽取样本进行调查，利用样本提供的信息来推断总体未知参数和数值特征。

参数估计（parameter estimation）是用样本统计量去估计总体未知参数和数值特征的方法。例如，用样本均值 $\bar{x}$ 去估计总体均值 μ，用样本比例 p 估计总体比例 π，用样本方差 s^2 估计总体方差 σ^2，等等。总体参数用 θ 来表示，在参数估计中，用来估计总体参数的统计量称为估计量（estimator），用 $\hat{\theta}$ 表示。参数估计就是研究如何用 $\hat{\theta}$ 来估计 θ 的问题。样本均值、样本比例、样本方差等都是估计量。根据一个具体的样本计算出来的估计量的数值，称为估计值（estimated value）。

二、点估计与区间估计

参数估计的方法有点估计和区间估计两种。

1. 点估计

点估计（point estimate）就是用样本统计量的某个取值直接作为总体参数的估计值。例如，用样本均值 $\bar{x}$ 直接作为总体均值 μ 的估计值，用样本比例 p 直接作为总体比例 π 的估计值，用样本方差 s^2 直接作为总体方差 σ^2 估计值，等等。

例 5 - 1　用一个仪器测量某物体的长度，假设测量得到的长度服从正态分布 $N(\mu, \sigma^2)$。现在进行五次观测（单位：毫米），结果如下：

53.2　52.9　53.3　52.8　52.5

试估计总体参数 μ 和 σ^2。

解：μ 和 σ^2 分别是正态分布的总体的均值和方差，因此，用样本均值和样

本方差分别估计 μ 和 σ^2。

$$\bar{x} = \frac{1}{5}(53.2 + 52.9 + 53.3 + 52.8 + 52.5) = 52.94$$

$$s^2 = \frac{1}{5}\left[(53.2 - 52.94)^2 + (52.9 - 52.94)^2 + \cdots + (52.5 - 52.94)^2\right] = 0.0824$$

根据点估计的内容，直接用样本均值和样本方差来替换总体均值和总体方准差。所以，μ 的估计值是 52.94，σ^2 的估计值是 0.0824。$\hat{\mu}$、$\hat{\sigma}^2$ 分别表示 μ 和 σ^2 的估计值，故 $\hat{\mu} = 52.94$，$\hat{\sigma}^2 = 0.0824$。

在例 5 – 1 中，用样本均值 $\bar{x} = 52.94$ 和方差 $s^2 = 0.0824$ 直接作为总体均值 μ 和方差 σ^2 的估计值。例如，要估计一个学校男生的平均身高，从总体中抽取一定数量的样本，根据样本计算得到的平均数 $\bar{x}$ 就是一个估计量，假定计算出来的样本平均身高为 170 厘米，这个 170 厘米就是估计值，将 170 厘米直接作为该校男生的平均身高，所用的也就是点估计。

虽然在重复抽样条件下点估计的均值有望等于总体真值（$E(\bar{x}) = \mu$），但由于样本是随机选取的，抽出一个具体的样本得到的估计值很可能不同于总体真值。点估计只是提供了总体参数的一个近似值，并没有给出这种近似的精确度。总体参数本身是未知的，无法知道这种点估计的误差大小。这表明一个具体的点估计值无法给出估计的可靠性的度量，因此，不能完全依赖一个点估计值，而是希望估计出一个真实参数所在的范围，并希望知道这个范围以多大的概率包含参数真值，这就是参数的区间估计。

2. 区间估计

假定参数是击中靶上 10 环的位置，做一次射击，打在靶心 10 环的位置上的可能性很小，但打在靶子上的可能性很大，用打在靶上的这个点画出一个区间，这个区间包含靶心的可能性就很大，这就是区间估计的基本思想。

区间估计（interval estimate）是在点估计的基础上，给出总体参数估计的一个区间范围，该区间通常由样本统计量加减估计误差得到。与点估计不同，进行区间估计时，根据样本统计量的抽样分布可以对样本统计量与总体参数的接近程度给出一个概率。下面将以总体均值的区间估计为例，来说明区间估计的基本原理。

由样本均值的抽样分布可知，在重复抽样或无限总体抽样的情况下，样本均值的数学期望等于总体均值，即 $E(\bar{x}) = \mu$，样本均值的标准误差为 $\sigma_{\bar{x}} = \dfrac{\sigma}{\sqrt{n}}$。实际估计时，$\bar{x}$ 是已知的，而 μ 是未知的，也正是将要估计的。由于 $\bar{x}$ 与 μ 的距离是对称的，如果某个样本的平均值落在 μ 加减两个标准差范围之内，反过来，μ 也就被包括在以 $\bar{x}$ 为中心加减两个标准差的范围之内。

在区间估计中，由样本统计量所构造的总体参数的估计区间，称为置信区间（confidence interval），其中，区间的最小值称为置信下限，最大值称为置信上限。由于统计学家在某种程度上确信这个区间会包含真正的总体参数，所以给它取名为置信区间。根据伯努利大数定律，这些区间中大约有 $(1-\alpha)\%$ 的区间包含未知参数。通俗地说，如果抽取 100 个样本来估计总体的均值，由 100 个样本所构造的 100 个区间中，约有 95 个区间包含总体均值，另外 5 个区间则不包含总体均值，即有 95% 的区间包含总体参数的真值，有 5% 没包含，则 95% 这个值称为置信水平 $(1-\alpha)$。一般地，如果将构造置信区间的步骤重复多次，置信区间中包含总体参数真值的频数所占的比例称为置信水平（confidence level），其值越接近 1 越好。

比较常用的置信水平的 Z 值如表 5-2 所示。

表 5-2 常用置信水平的 Z 值

置信水平（%）	α	$\alpha/2$	$Z_{\alpha/2}$
90	0.10	0.05	1.6449
95	0.05	0.025	1.9600
99	0.01	0.005	2.5758

注：α 为显著性水平，常用值为 0.10，0.05，0.01。

有关置信区间的概念可用图 5-1 来表示。

图 5-1 置信区间示意图

当样本量给定时，置信区间的宽度随着置信系数的增大而增大，可以理解为，区间比较宽时，才会使这一区间有更大的可能性包含参数的真值；当置信水平固定时，置信区间的宽度随样本量的增大而减小，换言之，较大的样本所提供的有关总体的信息要比较小的样本多。

对置信区间的理解，有以下几点需要注意：

（1）如果用某种方法构造的所有区间中有 95% 的区间包含总体参数的真值，5% 的区间不包含总体参数的真值，那么，用该方法构造的区间称为置信水平为 95% 的置信区间。同样，其他置信水平的区间也可以用类似的方式进行表述。

（2）总体参数的真值是固定的、未知的，而用样本构造的区间则是不固定的。若抽取不同的样本，那么，可以得到不同的区间，从这个意义上说，置信区间是一个随机区间，它会因样本的不同而不同，而且不是所有的区间都包含总体参数的真值。一个置信区间就像是为捕获未知参数而撒出去的网，不是所有撒网的地点都能捕获到参数。

（3）进行估计时，往往只抽取一个样本，此时所构造的是与该样本相联系的一定置信水平（比如 95%）下的置信区间。由于用该样本所构造的区间是一个特定的区间，而不再是随机区间，所以无法知道这个样本所产生的区间是否包含总体参数的真值。我们只能希望这个区间是大量包含总体参数真值的区间中的一个，但它也可能是少数几个不包含参数真值的区间中的一个。

例如，用 95% 的置信水平得到某班学生考试成绩的置信区间为 60~80 分，我们不能说 60~80 分这个区间以 95% 的概率包含全班学生平均考试成绩的真值，或者说全班学生的平均考试成绩以 95% 的概率落在 60~80 分，这类表述是错误的，因为总体均值 μ 是一个常数，而不是一个随机变量。μ 要么落在这个范围内，要么不在这个范围内，这里并不涉及概率。我们只知道在多次抽样中有 95% 的样本得到的区间包含全班学生平均考试成绩的真值。它的真正意义是如果做了 100 次抽样，大概有 95 次找到的区间包含真值，有 5 次找到的区间不包含真值。一个特定的区间"总是包含"或"绝对不包含"参数的真值，不存在"以多大的概率包含总体参数"的问题。但是，用概率可以知道在多次抽样得到的区间中大概有多少个区间包含参数的真值。

三、评价估计量的标准

参数估计是用样本估计量作为总体参数 θ 的估计。实际上，用于估计 θ 的估计量有很多，例如，可以以样本均值作为总体均值的估计量，也可以用样本中位数作为总体均值的估计量，等等。那么，究竟用样本的哪种估计量作为总体参数的估计呢？自然要用估计效果最好的那种估计量。什么样的估计量才算是一个好的估计量呢？这就需要有一定的评价标准。统计学家给出了评价估计量的一些标准，主要有以下几个。

1. 无偏性

无偏性（unbiasedness）是指估计量抽样分布的数学期望等于被估计的总体参数。设总体参数为 θ，所选择的估计量为 $\hat{\theta}$，如果 $E(\hat{\theta}) = \theta$ 或者 $E(\hat{\theta} - \theta) = 0$，则称 $\hat{\theta}$ 为 θ 的无偏估计量。直观来说，由于抽样的随机性，不同的样本得到的 $\hat{\theta}$ 不同，可能大于 θ，也可能小于 θ。无偏性意味着多次抽样时，$\hat{\theta}$ 的平均值与总体真实值一致，即不存在系统性偏差。

例 5 - 2 求证样本均值 $\bar{x}$ 是总体均值 μ 的无偏估计量，样本方差 $s^2 = \dfrac{1}{n-1} \sum_{i=1}^{n} (x_i - \bar{x})^2$ 是总体方差 σ^2 的无偏估计量。

证明：记 $x_1, \cdots, x_n$ 为从总体中独立抽取的容量为 n 的样本，$E(x_i) = \mu$，$D(x_i) = \sigma^2$

$$E(\bar{x}) = E\left(\frac{\sum_{i=1}^{n} x_i}{n}\right) = \mu$$

因此，样本均值是总体均值的无偏估计量。

$$
\begin{aligned}
s^2 &= E\left[\frac{\sum_{i=1}^{n} (x_i - \bar{x})^2}{n-1}\right] \\
&= \frac{1}{n-1} E\left[\sum_{i=1}^{n} (x_i - \mu + \mu - \bar{x})^2\right] \\
&= \frac{1}{n-1} E\left\{\sum_{i=1}^{n} \left[(x_i - \mu) + (\mu - \bar{x})\right]^2\right\} \\
&= \frac{1}{n-1} \left\{\left[\sum_{i=1}^{n} E(x_i - \mu)^2\right] - 2\sum_{i=1}^{n} E\left[(x_i - \mu)(\bar{x} - \mu)\right] + \sum_{i=1}^{n} E(\bar{x} - \mu)^2\right\} \\
&= \frac{1}{n-1} \left\{\left[\sum_{i=1}^{n} E(x_i - \mu)^2\right] - 2n\sum_{i=1}^{n} E(\bar{x} - \mu) + \sum_{i=1}^{n} E(\bar{x} - \mu)^2\right\} \\
&= \frac{1}{n-1}\left(n\sigma^2 - 2n\frac{\sigma^2}{n} + n\frac{\sigma^2}{n}\right) = \sigma^2
\end{aligned}
$$

因此，样本方差是总体方差的无偏估计量。

可以证明：p、s^2 分别是总体比例 π、总体方差 σ^2 的无偏估计量。在样本量

比较大的时候，人们常用未修正的方差 $s_n^2 = \dfrac{\sum\limits_{i=1}^{n}(x_i - \bar{x})^2}{n}$ 作为总体方差的估计

量。因为随着样本容量 n 的增加，样本未修正的方差逐渐收敛到总体方差，即

$\lim\limits_{n\to\infty} E(s^2) = \lim\limits_{n\to\infty} E\left(\dfrac{n-1}{n} s^2\right)$。当有偏估计量期望的极限等于总体参数时，即 $\lim\limits_{n\to\infty} E$

$(\hat{\theta}_n) = \theta$，这个估计量也被称为渐进无偏估计量。

对统计量的无偏性的理解，有以下几点需要注意：

①一般来说，无偏估计量并不唯一，甚至可以是无限个；②$\hat{\theta}$ 是参数 θ 的无

偏估计量时，$g(\hat{\theta})$ 通常不是 $g(\theta)$ 的无偏估计量。如样本均值 $\bar{x}$ 是总体均值 μ 的

无偏估计量，$E(\bar{x}^2) = D(\bar{x}) + [E(\bar{x})]^2 = \dfrac{\sigma^2}{n} + \mu^2 \neq \mu^2$，即 $\bar{x}^2$ 不是 μ^2 的无偏估计

量。图 5-2 给出了点无偏估计量和有偏估计量的情形。

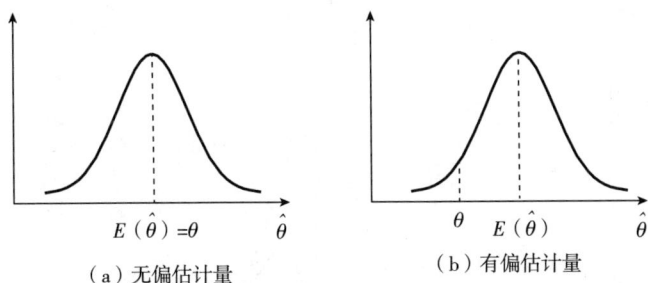

图 5-2　无偏和有偏估计量

2. 有效性

一个无偏的估计量并不意味着它就非常接近被估计的参数，它还必须与总体
参数的离散程度比较大小。有效性（efficiency）是指对于同一总体参数的两个无偏
估计量，有更小标准差的估计量更有效。假定有两个用于估计总体参数的无偏估
计量，分别用 $\hat{\theta}_1$ 和 $\hat{\theta}_2$ 表示，他们的期望满足 $E(\hat{\theta}_1) = E(\hat{\theta}_2)$，它们的抽样分布
的方差分别用 $D(\hat{\theta}_1)$ 和 $D(\hat{\theta}_2)$ 表示，如果 $\hat{\theta}_1$ 的方差小于 $\hat{\theta}_2$ 的方差，即 $D(\hat{\theta}_1) <$
$D(\hat{\theta}_2)$，就称 $\hat{\theta}_1$ 是比 $\hat{\theta}_2$ 更有效的一个估计量。在无偏估计的条件下，估计量的
方差越小，估计就越有效。

例 5 - 3 x_1，x_2，…，x_n 是来自总体的随机样本，试证明样本均值 $\bar{x}$ 与 x_i 都是总体均值的无偏估计量，且 $\bar{x}$ 更有效。

解：$E(\bar{x}) = E\left(\dfrac{\sum\limits_{i=1}^{n} x_i}{n}\right) = \mu$

$E(x_i) = \mu$

由于样本均值 $\bar{x}$ 与 x_i 都是总体均值的无偏估计量，可以通过比较方差判断两者的有效性。

$D(\bar{x}) = D\left(\dfrac{\sum\limits_{i=1}^{n} x_i}{n}\right) = \dfrac{\sigma^2}{n}$

$D(x_i) = \sigma^2$

由于 $D(\bar{x}) < D(x_i)$，因此，$\bar{x}$ 比 x_i 更有效。

图 5 - 3 说明了两个无偏估计量 $\hat{\theta}_1$ 和 $\hat{\theta}_2$ 的抽样分布。可以看到，$\hat{\theta}_1$ 的方差比 $\hat{\theta}_2$ 的方差小，因此，$\hat{\theta}_1$ 的值比 $\hat{\theta}_2$ 的值更接近总体的参数，即 $\hat{\theta}_1$ 比 $\hat{\theta}_2$ 更有效，是一个更好的估计量。

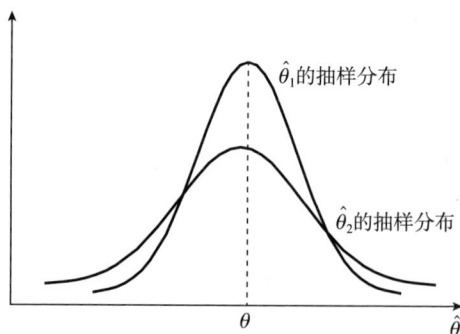

$\hat{\theta}_1$ 的抽样分布

$\hat{\theta}_2$ 的抽样分布

图 5 - 3　两个无偏估计量的抽样分布

3. 一致性（也称为相合性）

一致性（consistency）是指随着样本量的增大，估计量的值越来越接近被估计总体的参数。换言之，随着样本量趋于无穷，估计量依概率收敛于总体参数真值。一个大样本给出的估计量要比一个小样本给出的估计量更接近总体的参数。

根据样本均值的抽样分布可知，样本均值抽样分布的标准差为 $\sigma_{\bar{x}} = \dfrac{\sigma}{\sqrt{n}}$。由于 $\sigma_{\bar{x}}$

与样本量大小有关，样本量越大，$\sigma_{\bar{x}}$ 的值就越小。从这个意义上说，样本均值是总体均值的一个一致估计量（见图 5-4）。

例 5-4 已知 $x \sim N(\mu, \sigma^2)$，$x_1, x_2, \cdots, x_n$ 是来自总体的随机样本，$\dfrac{1}{n}\sum\limits_{i=1}^{n} x_i$ 是总体的未知参数 μ 的极大似然估计，求证：$\dfrac{1}{n}\sum\limits_{i=1}^{n} x_i$ 是 μ 的一致估计量。

证明：对于任一小的正数 ε，由切比雪夫不等式有：

$$P\left(\left|\frac{1}{n}\sum_{i=1}^{n} x_i - \mu\right| \geqslant \varepsilon\right) \leqslant \frac{D\left(\dfrac{1}{n}\sum\limits_{i=1}^{n} x_i\right)}{\varepsilon^2} = \frac{\sigma^2}{n\varepsilon^2}$$

当 $n \to \infty$ 时，$\dfrac{\sigma^2}{n\varepsilon^2} \to 0$

因此，$\dfrac{1}{n}\sum\limits_{i=1}^{n} x_i$ 是 μ 的一致估计量。

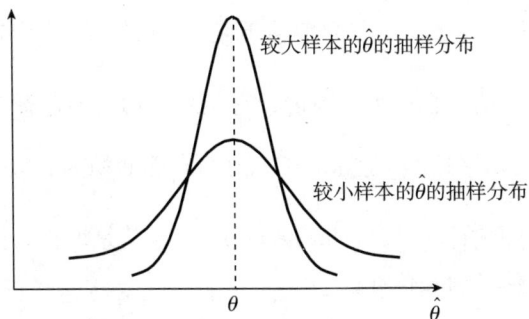

图 5-4 两个不同样本量的样本统计量的抽样分布

第二节 一个总体参数的区间估计

研究一个总体时，涉及的参数主要有总体均值 μ、总体比例 π 和总体方差 σ^2 等。本节将介绍如何用样本统计量来构造一个总体参数的置信区间。

一、总体均值的区间估计

在对总体均值进行区间估计时，需要考虑总体是否为正态分布，总体方差是否已知，用于构造估计量的样本是大样本（经验上 $n \geq 30$）还是小样本（$n < 30$）等几个方面情况。

1. 正态总体、方差已知，或非正态总体、大样本

当总体服从正态分布且 σ^2 已知时，或者总体不是正态分布，但为大样本时，样本均值 $\bar{x}$ 的抽样分布均为正态分布，其数学期望为总体均值 μ，方差为 σ^2/n，而样本均值经过标准化以后的随机变量服从标准正态分布，即

$$Z = \frac{\bar{x} - \mu}{\sigma/\sqrt{n}} \tag{5-1}$$

可以得出，总体均值 μ 在 $1-\alpha$ 置信水平下的置信区间为：

$$\bar{x} \pm Z_{\alpha/2} \frac{\sigma}{\sqrt{n}} \tag{5-2}$$

式（5-2）中，$\bar{x} - Z_{\alpha/2} \frac{\sigma}{\sqrt{n}}$ 称为置信下限，$\bar{x} + Z_{\alpha/2} \frac{\sigma}{\sqrt{n}}$ 称为置信上限；α 是事先所确定的一个概率值，也称为风险值，它是总体均值不包括在置信区间内的概率，称 $1-\alpha$ 为置信水平；$Z_{\alpha/2}$ 是标准正态分布右侧面积为 $\alpha/2$ 时的 Z 值；$Z_{\alpha/2} \frac{\sigma}{\sqrt{n}}$ 是估计总体均值时的估计误差（estimate error）。这就是说，总体均值的置信区间由两部分组成：点估计值和估计误差。

如果总体服从正态分布，但 σ^2 未知，或总体并不服从正态分布，但为大样本时，式（5-1）和式（5-2）中的总体方差 σ^2 就可以用样本方差 s^2 代替，这时总体均值 μ 在 $1-\alpha$ 置信水平下的置信区间可以写为：

$$\bar{x} \pm Z_{\alpha/2} \frac{s}{\sqrt{n}} \tag{5-3}$$

例 5-5 某家食品生产企业以生产袋装食品为主，每天的产量大约为 8000 袋，按规定每袋的重量应为 100 克。为对产品重量进行监测，企业质检部门经常要进行抽检，以分析每袋重量是否符合要求。现从某天生产的一批食品中随机抽取 25 袋，测得每袋重量（单位：克）如下所示。

112.5	101.0	103.0	102.0	100.5

102.6	107.5	95.0	108.8	115.6
100.0	123.5	102.0	101.6	102.2
116.6	95.4	97.8	108.6	105.0
136.8	102.8	101.5	98.4	93.3

已知产品重量服从正态分布，且总体标准差为 10 克。试估计这天产品平均重量的置信区间，置信水平为 95%。

解：已知 $\sigma = 10$，$n = 25$，置信水平 $1 - \alpha = 0.95$，查标准正态分布表得 $Z_{\alpha/2} = 1.96$，根据样本数据计算的样本均值为：

$$\bar{x} = \frac{\sum\limits_{i=1}^{n} x_i}{n} = \frac{2634}{25} = 105.36 \text{（克）}$$

根据式（5 - 2）得：

$$\bar{x} \pm Z_{\alpha/2} \frac{\sigma}{\sqrt{n}} = 105.36 \pm 1.96 \times \frac{10}{\sqrt{25}}$$

即 $105.36 \pm 3.92 = [101.44, 109.28]$，该批食品平均重量 95% 的置信区间为 $101.44 \sim 109.28$ 克。

例 5 - 6 随机抽取一个由 290 名教师组成的样本，让每个人对一些说法表明自己的态度。第一种说法是"年龄偏大的学生对班上的讨论比年龄偏小的学生更积极"。态度按照 5 分制来衡量：1 = 非常同意；2 = 同意；3 = 没有意见；4 = 不同意；5 = 很不同意。对这一看法，样本的平均态度得分为 1.94，标准差为 0.92。用 95% 的置信水平估计教师对这一看法的平均态度得分的置信区间。

解：已知 $n = 290$，$1 - \alpha = 0.95$，$Z_{\alpha/2} = 1.96$，$\bar{x} = 1.94$，$s = 0.92$。由于总体方差未知，但为大样本，可用样本方差来代替总体方差。

根据式（5 - 3）得：

$$\bar{x} \pm Z_{\alpha/2} \frac{s}{\sqrt{n}} = 1.94 \pm 1.96 \times \frac{0.92}{\sqrt{290}}$$

即 $1.94 \pm 0.11 = [1.83, 2.05]$，教师对这一看法平均态度的 95% 的置信区间为 $1.83 \sim 2.05$。

2. 正态总体、方差未知、小样本

如果总体方差 σ^2 未知，且是小样本情况下，则需要用样本方差 s^2 代替 σ^2，

这时，样本均值经过标准化后的随机变量服从自由度为 $n-1$ 的 t 分布，即

$$t = \frac{\bar{x} - \mu}{s/\sqrt{n}} \sim t(n-1) \tag{5-4}$$

因此，需要采用 t 分布来建立总体均值 μ 的置信区间。根据 t 分布建立的总体均值 μ 在 $1-\alpha$ 置信水平下的置信区间为：

$$\bar{x} \pm t_{\alpha/2} \frac{s}{\sqrt{n}} \tag{5-5}$$

式（5-5）中，$t_{\alpha/2}$ 是自由度为 $n-1$ 时 t 分布右侧面积为 $\alpha/2$ 时的 t 值，该值可通过 t 分布表查得。

对于有限总体的总体均值置信区间，分为重复抽样和不重复抽样两种情形：

（1）重复抽样情形。

$$\bar{x} \pm t_{\alpha/2} \frac{s}{\sqrt{n}}$$

（2）不重复抽样情形。

$$\bar{x} \pm t_{\alpha/2} \frac{s}{\sqrt{n}} \sqrt{\frac{N-n}{N-1}}$$

当样本量 $n \geq 30$ 时，分别用 t 分布和标准正态分布查临界值，所得结果无太大区别。

例 5-7 从某地区随机抽取 20 个企业，得到 20 个企业总经理的月平均收入为 25964.7 元，标准差为 42807.8 元。构造企业总经理月平均收入 95% 的置信区间。

解：$n = 20$，$1 - \alpha = 0.95$，$t_{\alpha/2}(n-1) = t_{0.05/2}(20-1) = 2.0930$，$\bar{x} = 25964.7$，$s = 42807.8$。

由式（5-5）得平均使用寿命的置信区间：

$$\bar{x} \pm t_{\alpha/2} \frac{s}{\sqrt{n}} = 25964.7 \pm 2.0930 \times \frac{42807.8}{\sqrt{20}}$$

即 $25964.7 \pm 20034.4 = [5930.3, 45999.1]$，该企业总经理月平均收入 95% 的置信区间为 5930.3 ~ 45999.1 元。

下面对一个总体均值的区间估计做总结，如表 5-3 所示。

表 5 – 3 不同情况下总体均值的区间估计

总体分布	样本量	σ 已知	σ 未知
正态分布	大样本（$n \geqslant 30$）	$\bar{x} \pm Z_{\alpha/2} \dfrac{\sigma}{\sqrt{n}}$	$\bar{x} \pm Z_{\alpha/2} \dfrac{s}{\sqrt{n}}$
	小样本（$n < 30$）	$\bar{x} \pm Z_{\alpha/2} \dfrac{\sigma}{\sqrt{n}}$	$\bar{x} \pm t_{\alpha/2} \dfrac{s}{\sqrt{n}}$
非正态分布	大样本（$n \geqslant 30$）	$\bar{x} \pm Z_{\alpha/2} \dfrac{\sigma}{\sqrt{n}}$	$\bar{x} \pm Z_{\alpha/2} \dfrac{s}{\sqrt{n}}$

二、总体比例的区间估计

对于总体比例的估计，确定样本量是否足够大的一般经验是：$np \geqslant 5$ 和 $n(1 - p) \geqslant 5$，本书只讨论大样本情况下总体比例的估计问题。当样本量足够大时，样本比例 p 的抽样分布近似正态分布。p 的数学期望为 $E(p) = \pi$，p 的方差为 $\sigma_p^2 = \dfrac{\pi(1 - \pi)}{n}$。样本比例经标准化后的随机变量服从标准正态分布，即

$$Z = \frac{p - \pi}{\sqrt{\dfrac{\pi(1 - \pi)}{n}}} \sim N(0,\ 1) \tag{5-6}$$

与总体均值的区间估计类似，在样本比例 p 的基础上加减估计误差，即总体比例在 $1 - \alpha$ 置信水平下的置信区间为：

$$p \pm Z_{\alpha/2} \sigma_p = p \pm Z_{\alpha/2} \sqrt{\frac{\pi\ (1 - \pi)}{n}} \tag{5-7}$$

用式（5 – 7）计算总体比例的置信区间时，π 值应该是已知的。但实际情况不然，π 值恰好是要估计的，所以，可以用样本比例 p 来代替 π。这时，总体比例的置信区间可表示为：

$$p \pm Z_{\alpha/2} \sqrt{\frac{p(1 - p)}{n}} \tag{5-8}$$

在式（5 – 8）中，α 是给定的显著性水平；$Z_{\alpha/2}$ 是标准正态分布右侧面积为 $\alpha/2$ 时的 Z 值。这就是说，总体比例的置信区间由两部分组成：点估计值和估计误差。

例 5 – 8 某人认为，大多数企业都利用网络进行企业形象和产品宣传。在对由 800 个企业构成的随机样本的检查中，发现有 144 个企业利用网络宣传。根据 99% 的置信水平估计网络宣传企业比例的置信区间。

解：已知 $n = 800$，根据抽样结果计算的样本比例为 $p = \dfrac{144}{800} \times 100\% = 18\%$，根据式（5-8）得：

$$p \pm Z_{\alpha/2} \sqrt{\frac{p(1-p)}{n}} = 18\% \pm 2.58 \times \sqrt{\frac{18\%(1-18\%)}{800}}$$

即 $18\% \pm 0.35\% = [17.65\%, 18.35\%]$，即根据 99% 的置信水平估计网络宣传企业的比例的置信区间为 $17.65\% \sim 18.35\%$。

三、总体方差的区间估计

在此只讨论正态总体方差的区间估计问题。根据样本方差的抽样分布可知，样本方差服从自由度为 $n-1$ 的 χ^2 分布。因此，若给定一个显著性水平 α，可以用 χ^2 分布构造总体。

由卡方分布图 5-5 可以知道，建立总体方差 σ^2 的置信区间，也就是要找到一个 χ^2 值，使其满足：

$$\chi^2_{1-\alpha/2} \leqslant \chi^2 \leqslant \chi^2_{\alpha/2} \tag{5-9}$$

由于 $\dfrac{(n-1)s^2}{\sigma^2} \sim \chi^2(n-1)$，可用它来代替 χ^2，于是有：

$$\chi^2_{1-\alpha/2} \leqslant \frac{(n-1)s^2}{\sigma^2} \leqslant \chi^2_{\alpha/2} \tag{5-10}$$

根据 χ^2 分布图形特点，对式（5-10）做变形可得：

$$\frac{(n-1)s^2}{\chi^2_{1-\alpha/2}} \leqslant \sigma^2 \leqslant \frac{(n-1)s^2}{\chi^2_{\alpha/2}} \tag{5-11}$$

式（5-11）即为总体方差 σ^2 在 $1-\alpha$ 置信水平下的置信区间。

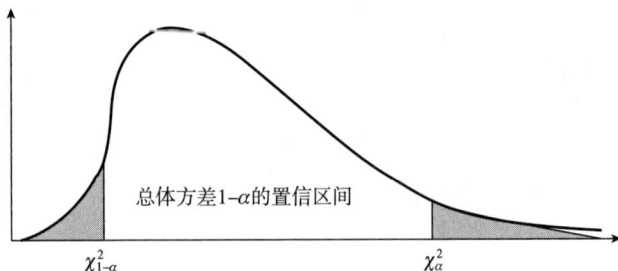

图 5-5　自由度为 $n-1$ 的 χ^2 分布

例 5-9　沿用例 5-5 的数据，以 95% 的置信水平建立食品总体重量标准差的置信区间。

解：根据样本数据计算的样本方差为：

$$s^2 = \frac{\sum_{i=1}^{n}(x_i - \overline{x})^2}{n-1} = \frac{2237.02}{25-1} = 93.21$$

根据 $\alpha = 0.05$ 和自由度 $n-1 = 25-1 = 24$，查 χ^2 分布表得：

$$\chi_{\alpha/2}^2(n-1) = \chi_{0.05/2}^2(25-1) = 39.3641$$

$$\chi_{1-\alpha/2}^2(n-1) = \chi_{1-0.05/2}^2(25-1) = 12.4011$$

所以，总体方差 σ^2 的置信区间为：

$$\frac{(25-1) \times 93.21}{39.3641} \leqslant \sigma^2 \leqslant \frac{(25-1) \times 93.21}{12.4011}$$

即 $56.83 \leqslant \sigma^2 \leqslant 180.39$，则总体标准差的置信区间为 $7.54 \leqslant \sigma \leqslant 13.43$，该企业生产的食品总体重量标准差的 95% 的置信区间为 $7.54 \sim 13.43g$。

图 5-6 总结了一个总体参数估计的不同情形。

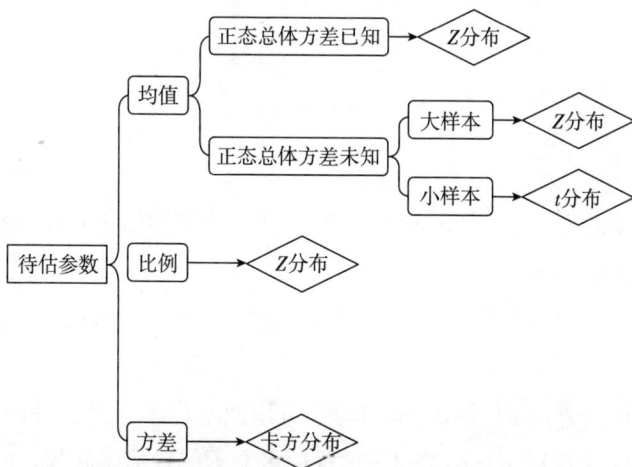

图 5-6　一个总体参数的估计及所使用的分布

第三节　两个总体参数的区间估计

对于两个总体，所关心的参数主要有两个总体的均值之差 $\mu_1 - \mu_2$、两个总体

的比例之差 $\pi_1 - \pi_2$、两个总体的方差之比 σ_1^2/σ_2^2 等。

一、两个总体均值之差的区间估计

设两个总体的均值分别为 μ_1 和 μ_2，从两个总体中分别抽取样本量为 n_1 和 n_2 的两个随机样本，其样本均值分别为 $\bar{x}_1$ 和 $\bar{x}_2$。两个样本的均值之差 $\bar{x}_1 - \bar{x}_2$ 就是两个总体均值之差 $\mu_1 - \mu_2$ 的估计量。

1. 两个总体均值之差的估计

（1）大样本的估计。

要求两个样本是从两个总体中独立抽取的，即一个样本中的元素与另一个样本中的元素相互独立，称为独立样本（independent sample）。如果两个总体都为正态分布，或两个总体不服从正态分布，但两个样本都为大样本（$n_1 \geqslant 30$ 和 $n_2 \geqslant 30$），根据抽样分布的理论可知，两个样本均值之差 $\bar{x}_1 - \bar{x}_2$ 的抽样分布服从期望值为 $\mu_1 - \mu_2$、方差为 $\left(\dfrac{\sigma_1^2}{n_1} + \dfrac{\sigma_2^2}{n_2}\right)$ 的正态分布，两个样本均值之差经标准化后服从标准正态分布，即

$$Z = \frac{(\bar{x}_1 - \bar{x}_2) - (\mu_1 - \mu_2)}{\sqrt{\dfrac{\sigma_1^2}{n_1} + \dfrac{\sigma_2^2}{n_2}}} \sim N(0,\ 1) \tag{5-12}$$

当两个总体的方差 σ_1^2 和 σ_2^2 都已知时，两个总体均值之差 $\mu_1 - \mu_2$ 在 $1-\alpha$ 置信水平下的置信区间为：

$$(\bar{x}_1 - \bar{x}_2) \pm Z_{\alpha/2} \sqrt{\frac{\sigma_1^2}{n_1} + \frac{\sigma_2^2}{n_2}} \tag{5-13}$$

当两个总体的方差 σ_1^2 和 σ_2^2 未知时，可用两个样本方差 s_1^2 和 s_2^2 来代替，这时，两个总体均值之差 $\mu_1 - \mu_2$ 在 $1-\alpha$ 置信水平下的置信区间为：

$$(\bar{x}_1 - \bar{x}_2) \pm Z_{\alpha/2} \sqrt{\frac{s_1^2}{n_1} + \frac{s_2^2}{n_2}} \tag{5-14}$$

例 5-10　一项研究表明，大公司职工与小公司职工升职机会基本均等，该项研究抽取两个独立的随机样本，小公司抽取 86 名职工，大公司抽取 91 名职工，根据若干个与工作内容有关的变量做了比较。其中，所提出的一个问题是："最近三年内你被提升了几次？"两组职工的回答如表 5-4 所示：

表 5 – 4 两个样本的有关数据

小公司	大公司
$n_1 = 86$	$n_2 = 91$
$\bar{x}_1 = 1.0$	$\bar{x}_2 = 0.9$
$s_1 = 1.1$	$s_2 = 1.1$

大公司和小公司职工人均升职次数 90% 的置信区间。

解：根据式（5 – 14）得：

$$(\bar{x}_1 - \bar{x}_2) \pm Z_{\alpha/2}\sqrt{\frac{s_1^2}{n_1} + \frac{s_2^2}{n_2}}$$

$$= (1.0 - 0.9) \pm 1.65 \times \sqrt{\frac{1.1^2}{86} + \frac{1.1^2}{91}}$$

即 $0.1 \pm 0.27 = [-0.17, 0.37]$，大公司和小公司职员人均升职次数 90% 的置信区间为 $-0.17 \sim 0.37$ 次。

（2）小样本的估计。

在两个样本都为小样本的情况下，为估计两个总体的均值之差，需要做出以下假定：

1）两个总体都服从正态分布；

2）两个随机样本独立地分别抽自两个总体。

在上述假定下，无论样本量多大，两个样本均值之差都服从正态分布。当两总体方差 σ_1^2 和 σ_2^2 已知时，可用式（5 – 13）建立两个总体均值之差的置信区间。当 σ_1^2 和 σ_2^2 未知时，有以下两种情况。

1）σ_1^2 和 σ_2^2 未知且相等时，即 $\sigma_1^2 = \sigma_2^2$，需要用两个样本的方差 s_1^2 和 s_2^2 来估计，这时，需要将两个样本的数据组合在一起，以给出总体方差的合并估计量 s_p^2，计算公式为：

$$s_p^2 = \frac{(n_1 - 1)s_1^2 + (n_2 - 1)s_2^2}{n_1 + n_2 - 2} \tag{5 – 15}$$

这时，两个样本均值之差经标准化后服从自由度为 $n_1 + n_2 - 2$ 的 t 分布，即

$$t = \frac{(\bar{x}_1 - \bar{x}_2) - (\mu_1 - \mu_2)}{\sqrt{s_p^2\left(\frac{1}{n_1} + \frac{1}{n_2}\right)}} \sim t(n_1 + n_2 - 2) \tag{5 – 16}$$

因此，两个总体均值之差 $\mu_1 - \mu_2$ 在 $1-\alpha$ 置信水平下的置信区间为：

$$(\bar{x}_1 - \bar{x}_2) \pm t_{\alpha/2}(n_1 + n_2 - 2) s_p \sqrt{\frac{1}{n_1} + \frac{1}{n_2}} \qquad (5-17)$$

2）当两个总体的方差 σ_1^2 和 σ_2^2 未知且不相等时，即 $\sigma_1^2 \neq \sigma_2^2$，两个样本均值之差经标准化后近似服从自由度为 ν 的 t 分布，自由度 ν 的计算公式为：

$$\nu = \frac{\left(\dfrac{s_1^2}{n_1} + \dfrac{s_2^2}{n_2}\right)^2}{\dfrac{\left(\dfrac{s_1^2}{n_1}\right)^2}{n_1 - 1} + \dfrac{\left(\dfrac{s_2^2}{n_2}\right)^2}{n_2 - 1}} \qquad (5-18)$$

两个总体均值之差在 $1-\alpha$ 置信水平下的置信区间为：

$$(\bar{x}_1 - \bar{x}_2) \pm t_{\alpha/2}(\nu) \sqrt{\frac{s_1^2}{n_1} + \frac{s_2^2}{n_2}} \qquad (5-19)$$

例 5-11 为估计两种方法组装产品所需时间的差异，分别为两种不同的组装方法随机安排 12 个工人，每个工人用不同方法组装一件产品所需的时间（单位：分钟）如表 5-5 所示。

表 5-5 两种方法组装产品所需的时间（一）

方法	数据											
方法一	28.3	30.1	29.0	37.6	32.1	28.8	36.0	37.2	38.5	34.4	28.0	30.0
方法二	27.6	22.2	31.0	33.8	20.0	30.2	31.7	26.0	32.0	31.2	33.4	26.5

假定两种方法组装产品的时间服从正态分布，且方差相等，试以 95% 的置信水平建立两种方法组装产品所需平均时间之差的置信区间。

解：根据样本数据计算得到

方法一：$\bar{x}_1 = 32.5$，$s_1^2 = 15.996$；

方法二：$\bar{x}_1 = 28.8$，$s_1^2 = 19.358$。

总体方差的合并估计量为：

$$s_p^2 = \frac{(n_1 - 1)s_1^2 + (n_2 - 1)s_2^2}{n_1 + n_2 - 2}$$

$$= \frac{(12-1) \times 15.996 + (12-1) \times 19.358}{12 + 12 - 2} = 17.677$$

根据 $\alpha = 0.05$，自由度 $12 + 12 - 2 = 22$，查 t 分布表得 $t_{\alpha/2}(22) = 2.0739$。两个总体均值之差 $\mu_1 - \mu_2$ 在 $1 - \alpha$ 的置信水平下的置信区间为：

$$(\bar{x}_1 - \bar{x}_2) \pm t_{\alpha/2}(n_1 + n_2 - 2)\sqrt{s_p^2\left(\frac{1}{n_1} + \frac{1}{n_2}\right)}$$

$$= (32.5 - 28.8) \pm 2.0739 \times \sqrt{17.677\left(\frac{1}{12} + \frac{1}{12}\right)}$$

$$= 3.7 \pm 3.56$$

即 $[0.14, 7.26]$，两种方法组装产品所需平均时间之差的 95% 的置信区间为 0.14 ~ 7.26 分钟。

例 5 - 12　沿用例 5 - 11 的数据，假定第一种方法随机安排 12 个工人，第二种方法随机安排 8 个工人，即 $n_1 = 12$，$n_2 = 8$，所得的有关数据（单位：分钟）如表 5 - 6 所示。假定两个总体的方差不相等，试以 95% 的置信水平建立两种方法组装产品所需平均时间之差的置信区间。

表 5 - 6　两种方法组装产品所需的时间（二）

方法	数　据										
方法一	28.3	30.1	29.0	37.6	32.1	28.8	36.0	37.2	38.5	34.4	28.0	30.0
方法二	27.6	22.2	31.0	33.8	20.0	30.2	31.7	26.5				

解：根据表 5 - 7 的数据计算得到

方法一：$\bar{x}_1 = 32.5$，$s_1^2 = 15.996$；

方法二：$\bar{x}_1 = 27.875$，$s_1^2 = 23.014$。

计算自由度为：

$$\nu = \frac{\left(\dfrac{s_1^2}{n_1} + \dfrac{s_2^2}{n_2}\right)^2}{\dfrac{\left(\dfrac{s_1^2}{n_1}\right)^2}{n_1 - 1} + \dfrac{\left(\dfrac{s_2^2}{n_2}\right)^2}{n_2 - 1}}$$

$$= \frac{\left(\dfrac{15.996}{12} + \dfrac{23.014}{8}\right)^2}{\dfrac{\left(\dfrac{15.996}{12}\right)^2}{12 - 1} + \dfrac{\left(\dfrac{23.014}{8}\right)^2}{8 - 1}}$$

$=13.188 \approx 13$

根据 $df = 13$，查 t 分布表得 $t_{0.05/2}$（13）$= 2.1604$。两个总体均值之差 $\mu_1 - \mu_2$ 在 $1 - \alpha$ 置信水平下的置信区间为：

$$(\bar{x}_1 - \bar{x}_2) \pm t_{\alpha/2}(v)\sqrt{\frac{s_1^2}{n_1} + \frac{s_2^2}{n_2}}$$

$$= (32.5 - 27.875) \pm 2.1604 \times \sqrt{\frac{15.996}{12} + \frac{23.014}{8}}$$

$$= 4.625 \pm 4.433$$

即 [0.192，9.058]，两种方法组装产品所需平均时间之差的 95% 的置信区间为 0.192 ~ 9.058 分钟。

2. 两个总体均值之差的估计：匹配样本

在为每种方法随机指派 12 个工人时，可能会将技术比较差的 12 个工人指定给方法一，而将技术较好的 12 个工人指定给方法二，这种不公平的指派可能会掩盖两种方法组装产品所需时间的真正差异。

为解决这一问题，可以使用匹配样本（matched sample），即一个样本中的数据与另一个样本中的数据相对应。例如，先指定 12 个工人用第一种方法组装产品，然后再让这 12 个工人用第二种方法组装产品，这样得到的两种方法组装产品的数据就是匹配数据。匹配样本可以消除由于样本指定的不公平造成的两种方法组装时间上的差异。

使用匹配样本进行估计时，在大样本条件下，两个总体均值之差 $\mu_d = \mu_1 - \mu_2$ 在 $1 - \alpha$ 置信水平下的置信区间为：

$$\bar{d} \pm Z_{\alpha/2}\frac{\sigma_d}{\sqrt{n}} \tag{5-20}$$

式（5-20）中，d 表示两个匹配样本对应数据的差值；$\bar{d}$ 表示各差值的均值；σ_d 表示各差值的标准差。当总体的 σ_d 未知时，可用样本差值的标准差 s_d 来代替。

使用匹配样本进行估计时，在小样本情况下，假定两个总体各观察值的配对差值服从正态分布。两个总体均值之差从 $\mu_d = \mu_1 - \mu_2$ 在 $1 - \alpha$ 置信水平下的置信区间为：

$$\bar{d} \pm t_{\alpha/2}(n-1)\frac{s_d}{\sqrt{n}} \tag{5-21}$$

例 5 – 13 由 10 名学生组成一个随机样本，分别采用 A 和 B 两套试卷进行测试，结果如表 5 – 7 所示。

表 5 – 7 10 名学生两套试卷的得分

学生编号	试卷 A	试卷 B	差值 d
1	78	71	7
2	63	44	19
3	72	61	11
4	89	84	5
5	91	74	17
6	49	51	-2
7	68	55	13
8	76	60	16
9	85	77	8
10	55	39	16

假定两套试卷分数之差服从正态分布，试建立两套试卷平均分数之差 $\mu_d = \mu_1 - \mu_2$ 的 95% 的置信区间。

解：根据上表数据计算得：

$$\bar{d} = \frac{\sum_{i=1}^{n} d_i}{n_d} = \frac{110}{10} = 11$$

$$s_d = \sqrt{\frac{\sum_{i=1}^{n}(d_i - \bar{d})^2}{n_d - 1}} = 6.53$$

根据 $df = 10 - 1 = 9$，查 t 分布表得 $t_{0.05/2}(9) = 2.2622$。根据式（5 – 21）得两套试卷平均分数之差 $\mu_d = \mu_1 - \mu_2$ 的 95% 的置信区间为：

$$\bar{d} \pm t_{\alpha/2}(n-1) \frac{s_d}{\sqrt{n}}$$

$$= 11 \pm 2.2622 \times \frac{6.53}{\sqrt{10}} = 11 \pm 4.67$$

即［6.33，15.67］，两套试卷平均分数之差的 95% 的置信区间为 6.33 ~

15.67 分。

二、两个总体比例之差的区间估计

由样本比例的抽样分布可知，从两个二项总体中抽出两个独立的样本，则两个样本比例之差的抽样分布服从正态分布。同样，两个样本的比例之差经标准化后服从标准正态分布，即

$$Z = \frac{(p_1 - p_2) - (\pi_1 - \pi_2)}{\sqrt{\frac{\pi_1(1-\pi_1)}{n_1} + \frac{\pi_2(1-\pi_2)}{n_2}}} \sim N(0, 1) \tag{5-22}$$

当两个总体比例π_1和π_2未知时，可用样本比例p_1和p_2来代替，因此，根据正态分布建立的两个总体比例之差$\pi_1 - \pi_2$在$1-\alpha$置信水平下的置信区间为：

$$(p_1 - p_2) \pm Z_{\alpha/2}\sqrt{\frac{p_1(1-p_1)}{n_1} + \frac{p_2(1-p_2)}{n_2}} \tag{5-23}$$

例 5-14 在对两个广告效果的电视评比中，每个广告在一周的时间内播放6次，然后要求看过广告的人陈述广告的内容。记录资料如表5-8所示。

表5-8 样本数据相关信息

广告	看过广告的人数	回想起主要内容的人数
A	150	63
B	200	60

解：看过A广告且能够回想起主要内容的比例$p_1 = 42\%$，看过B广告且能够回想起主要内容的比例$p_2 = 30\%$。当$\alpha = 0.05$时，$Z_{\alpha/2} = 1.96$。因此，置信区间为：

$$(p_1 - p_2) \pm Z_{\alpha/2}\sqrt{\frac{p_1(1-p_1)}{n_1} + \frac{p_2(1-p_2)}{n_2}}$$

$$= (42\% - 30\%) \pm 1.96 \times \sqrt{\frac{42\% \times (1-42\%)}{150} + \frac{30\% \times (1-30\%)}{200}}$$

$$= 12\% \pm 10.95\%$$

即$[1.05\%, 22.95\%]$，两个总体回想起广告主要内容比例之差95%的置信区间为$1.05\% \sim 22.95\%$。

三、两个总体方差比的区间估计

在实际工作中，经常会遇到比较两个总体方差的问题。例如，比较用两种不同方法生产的产品性能的稳定性，比较不同测量工具的精度，等等。

由于两个样本方差比的抽样分布服从 $F(n_1-1, n_2-1)$ 分布，因此可用 F 分布来构造两个总体方差比 σ_1^2/σ_2^2 的置信区间。用 F 分布构造的两个总体方差比的置信区间，如图 5-7 所示。

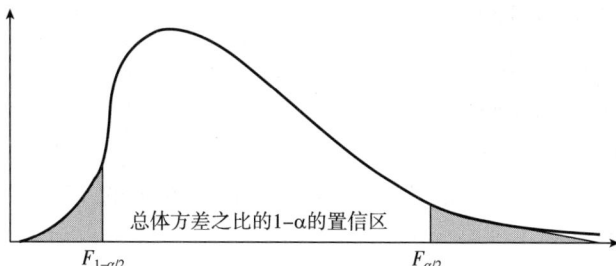

图 5-7　双侧方差之比区间示意图

建立两个总体方差比的置信区间，也就是要找到一个 F 值，使其满足：

$$F_{1-\alpha/2} \leqslant F \leqslant F_{\alpha/2} \tag{5-24}$$

$$\frac{s_1^2}{s_2^2} \cdot \frac{\sigma_2^2}{\sigma_1^2} \sim F(n_1-1, n_2-1)$$

故可用它来代替 F，于是有：

$$F_{1-\alpha/2} \leqslant \frac{s_1^2}{s_2^2} \cdot \frac{\sigma_2^2}{\sigma_1^2} \leqslant F_{\alpha/2} \tag{5-25}$$

根据式（5-25），可以推导出两个总体方差比 σ_1^2/σ_2^2 在 $1-\alpha$ 置信水平下的置信区间为：

$$\frac{s_1^2/s_2^2}{F_{\alpha/2}} \leqslant \frac{\sigma_1^2}{\sigma_2^2} \leqslant \frac{s_1^2/s_2^2}{F_{1-\alpha/2}} \tag{5-26}$$

式（5-26）中，$F_{\alpha/2}$ 和 $F_{1-\alpha/2}$ 是分子自由度为 n_1-1 和分母自由度为 n_2-1 的 F 分布的右侧面积为 $\alpha/2$ 和 $1-\alpha/2$ 的分位数。由于 F 分布表中只给出面积较小的右分位数，此时可利用下面的关系求得 $F_{1-\alpha/2}$ 的分位数值：

$$F_{1-\alpha/2}(n_1, n_2) = \frac{1}{F_{\alpha/2}(n_2, n_1)} \tag{5-27}$$

式（5-27）中，n_1 表示分子自由度；n_2 表示分母自由度。

例5-15 为研究男女学生在生活费支出（单位：元）上的差异，在某大学随机抽取25名男学生和25名女学生，得到下面的结果：

男学生：$\bar{x}_1 = 520$，$s_1^2 = 260$；

女学生：$\bar{x}_2 = 480$，$s_2^2 = 280$。

试以95%的置信水平估计男女学生生活费支出方差比的置信区间。

解：根据自由度 $n_1 = 25 - 1 = 24$ 和 $n_2 = 25 - 1 = 24$，查 F 分布表得：

$F_{0.975}(24, 24) = 0.441$

$F_{0.025}(24, 24) = 2.269$

根据式（5-26）得：

$$\frac{260/280}{2.269} \leqslant \frac{\sigma_1^2}{\sigma_2^2} \leqslant \frac{260/280}{0.441}$$

即 $0.409 \leqslant 2.106$，男女学生生活费支出方差比的95%的置信区间为 $0.409 \sim 2.106$。

图5-8总结了两个总体参数估计的不同情形及所使用的分布。

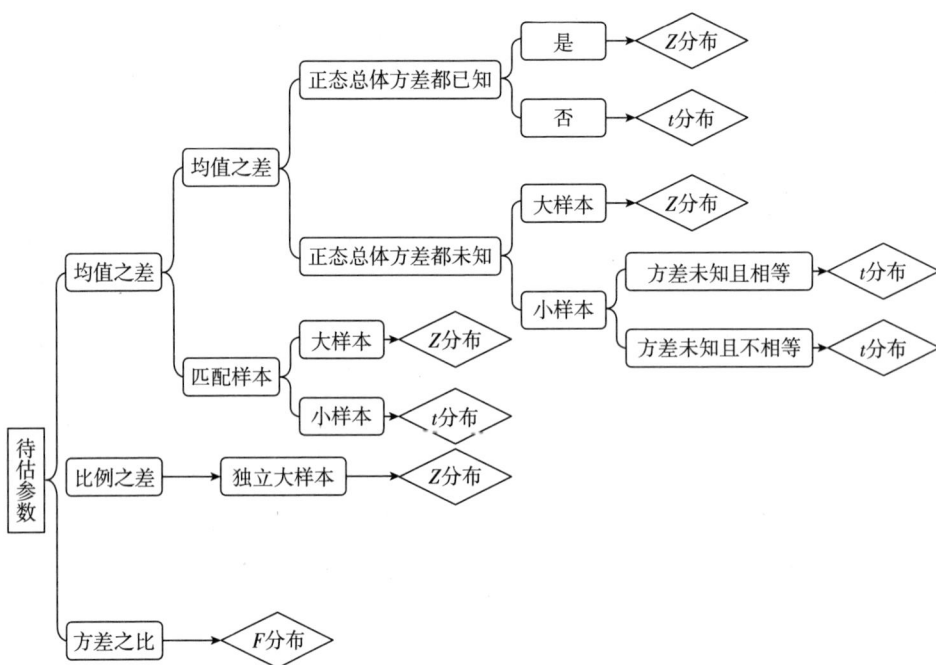

图5-8　两个总体参数的估计及所使用的分布

<h1 style="text-align:center">第四节 样本量的确定</h1>

在进行估计时，总是希望减少工作量的同时保证估计的精度。但在一定的样本量下，要提高估计的可靠程度（置信水平），就应扩大置信区间，而过宽的置信区间在实际估计中往往是没有意义的。例如，我们说 10 月 1 日这一天会是晴天，置信区间并不宽，但可靠性相对较低；如果说第三季度会有一天是晴天，尽管很可靠，但准确性又太差，也就是置信区间太宽了，这样的估计是没有意义的。想要缩小置信区间，又不降低置信程度，就需要增加样本量。但样本量的增加会受到许多限制，会增加调查的费用和工作量。通常，样本量的确定与可以容忍的置信区间的宽度以及对此区间设置的置信水平有一定关系。因此，如何确定一个适当的样本量，是抽样估计中需要考虑的问题。

一、估计总体均值时样本量的确定

前面已经讲到，总体均值的置信区间是由样本均值 $\bar{x}$ 和估计误差 E 两部分组成的。在重复抽样或无限总体抽样条件下，估计误差为 $E = Z_{\alpha/2}\dfrac{\sigma}{\sqrt{n}}$。$Z_{\alpha/2}$ 的值和样本量 n 共同确定了估计误差的大小。一旦确定了置信水平 $1-\alpha$，$Z_{\alpha/2}$ 的值就确定了。对于给定的 $Z_{\alpha/2}$ 值，可以确定任一估计误差所需要的样本量。

$$E = Z_{\alpha/2}\frac{\sigma}{\sqrt{n}} \tag{5-28}$$

由此，可以推导出确定样本量的公式：

$$n = \frac{(Z_{\alpha/2})^2 \sigma^2}{E^2} \tag{5-29}$$

式（5-29）中的 E 值是使用者在给定的置信水平下可以接受的估计误差，$Z_{\alpha/2}$ 的值可直接由区间估计中所用到的置信水平确定。如果 σ 的具体值能够获得，就可以用式（5-29）计算所需的样本量。在实际应用中，如果 σ 值不知道，可以用以前相同或类似的样本的标准差来代替；也可以用实验调查的办法，选择一个初始样本，以该样本的标准差作为 σ 的估计值。

从式（5-29）可以看出，样本量与置信水平成正比，在其他条件不变的情况下，置信水平越大，所需的样本量也就越大；样本量与总体方差成正比，总体的差异越大，所要求的样本量也越大；样本量与估计误差的平方成反比，即可以接受的估计误差的平方越大，所需的样本量就越小。

需要说明的是：根据式（5-29）计算出的样本量不一定是整数，通常将样本量取较大的整数，也就是将小数点后面的数值进位成整数，例如，24.68 取25，24.32 也取 25 等。这就是样本量的圆整法则。

例 5-16　拥有工商管理学士学位的大学毕业生年薪的标准差大约为 5000元，假定想要估计年薪的 95% 的置信区间，希望估计误差为 300 元，应抽取多少样本？

解：已知 $\sigma = 5000$，$E = 300$，$Z_{\alpha/2} = 1.96$，根据式（5-29）得：

$$n = \frac{(Z_{\alpha/2})^2 \sigma^2}{E^2} = \frac{1.96^2 \times 5000^2}{300^2} = 1067.11 \approx 1068$$

即应抽取 1068 人作为样本。

二、估计总体比例时样本量的确定

与估计总体均值时样本量的确定方法类似，在重复抽样或无限总体抽样条件下，估计总体比例置信区间的估计误差为 $E = Z_{\alpha/2}\sqrt{\frac{\pi(1-\pi)}{n}}$，$Z_{\alpha/2}$ 的值、总体比例 π 和样本量 n 共同确定了估计误差的大小。一旦确定了 α，$Z_{\alpha/2}$ 的值也就确定了。由于总体比例的值是固定的，所以估计误差由样本量来确定，样本量越大，估计误差就越小，估计的精度就越好。因此，对于给定的 $Z_{\alpha/2}$ 的值，可以确定任一估计误差所需要的样本量。

$$E = Z_{\alpha/2}\sqrt{\frac{\pi(1-\pi)}{n}} \tag{5-30}$$

由此，可以推导出重复抽样或无限总体抽样条件下确定样本量的公式：

$$n = \frac{(Z_{\alpha/2})^2 \pi(1-\pi)}{E^2} \tag{5-31}$$

式（5-31）中的估计误差 E 必须是事先确定的，大多数情况下，E 的值小于 0.10。$Z_{\alpha/2}$ 的值可直接由区间估计中所用到的置信水平确定。如果能够求出 π 的具体值，就可以用上面的公式计算所需的样本量。在实际应用中，如果 π 的值不知道，可以用类似的样本比例来代替；也可以用实验调查的办法，选择一个初始样本，以该样本的比例作为 π 的估计值。当 π 的值无法知道时，通常取能够使 $\pi(1-\pi)$ 取得最大值 0.25 时的 0.5。

例 5 - 17　如果认为某地区私家车拥有比例为 0.5，并且要求在 95% 的置信度下，保证这一比例的估计误差不超过 3%，应抽取多少个样本？

解：已知 $=50\%$，$E=3\%$，$Z_{\alpha/2}=1.96$，根据式（5 - 31）得：

$$n=\frac{Z_{\alpha/2}^2\pi(1-\pi)}{E^2}$$

$$=\frac{1.96^2\times0.5^2}{(0.03)^2}=1067.11\approx1068$$

即应抽取 1068 个样本。

例 5 - 18　假定 $n_1=n_2$，估计误差 $E=0.05$，相应的置信度为 95%，则估计两个总体比例之差 $\pi_1-\pi_2$ 时，所需要的样本量为多大？

解：由 $n_1=n_2$，可知：

$n_1=n_2$

$$=\frac{Z_{1-\alpha/2}^2[\pi_1(1-\pi_1)+\pi_2(1-\pi_2)]}{E^2}$$

$$=\frac{1.96^2\times(0.25+0.25)}{0.05^2}$$

$$=768.3$$

$$\approx769$$

因此，所需要的样本量 $n_1=n_2=769$。

习题

1. 从一个标准差为 5 的总体中，采用重复抽样方法抽出一个样本量为 40 的样本，样本均值为 25。

（1）样本均值的抽样标准差 $\sigma_{\bar{x}}$ 等于多少？

（2）在 95% 的置信水平下，估计误差是多少？

2. 某快餐店想要估计每位顾客午餐的平均花费金额，在为期 3 周的时间里，选取 49 名顾客，组成了一个简单随机样本。

（1）假定总体标准差为 15 元，求样本均值的抽样标准差；

（2）在95%的置信水平下，求估计误差；

（3）如果样本均值为120元，求总体均值μ的95%的置信区间。

3. 从总体中抽取一个$n=100$的简单随机样本，得到$\bar{x}=81$，$s=12$。

（1）构建μ的90%的置信区间；

（2）构建μ的95%的置信区间；

（3）构建μ的99%的置信区间。

4. 利用下面的信息，构建总体均值的置信区间。

（1）$\bar{x}=25$，$\sigma=3.5$，$n=60$，置信水平为95%；

（2）$\bar{x}=119$，$s=23.89$，$n=75$，置信水平为98%；

（3）$\bar{x}=3.419$，$s=0.974$，$n=32$，置信水平为90%。

5. 从一个正态总体中，随机抽取样本量为8的样本，各样本值分为：

10 8 12 15 6 13 5 11

求总体均值μ的95%的置信区间。

6. 某居民小区为研究职工上班从家到单位的距离，抽取了一个由16个人组成的随机样本，他们到单位的距离（单位：千米）分别是：

10 3 14 8 6 9 12 11 7 5 10 15 9 16 13 2

假定总体服从正态分布，求职工上班从家里到单位平均距离的95%的置信区间。

7. 一家研究机构想估计在网络公司工作的员工每周加班的平均时间，为此随机抽取了18个员工，得到他们每周加班的时间数据（单位：小时）如下：

6   21   17   20   7   0   8   16   29

3   8   12   11   9   21   25   15   16

假定员工每周加班的时间服从正态分布，估计网络公司员工平均每周加班时间的90%的置信区间。

8. 已知两个正态总体的方差σ_1^2和σ_2^2未知但相等，即$\sigma_1^2=\sigma_2^2$。从两个总体中，分别抽取两个独立的随机样本，它们的均值和标准差如下所示：

来自总体1的样本	来自总体2的样本
$n_1=14$	$n_2=7$
$\bar{x}_1=53.2$	$\bar{x}_2=43.4$
$s_1^2=96.8$	$s_2^2=102.0$

（1）构建 $\mu_1 - \mu_2$ 的90%的置信区间；

（2）构建 $\mu_1 - \mu_2$ 的95%的置信区间；

（3）构建 $\mu_1 - \mu_2$ 的99%的置信区间。

9. 某超市想要估计每个顾客平均每次购物花费的金额。根据过去的经验，标准差大约为120元，现要求以95%的置信水平估计每个顾客平均购物金额的置信区间，并要求估计误差不超过20元，应抽取多少个顾客作为样本？

第六章　假设检验

传统观念被颠覆了吗？

雪儿·海蒂（Shere Hite）在1987年出版的《女性与爱情：前进中的文化之旅》一书中，给出了大量数据：

84%的女性"在情感上对两性关系不满意"；

95%的女性"在恋爱时会因男友而产生情感及心理上的烦恼"；

84%的女性"在与男友的恋爱中有屈尊感"。

这本书遭到全美报纸及杂志文章的广泛批评。例如，1987年10月12日的《时代周刊》的封面故事《后退，巴迪》指出，海蒂的研究结论是"模糊的""价值有限的"，但也有人说，海蒂提供的数据说明了现代女性的价值观念，颠覆了人们传统观念中的女性。

海蒂的数据真的颠覆了人们传统的观念吗？回答这个问题需要进行假设检验。

参数估计（parameter estimation）和假设检验（hypothesis testing）是统计推断的两个重要组成部分，它们都是利用样本对总体进行某种推断，但推断的角度不同。参数估计是用样本统计量估计总体参数的方法，总体参数在估计前是未知的。而在假设检验中，则是先对总体值提出一个假设，然后利用样本信息去检验这个假设是否成立。本章的内容是如何利用样本信息对假设成立与否做出判断。

第一节　假设检验的基本问题

一、假设问题的提出

本章的内容不妨从下面的例子谈起。

例 6 - 1 国家统计局官网资料显示,2018 年第一季度西藏城镇居民人均可支配收入为 8010 元,现从西藏城镇居民中随机抽取 100 人,测得其第一季度人均可支配收入为 8200 元,问 2019 年第一季度与 2018 年第一季度城镇居民人均可支配收入相比,有无显著差异?

解:从调查结果看,2019 年第一季度西藏城镇居民人均可支配收入为 8200 元,比 2018 年第一季度西藏城镇居民人均可支配收入 8010 元增加了 190 元,但这 190 元的差异可能源于不同的情况。一种情况是,2019 年第一季度西藏城镇居民人均可支配收入与 2018 年第一季度相比没有什么差别,190 元的差异是抽样的随机性造成的;另一种情况是,抽样的随机性不可能造成 190 元这样大的差异,2019 年第一季度西藏城镇居民人均可支配收入比 2018 年第一季度确实有所增加。

上述问题的关键点是,190 元的差异说明了什么?这个差异能不能用抽样的随机性来解释?为了回答这个问题,我们可以采取假设的方法。假设 2019 年第一季度和 2018 年第一季度西藏城镇居民人均可支配收入没有显著差异,如果用 μ_0 表示 2018 年第一季度西藏城镇居民人均可支配收入,μ 表示 2019 年第一季度西藏城镇居民人均可支配收入,我们的假设可以表示为 $\mu = \mu_0$ 或 $\mu - \mu_0 = 0$,现要利用 2019 年第一季度西藏城镇居民人均可支配收入的 100 个样本信息检验上述假设是否成立。如果成立,说明这两年西藏城镇居民人均可支配收入没有显著差异;如果不成立,说明 2019 年第一季度西藏城镇居民人均可支配收入有了明显增加。在这里,问题是以假设的形式提出的,问题的解决方案是检验提出的假设是否成立。所以,假设检验的实质是检验我们关心的参数 2019 年第一季度西藏城镇居民人均可支配收入是否等于某个我们感兴趣的数值。

二、假设的表达式

统计的语言是用一个等式或不等式表示问题的原假设。在西藏城镇居民人均可支配收入这个例子中,原假设采用等式的方式,即

H_0: $\mu = 8010$(元)

这里 H_0 表示原假设(null hypothesis),由于原假设的下标用 0 表示,所以有些文献中将此称为"零假设"。μ 是我们要检验的参数,即 2019 年第一季度西藏城镇居民人均可支配收入。该表达式提出的命题是,2019 年第一季度的西藏城镇居民人均可支配收入与 2018 年第一季度的相比没有什么差异。显然,8010 元是 2018 年第一季度西藏城镇居民人均可支配收入的数值,是我们感兴趣的数值。

如果用 μ 表示感兴趣的数值，原假设一般的表达式为：

$H_0: \mu = \mu_0$ 或 $H_0: \mu - \mu_0 = 0$

尽管原假设陈述的是两个总体的均值相等，却并不表示它是既定事实，仅是假设而已。如果原假设不成立，就要拒绝原假设，而需要在另一个假设中做出选择，这个假设称为备择假设（alternative hypothesis）。在我们的例子中，备择假设的表达式为：

$H_1: \mu \neq 8010$（元）

H_1 表示备择假设，它意味着 2019 年第一季度的西藏城镇居民人均可支配收入与 2018 年第一季度的相比有明显差异。备择假设更一般的表达式为：

$H_1: \mu \neq \mu_0$ 或 $H_1: \mu - \mu_0 \neq 0$

原假设与备择假设互斥，肯定原假设，意味着放弃备择假设；否定原假设，意味着接受备择假设。由于假设检验是围绕着原假设是否成立而展开的，所以有些文献也把备择假设称为替换假设，表明当原假设不成立时的替换。

三、两类错误

对于原假设提出的命题，我们需要做出判断，这种判断可以用"原假设正确"或"原假设错误"来表述。当然，这是依据样本提供的信息进行判断的，也就是由部分来推断总体。因而，判断有可能正确，也有可能不正确，也就是说，我们面临着犯错误的可能。所犯的错误有两种类型，第 I 类错误是，原假设 H_0 为真，却被我们拒绝了，犯这种错误的概率用 α 表示，所以也称 α 错误（α error）或弃真错误；第 II 类错误是，原假设为伪，我们却没有拒绝，犯这种错误的概率用 β 表示，所以也称错误（β error）或取伪错误。在前面的例子中，α 错误和 β 错误分别意味着什么呢？

α 错误：原假设 $H_0: \mu = 8010$（元）是正确的，但我们做出了错误的判断，认为 $H_0: \mu \neq 8010$（元），即在假设检验中拒绝了本来是正确的原假设，这时犯了弃真错误。

β 错误：原假设 $H_0: \mu = 8010$（元）是错误的，但我们却认为原假设 $H_0: \mu = 8010$（元）是成立的，即在假设检验中没有拒绝本来是错误的原假设，这时犯了取伪错误。由此看出，当原假设 H_0 为真，我们却将其拒绝，犯这种错误的概率用 α 表示，那么，当 H_0 为真，我们没有拒绝 H_0，则表明做出了正确的决策，其概率自然为 $1 - \alpha$；当原假设 H_0 为伪，我们却没有拒绝 H_0，犯这种错误的

概率用 β 表示，那么，当 H_0 为伪，我们拒绝 H_0，这也是正确的决策，其概率为 $1-\beta$，正确决策和犯错误的概率可以归纳为表 6 – 1。

表 6 – 1　假设检验中各种可能结果的概率

项　目	没有拒绝原假设 H_0	拒绝原假设 H_0
原假设 H_0 为真	正确决策 $1-\alpha$	弃真错误 α
原假设 H_0 为伪	取伪错误 β	正确拒斥/弃伪 $1-\beta$

当然，人们希望犯这两类错误的概率越小越好。但对于一定的样本量 n，不能同时做到犯这两类错误的概率都很小。如果减少 α 错误，就会增大犯 β 错误的机会；若减少 β 错误，就会增大犯 α 错误的机会。这就像在区间估计中，要想增大估计的可靠性，就会使区间变宽而降低精度；要想提高精度，就要求估计区间变得很窄，而这样，估计的可靠性就会大打折扣。当然，使 α 和 β 同时变小的办法也有，这就是增大样本量。但样本量不可能没有限制，否则就会使抽样调查失去意义。因此，在假设检验中，就有一个对两类错误进行控制的问题。

一般来说，哪类错误所带来的后果越严重，危害越大，在假设检验中，就应当把哪类错误作为首要的控制目标。但在假设检验中，大家都在执行这样一个原则，即首先控制犯 α 错误原则。大家都遵循一个统一的原则，讨论问题就比较方便。但这还不是最主要的，最主要的原因在于，从实用的观点看，原假设是什么常常是明确的，而备择假设是什么则常常是模糊的。在前面所举的西藏城镇居民人均可支配收入的例子中，原假设 H_0：$\mu = 8010$ 元的数量标准十分清楚，而备择假设 H_1：$\mu \neq 8010$ 元数量标准则比较模糊。我们不知道是 $\mu < 8010$ 元，还是 $\mu > 8010$ 元。显然，对于一个含义清楚的假设和一个含义模糊的假设，我们更愿意接受前者。正是在这个背景下，我们就更为关心，如果 H_0 为真，而我们却把它拒绝了，犯这种错误的可能性有多大。而这正是 α 错误所表现的内容。假设检验中，犯两类错误的情况如图 6 – 1 所示。

图 6 – 1 中（a）显示，如果原假设 H_0：$\mu = \mu_0$ 为真，样本的观察结果应当在 μ_0 附近，落入阴影中的概率为 α。我们是根据样本的观察结果做出判断决策，如果观察结果落入阴影部分，我们便拒绝原假设，这时就犯了 α 错误，尽管犯这个错误的概率比较小，但这种错误是不可避免的。图 6 – 1 中（b）显示，如果原假

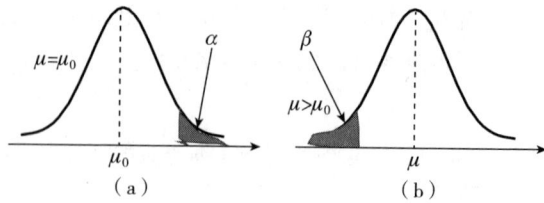

图 6 - 1   假设检验中犯两类错误的图示

设为伪，被检验的参数 $\mu > \mu_0$，那么，当样本观察结果落入阴影 β 中时，我们还是把 μ 看成 μ_0 而没有拒绝，这时便犯了取伪错误，其概率为 β。由图 6 - 1 还可以看出，如果临界点沿水平方向右移，α 将变小而 β 将变大；如果向左移，α 将变大而 β 将变小。这也说明了，在假设检验中 α 和 β 是此消彼长的关系。

四、假设检验的流程

假设检验的一般流程如下：

首先，提出原假设和备择假设。在前面这个西藏城镇居民人均可支配收入例子中，原假设和备择假设为：

H_0：$\mu = 8010$（元）

H_1：$\mu \neq 8010$（元）

其次，需要确定适当的检验统计量，并计算其数值。在参数的假设检验中，同参数估计一样，要借助样本统计量进行统计推断，这个统计量称为检验统计量。选择哪个统计量作为检验统计量需要考虑一些因素，例如，进行检验的样本量是大还是小，总体标准差已知还是未知，等等。这些因素与参数估计中确定统计量所考虑的因素相同（见图 6 - 2）。

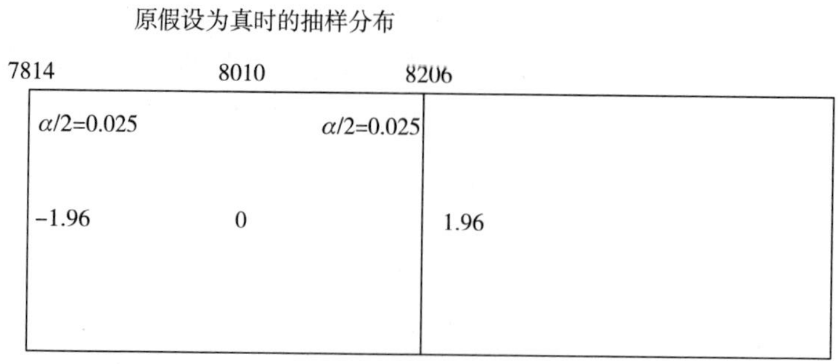

原假设为真时的抽样分布

图 6 - 2   将抽样分布转化为 Z 分布的对应关系

8010 元是 2018 年第一季度西藏城镇居民人均可支配收入值，假如根据有关资料知道西藏城镇居民人均可支配收入标准差为 1000 元，即 $\sigma = 1000$，由例 6-1 可知，样本量 $n = 100$，根据抽样分布原理，当 $\mu = 8010$，$\sigma = 1000$，$n = 100$，$\alpha = 0.05$ 时，7814 为置信区间的下限，8206 为置信区间的上限。如果原假设成立，那么，95% 的样本均值应当落在这个范围内。两个临界点 7814 元和 8206 元分别转化为 Z 值，即 $Z_{\alpha/2} = \pm 1.96$，而与总体均值 8010 元对应的 Z 值恰好为零。Z 统计量服从标准正态分布，如图 6-3 所示。

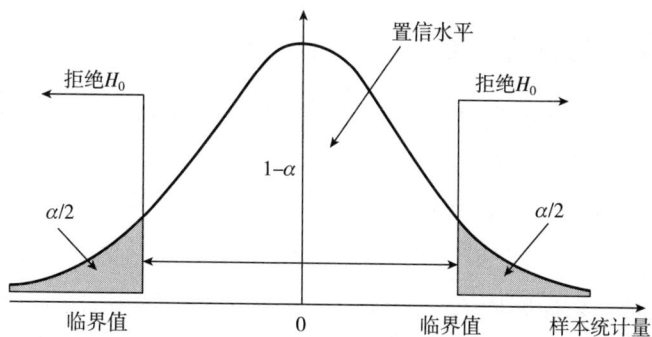

图 6-3　双侧检验示意图

图 6-3 可以帮助我们理解假设检验。进行假设检验利用的是小概率原理，小概率原理是指发生概率很小的随机事件在一次实验中几乎不可能发生。根据这一原理，可以做出是否拒绝原假设的决定。但什么样的概率才算小呢？著名的英国统计学家费希尔把小概率的标准定为 0.05，虽然费希尔并没有对为什么选择 0.05 给出充分的解释，但人们还是沿用了这个标准，把 0.05 或比 0.05 更小的概率看成小概率。

如果原假设成立，那么，在一次实验中，Z 统计量落入图 6-3 两侧拒绝域的概率只有 0.05，这个概率是很小的。如果这个情况真的出现，我们有理由认为总体的真值不是 8010 元，即拒绝原假设，接受备择假设。

将样本均值 $\bar{x} = 8010$，$\mu_0 = 8200$，$\sigma = 1000$，$n = 100$，$\alpha = 0.05$ 代入下式中，算得

$$Z = \frac{\bar{x} - \mu_0}{\sigma / \sqrt{n}} = \frac{8200 - 8010}{1000 / \sqrt{100}} = 1.9$$

最后，进行统计决策。因为临界值为 ±1.96，计算出的 Z 值 1.9 没有落入拒绝域，所以不拒绝原假设，认为与 2018 年第一季度相比，2019 年第一季度西藏城镇居民人均可支配收入没有显著差异。

由图 6 - 3 还可以看出，如果根据样本数据计算出的 Z 值小于临界值，就会落入拒绝域，也要拒绝原假设，将左右两边的情况结合起来，我们得到假设检验的决策准则：

若 $|Z| < |Z_{\alpha/2}|$，不拒绝 H_0；

若 $|Z| > |Z_{\alpha/2}|$，拒绝 H_0。

五、利用 P 值进行决策

前面进行检验的步骤是根据检验统计量落入的区域做出是否拒绝原假设的决策。确定 α 以后，拒绝域的位置相应也就确定了，其好处是进行决策的界限清晰，但缺陷是进行决策面临的风险是笼统的。在上面的例子中，计算出的 $Z = 1.9$，没有落入拒绝域，我们不拒绝原假设；如果计算出的 $Z = 2.0$，落入拒绝域，我们拒绝原假设面临的风险是 0.05。0.05 是一个通用的风险概率，这是用拒绝域表示的缺陷，但根据不同的样本结果进行决策，面临的风险事实上是有差别的，为了精确地反映决策的风险程度，可以利用 P 值进行决策。

什么是 P 值？让我们回到前面的例子。在例 6 - 1 中，根据随机抽样测得 2019 年的样本均值 $\bar{x} = 8200$ 元，与 2018 年的总体均值 8010 元相差 190 元，190 元的差异究竟是大还是小？换句话说，如果原假设成立，即 2019 年第一季度西藏城镇居民人均可支配收入与 2018 年第一季度西藏城镇居民人均可支配收入相同，那么随机抽取出 $n = 100$ 的样本，其均值大于 8010 元的概率有多大呢？我们把这个概率称为 P 值，也就是当原假设为真时，样本观察结果或更极端结果出现的概率。如果 P 值很小，说明这种情况发生的概率很小，如果这种情况出现了，根据小概率原理，我们就有理由拒绝原假设，P 值越小，拒绝原假设的理由就越充分。

P 值是通过计算得到的，P 值的大小取决于三个因素：一是样本数据与原假设之间的差异，在西藏城镇居民人均可支配收入的例子里这个差异是 190 元；二是样本量，这里 $n = 100$；三是被假设参数的总体分布。在这个例子中，计算出的 $P = 0.0574$，这就是说，如果原假设成立，样本均值大于等于 8010 元的概率只有 0.0574，这是很小的，但是我们不可以拒绝原假设，得到与前面 Z 值检验相同的结论，如图6-4所示。

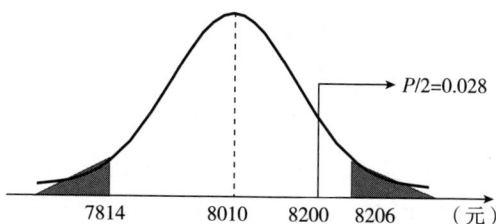

图6-4　西藏城镇居民人均可支配收入的抽样分布

　　手工计算P值比较复杂，但使用计算机计算P值就很方便。P值的长处是它反映了观察到的实际数据与原假设之间不一致的概率值，与传统的拒绝域范围相比，P是一个具体的值，这样就提供了更多的信息。如果事先确定了显著性水平，如$\alpha = 0.05$，则在双侧检验中，$P/2 > 0.025$，不能拒绝原假设；反之，$P/2 < 0.025$，则拒绝原假设。在单侧检验中，$P > 0.05$，不能拒绝原假设，$P < 0.05$，则拒绝原假设。当然，也可以直接使用P值进行决策，这时P值本身就代表了显著性水平。我们也可以使用P值，按照所需要的显著性水平进行判断和决策，具体做法就是将P值和需要的显著性水平进行比较。

六、单侧检验

　　图6-4是双侧检验的示意图，它有两个拒绝域、两个临界值，每个拒绝域的面积为$\alpha/2$，如果原假设的命题为$\mu = \mu_0$的形式，则属于双侧检验，如在例6-1中，有

　　$H_0 : \mu = 8010$

　　$H_1 : \mu \neq 8010$

就属于这种情况。在双侧检验中，只要$\mu > \mu_0$或$\mu < \mu_0$二者之中有一个成立，就可以拒绝原假设。

　　在另外两种情况下，我们关心的假设问题带有方向性：一种是我们所考察的数值越大越好，如灯泡的使用寿命、轮胎行驶的里程数等；另一种是数值越小越好，如废品率、生产成本等。根据人们的关注点不同，单侧检验可以有不同的方向。

1. 左单侧检验

例 6 – 2 某批发商欲从厂家购进一批灯泡，根据合同规定，灯泡的平均使用寿命不能低于 1000 小时。已知灯泡燃烧寿命服从正态分布，标准差为 200 小时。在总体中随机抽取了 100 个灯泡，得知样本均值为 960 小时，批发商是否应该购买这批灯泡？

解：这是一个单侧检验问题。显然，如果灯泡的燃烧寿命超过了 1000 小时，批发商是受欢迎的，因为他用已定的价格（灯泡寿命为 1000 小时的价格）购进了更高质量的产品。因此，如果样本均值超过 1000 小时，他会购进这批灯泡。问题在于样本均值为 960 小时他是否应当购进。因为，即便总体均值为 1000 小时，由于抽样的随机性，样本均值略小于 1000 小时的情况也会经常出现。在这种场合下，批发商更为关注可以容忍的下限，即当灯泡寿命低于什么水平时拒绝。于是检验的形式为：

$H_0: \mu \geqslant 1000$

$H_1: \mu < 1000$

左单侧检验如图 6 – 5 所示（$\alpha = 0.05$），也可以把左单侧检验称为下限检验。

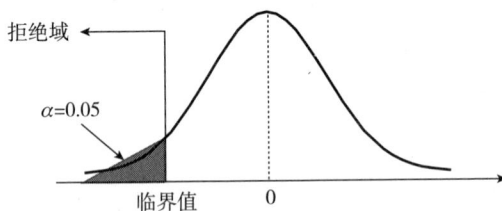

图 6 – 5　左单侧检验示意图

2. 右单侧检验

与左单侧检验的问题相反，有时我们希望所考察的数值越小越好。

例 6 – 3 某种大量生产的袋装食品按规定重量不得少于 250 克。现从一批该食品中随机抽取 50 袋，发现有 6 袋重量低于 250 克，若规定不符合标准的比例达到 5%，食品就不得出厂，问该批食品能否出厂？

解：显然，不符合标准的比例越小越好。在这个产品质量检验的问题中，我们比较关心次品率的上限，即不符合标准的比例达到多少就要拒绝。由于采用的是产品质量抽查，即总体不符合标准的比例没有超过 5%，则属于合格范围，但由于抽样的随机性，样本中符合标准的比例略大于5%的情况也会经常发生。如果采用右单侧检验，确定拒绝的上限临界点，那么，检验的形式可以写为：

H_0：$\pi \leqslant 5\%$

H_1：$\pi > 5\%$

右单侧检验如图6-6所示（$\alpha=0.05$），也可以把右单侧检验称为上限检验。

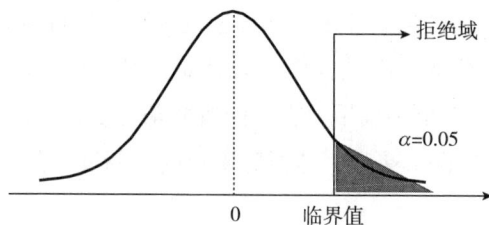

图6-6　右单侧检验示意图

第二节　一个总体参数的检验

一、检验统计量的确定

根据假设检验的不同内容和进行检验的不同条件，需要采用不同的检验统计量，在一个总体参数的检验中，用到的检验统计量主要有三个：Z统计量、t统计量、χ^2统计量。Z统计量和t统计量常常用于均值和比例的检验，χ^2统计量则用于方差的检验。选择什么统计量进行检验需要考虑一些因素，这些因素主要有样本量n的大小，总体的标准差σ是否已知，等等，样本量大小是选择检验统计量的一个要素。在样本量大的条件下，如果总体为正态分布，则样本统计量服从正态分布；如果总体为非正态分布，则样本统计量渐近服从正态分布。在这些情况下，我们都可以把样本统计量视为正态分布，这时可以使用Z统计量（Z分布）。Z统计量的计算公式见式（6-1），即在总体标准差已知时，有

$$Z = \frac{\bar{x} - \mu_0}{\sigma/\sqrt{n}} \tag{6-1}$$

实践中，当总体标准差未知时，可以用样本标准差 s 代替，上式可以写为：

$$Z = \frac{\bar{x} - \mu_0}{s/\sqrt{n}}$$

样本量较小时，情况有些复杂。在假设总体为正态分布的前提下，要看我们是否掌握总体标准差的信息。

在样本量较小的情况下，如果总体标准差已知，则样本统计量服从正态分布，这时可以采用 Z 统计量。如果总体标准差未知，进行检验所依赖的信息有所减少，这时只能使用样本标准差，样本统计量服从 t 分布，应该采用 t 统计量。与正态分布相比，t 分布更为扁平，在相同概率条件下，t 分布的临界点向两边更为扩展，临界点与中心距离更远，这意味着推断的精度下降，这是总体标准差未知所要付出的代价。

t 统计量的计算公式为：

$$t = \frac{\bar{x} - \mu_0}{s/\sqrt{n}} \tag{6-2}$$

t 统计量的自由度为 $n-1$。

由上述讨论看出，样本量大小是选择检验统计量时一个很重要的考虑因素，在大样本情况下一般可以使用 Z 统计量。但样本量 n 为多大才算大样本，不同的人可以给出不同的回答，同时，也与被检验的对象有关。仅就分布本身而言，当 n 较小时，t 分布与 Z 分布的差异是明显的，随着 n 的扩大，t 分布向 Z 分布逼近，它们之间的差异逐渐缩小，t 分布以 Z 分布为极限。当样本量 $n \geqslant 30$ 时，t 分布与 Z 分布非常接近，具备了用 Z 分布取代 t 分布的条件。所以可以说，当 $n < 30$ 时，如果总体标准差未知，则必须使用 t 统计量；在 $n \geqslant 30$ 的条件下，选择 t 统计量还是 Z 统计量，可以根据使用者的偏好。

总体均值和比例检验统计量的确定标准如图 6-7 所示。

二、总体均值的检验

1. 大样本量

例 6-4 某机床厂加工一种零件，根据经验知道，该厂加工零件的椭圆度渐近服从正态分布，其总体均值为 0.081 毫米，另换一种新机床进行加工，取 200 个零件进行检验，得到椭圆度均值为 0.076 毫米，样本标准差为 0.025 毫米，问新机床加工零件的椭圆度总体均值与以前有无显著差别？

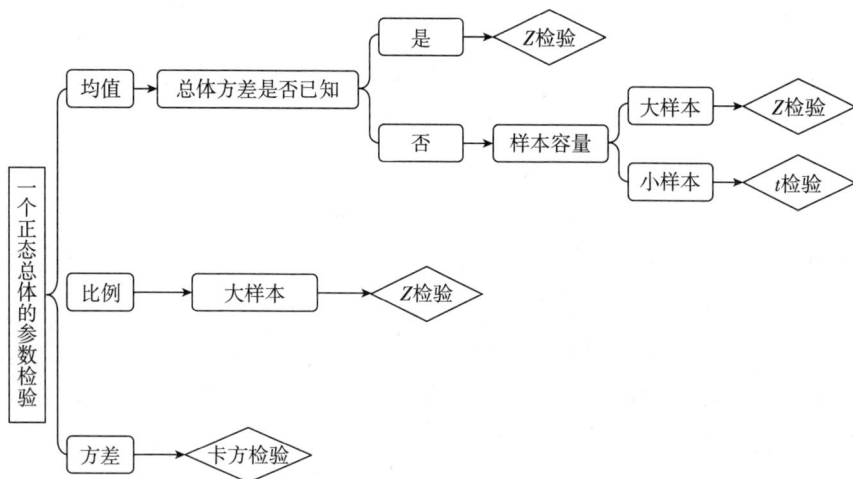

图 6 - 7　检验统计量的确定

解：在这个例题中，我们所关心的是新机床加工零件的椭圆度总体均值与老机床加工零件的椭圆度均值是否有显著差别，于是可以假设：

$H_0: \mu = 0.081$

$H_1: \mu \neq 0.081$

这是一个双侧检验问题，所以只要 $\mu > \mu_0$ 或 $\mu < \mu_0$ 二者之中有一个成立，就可以拒绝原假设。

由题意可知，$\mu_0 = 0.081$，$s = 0.025$，$\bar{x} = 0.076$。因为 $n > 30$，故选用 Z 统计量。

$$Z = \frac{\bar{x} - \mu_0}{s/\sqrt{n}} = \frac{0.076 - 0.081}{0.025/\sqrt{200}} = -2.83$$

通常把 α 称为显著性水平（significant level）。显著性水平是一个统计名词，在假设检验中，它的含义是当原假设正确时却被拒绝的概率或风险，其实这就是前面假设检验中犯弃真错误的概率，它是人们根据检验的要求确定的。通常取 $\alpha = 0.05$ 或 $\alpha = 0.01$，这表明，当做出接受原假设的决定时，其正确的概率为 95% 或 99%。此时不妨取 $\alpha = 0.05$，查表可以得到临界值：

$Z_{\alpha/2} = \pm 1.96$

Z 的下标 $\alpha/2$ 表示双侧检验。

因为 $|Z| > |Z_{\alpha/2}|$，根据决策准则，拒绝 H_0，可以认为新老机床加工零件椭

圆度的均值有显著差别。

该题目也可以利用 P 值进行决策。本例是双侧检验，也就是 $Z = 2.83$ 的右边和 $Z = -2.83$ 的左边的面积是一样的，故最后的 P 值为：

$P = 2 \times (1 - 0.997672537) = 0.004655$

P 值远远小于 α，故拒绝 H_0，得到与前面相同的结论。

例 6 - 5 我们再对例 6 - 2 中的假设进行检验。

解：根据前面的分析，采用左单侧检验。

在该例中，已知 $\mu_0 = 1000$，$\bar{x} = 960$，$\sigma = 200$，$n = 100$，并假定显著性水平 $\alpha = 0.05$。由图 6 - 5 可知，拒绝域在左侧，所以临界值为负，即 $Z_\alpha = -1.645$，下标 α 表示单侧检验。

进行检验的过程为：

$H_0: \mu \geq 1000$

$H_1: \mu < 1000$

$$Z = \frac{\bar{x} - \mu_0}{\sigma / \sqrt{n}} = \frac{960 - 1000}{200 / \sqrt{100}} = -2$$

由于 $|Z| > |Z_\alpha|$，即 Z 的值位于拒绝域，所以拒绝 H_0，即这批灯泡的使用寿命低于 1000 小时，批发商不应购买。

在 Z 值框内录入样本统计量 Z 的绝对值 2，与之相对的函数值为 0.97725，由于这是单侧检验，故 P 值为 $1 - 0.97725 = 0.02275$，在单侧检验中，用 P 值直接与 α 比较，P（0.02275）$< \alpha$（0.05），故拒绝 H_0。

如果在此例的假设检验中，取显著性水平 $\alpha = 0.02$，则有 $P > \alpha$，这时就不能拒绝 H_0。

这进一步说明，检验的结论是建立在概率的基础上的。不能拒绝 H_0 并不一定保证 H_0 为真，只是在规定的显著性水平上不能拒绝原假设。上面的例子说明，能在 0.95 的置信水平上拒绝原假设，却不能在 0.98 的置信水平上拒绝原假设。

2. 样本量小，σ 已知

例 6 - 6 某电子元件批量生产的质量标准为平均使用寿命 1200 小时，标准差为 150 小时。某厂宣称它采用一种新工艺生产的元件质量大大超过规定标准。为了进行验证，随机抽取 20 件作为样本，测得平均使用寿命 1245 小时。能否说该厂的元件质量显著高于规定标准？

解：首先，需要规定检验的方向。在本例中，某厂称其产品质量大大超过规定标准 1200 小时，要检验这个宣称是否可信，因而是单侧检验。从逻辑上看，如果样本均值低于 1200 小时，则元件厂的宣称会被拒绝，即使略高于 1200 小时，也会被拒绝。只有当样本均值大大超过 1200 小时，以至于用抽样的随机性也难以解释时，才能认为该厂产品质量确实超过规定标准，所以用右单侧检验更为适宜。

由题意可知，$\mu_0 = 1200$，$\bar{x} = 1245$，$\sigma = 150$，$n = 20$，并规定 $\alpha = 0.05$。虽然 $n < 30$，但由于 σ 已知，可以使用 Z 统计量。进行检验的过程为：

$H_0 : \mu \leqslant 1200$

$H_1 : \mu > 1200$

$$Z = \frac{\bar{x} - \mu_0}{\sigma / \sqrt{n}} = \frac{1245 - 1200}{150 / \sqrt{20}} = 1.34$$

因为这是右单侧检验，由图 6 - 6 可知拒绝域在右侧，查表得到临界值 $Z_\alpha = 1.645$。

因此，$Z = 1.34$ 在非拒绝域，不能拒绝 H_0，即不能说该厂产品质量显著高于规定标准。

若用 P 值检验，方法与前面相同，在 Z 值框内输入 1.34，得到函数值为 0.9099，由于是单侧检验，故 P 值为：

$P = 1 - 0.9099 = 0.0901$

由于 $P > \alpha$，故不能拒绝 H_0，即新产品与老产品质量未表现出显著差别。

3. 样本量小，σ 未知

例 6 - 7　某机器制造出的肥皂厚度为 5 厘米，今欲了解机器性能是否良好，随机抽取 10 块肥皂作为样本，测得平均厚度为 5.3 厘米，标准差为 0.3 厘米，试以 0.05 的显著性水平检验机器性能良好的假设。

解：如果机器性能良好，生产出的肥皂厚度将在 5 厘米上下波动，过薄或过厚都不符合产品质量标准，所以，根据题意，这是双侧检验问题。

由于总体 σ 未知，且样本量 n 较小，所以，应采用 t 统计量。

已知 $\mu_0 = 5$，$\bar{x} = 5.3$，$s = 0.3$，$n = 10$，$\alpha = 0.05$，则检验的过程为：

$H_0 : \mu = 5$

$H_1 : \mu \neq 5$

$$t = \frac{\bar{x} - \mu_0}{s / \sqrt{n}} = \frac{5.3 - 5}{0.3 / \sqrt{10}} = 3.16$$

当 $\alpha = 0.05$，自由度 $n-1=9$ 时，查表得 $t_{\alpha/2}(9) = 2.2622$。因为 $t > t_{\alpha/2}$，样本统计量落入拒绝域，故拒绝 H_0，接受 H_1，说明该机器的性能不好。

三、总体比例的检验

比例值总是介于 $0 \sim 1$ 或 $0 \sim 100\%$，在实际问题中，常常需要检验总体比例是否为某个假设值 π_0，例如，全部产品中合格品的比例，一批种子的发芽率，对某项改革措施赞同者的比例，等等。民意调查中常常遇到大量的比例检验问题，因为调查的内容总是与比例有关，例如，希望了解总体中有多少人支持这种或那种观点，多少人知道这件事或那件事。对于一个政治候选人来说，在两人竞选时，50% 是一个相当重要的标志，得票率超过 50% 将在选举中获胜，所以选举前的民意测验可以给候选人提供如何与对手竞争的重要信息。如果某候选人在一次民意调查中的支持率为 48%，他最终是否能如愿当选？48% 与 50% 有差异，这个差异是抽样的随机性带来的，还是由于该候选人的支持率确实低于竞争对手？候选人竞选班子中的统计专家会精心设计假设检验，通过不断的民意调查所提供的信息分析竞选的走势。

如果一个事件只有两种结果，我们将其称为二项分布，可以证明，在样本量大的情况下，若 $np > 5$，$nq > 5$，则可以把二项分布问题变换为正态分布问题近似地去求解。这就是说，在总体比例的检验中，通常采用 Z 统计量。一般而言，在有关比例问题的调查中，往往使用大样本量，因为小样本量的结果是极不稳定的。例如，随机抽取 10 个人，如果支持者有 4 人，支持率为 40%；如果支持者有 5 人，支持率则为 50%，样本中一个人的态度差异导致调查结果相差 10 个百分点，这种不稳定性是我们不愿意看到的。

在比例问题的检验中，Z 统计量的计算公式为：

$$Z = \frac{p - \pi_0}{\sqrt{\dfrac{\pi_0(1-\pi_0)}{n}}} \qquad (6-3)$$

式 (6-3) 中，P 为样本比例，π_0 为总体比例的假设值。

例 6-8 一项统计结果声称，某市老年人口（年龄在 65 岁以上）所占的比例为 14.7%，该市老年人口研究会为了检验该项统计是否可靠，随机抽选了 400 名居民，发现其中有 57 人年龄在 65 岁以上。调查结果是否支持该市老年人口比例为 14.7% 的看法（$\alpha = 0.05$）？

解：$H_0: \pi = 14.7\%$

$H_1: \pi \neq 14.7\%$

$$Z = \frac{p - \pi_0}{\sqrt{\dfrac{\pi_0(1-\pi_0)}{n}}} = \frac{0.1425 - 0.147}{\sqrt{\dfrac{0.147(1-0.147)}{400}}} = -0.254$$

这是一个双侧检验，当 $\alpha = 0.05$ 时，有 $Z_{\alpha/2} = \pm 1.96$。

由于 $|Z| < |Z_{\alpha/2}|$，不能拒绝 H_0，可以认为调查结果支持了该市老年人口所占比例为 14.7% 的看法。

四、总体方差的检验

在假设检验中，有时不仅需要检验正态总体的均值、比例，而且需要检验正态总体的方差。例如，在产品质量检验中，质量标准是通过不同类型的指标反映的，有些属于均值类型，如尺寸、重量、抗拉强度等；有些属于比例类型，如产品合格率、废品率等；有些属于方差类型，如尺寸的方差、重量的方差、抗拉强度的方差等。在这里，方差反映产品的稳定性。方差大，说明产品的性能不稳定，波动大。凡与均值有关的指标，通常也与方差有关，方差从另一个角度说明研究现象的状况。在经济生活方面，关注方差的例子比比皆是。例如，居民的平均收入说明收入达到的一般水平，是衡量经济发展阶段的一个重要指标，而收入的方差则反映了收入分配的差异情况，可以用于评价收入的合理性；在投资方面，收益率的方差是评价投资风险的重要依据。

对方差进行检验的程序，与均值检验、比例检验是一样的，它们之间的主要区别是所使用的检验统计量不同。方差检验所使用的是 χ^2 统计量。对一个方差为 σ^2 的正态总体反复抽样，计算每一个样本方差 s^2，则 s^2 的分布大体如图 6-8 所示。

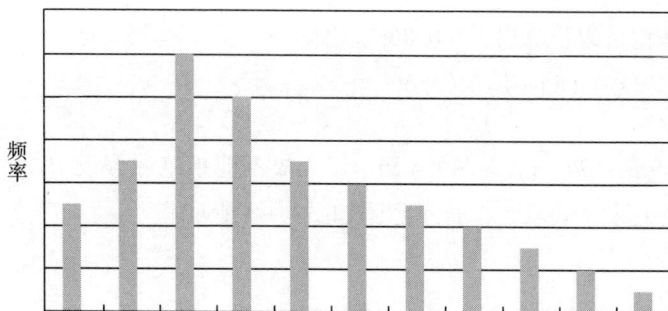

图 6-8　s^2 分布的直方图

由于 $s^2 = \dfrac{\sum (x_i - \bar{x})^2}{n - 1} \Rightarrow \sum (x_i - \bar{x})^2 = (n - 1)s^2$，$\sum (x_i - \bar{x})^2$ 除以总体方差 σ^2 将服从 χ^2 分布，即

$$\chi^2 = \frac{(n-1)s^2}{\sigma^2} \tag{6-4}$$

由概率论内容可知，χ^2 分布以正态分布为极限，在正常情况下，χ^2 分布是偏态分布，因此，用 χ^2 统计量进行检验时，通常单侧检验临界点在 χ^2 分布右侧斜尾方向。

例 6 – 9 某厂商生产出一种新型的饮料装瓶机器，按设计要求，该机器装一瓶 1000 毫升的饮料误差上下不超过 1 毫升。如果达到设计要求，表明机器的稳定性非常好。现从该机器装完的产品中随机抽取 25 瓶，分别进行测定，用样本观测值分别减 1000 毫升，得到以下结果（单位：毫升），试以 $\alpha = 0.05$ 的显著性水平检验该机器的性能是否达到设计要求。

0.3	– 0.4	– 0.7	1.4	– 0.6
– 0.3	– 1.5	0.6	– 0.9	1.3
– 1.3	0.7	1	– 0.5	0
– 0.6	0.7	– 1.5	– 0.2	– 1.9
– 0.5	1	– 0.2	– 0.6	1.1

解：采用单侧检验，如果样本统计量 $\chi^2 \geqslant \chi^2_\alpha(n-1)$，则拒绝原假设；若 $\chi^2 < \chi^2_\alpha(n-1)$，则不能拒绝原假设。

H_0：$\sigma^2 \leqslant 1$

H_1：$\sigma^2 > 1$

由样本数据可以计算出 $s^2 = 0.866$，已知 $\sigma^2 = 1$，$n = 25$，故

$$\chi^2 = \frac{(n-1)s^2}{\sigma^2} = \frac{(25-1) \times 0.866}{1} = 20.784$$

查 χ^2 分布表可知，$\chi^2_{0.05}(24) = 36.415$，故不能拒绝原假设 H_0，可以认为该机器的性能达到设计要求，检查示意图如图 6 – 9 所示。

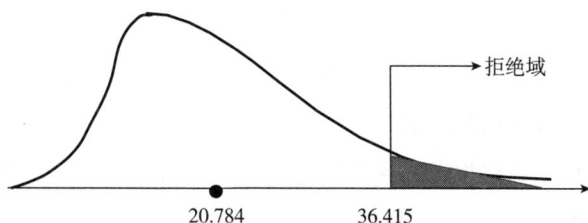

拒绝域

20.784　36.415

图 6-9　χ^2 右单侧检验示意图

第三节　两个总体参数的检验

在许多情况下，人们需要比较两个总体参数，看它们是否有显著的区别。例如，在相同年龄组中，高学历和低学历的职工收入是否有明显的差异；同一种教学方法，在不同年级或不同内容的课程中，是否会有不同的效果，等等。对此，可以利用两个总体参数的检验寻找答案。

一、检验统计量的确定

两个总体参数检验的主要内容有：两个总体均值之差的检验、两个总体比例之差的检验和两个总体方差比的检验。与一个总体参数的检验类似，两个总体参数的检验也涉及检验统计量的选择问题。选择什么检验统计量取决于被检验参数的抽样分布，而抽样分布与样本量大小和总体方差 σ^2 是否已知都有关系。

1. 两个总体方差 σ_1^2 和 σ_2^2 已知或未知

在 σ_1^2 和 σ_2^2 已知的条件下，由抽样分布理论可知，样本统计量服从 Z 分布；而在 σ_1^2 和 σ_2^2 未知的条件下，样本统计量服从 t 分布。故当 σ_1^2 和 σ_2^2 已知时，可以使用 Z 检验；当 σ_1^2 和 σ_2^2 未知时，可以使用 t 检验。

2. n_1 和 n_2 较大或较小

当样本量 n_1 和 n_2 都较大时，如果总体方差 σ_1^2 和 σ_2^2 未知，可以用样本方差 s_1^2 和 s_2^2 替代，这时，样本统计量近似服从 Z 分布，采用 Z 作为检验统计量是可行的。但是，当 n_1 或 n_2 不大时，如果 σ_1^2 和 σ_2^2 未知，就应该采用 t 作为检验统计量。

两个总体比例之差的检验中，一般采用 Z 统计量，其理由与前一节总体比例的检验中采用 Z 统计量的理由相同。

两个总体方差比的检验中，样本统计量服从自由度为 $n_1 - 1$ 和 $n_2 - 1$ 的 F 分布，在这种情况下使用 F 作为检验统计量。

上述讨论在图 6-7 中已经给出来了。

二、两个总体均值之差的检验

1. σ_1^2 和 σ_2^2 已知

当两个总体均服从正态分布，或者虽然两个总体的分布形式未知，但抽自两个总体的样本量均较大，且两个总体的方差 σ_1^2 和 σ_2^2 已知时，由两个独立样本算出的 $\bar{x}_1 - \bar{x}_2$ 的抽样分布服从正态分布，标准差为：

$$\sigma_{\bar{x}_1 - \bar{x}_2} = \sqrt{\frac{\sigma_1^2}{n_1} + \frac{\sigma_2^2}{n_2}} \tag{6-5}$$

式（6-5）中，检验统计量 Z 的计算公式为：

$$Z = \frac{(\bar{x}_1 - \bar{x}_2) - (\mu_1 - \mu_2)}{\sqrt{\dfrac{\sigma_1^2}{n_1} + \dfrac{\sigma_2^2}{n_2}}} \tag{6-6}$$

式（6-6）中，μ_1 和 μ_2 为两个总体的均值。

例 6-10 有两种方法可用于制造某种以抗拉强度为重要特征的产品。根据以往的资料可知，第一种方法生产出的产品抗拉强度的标准差为 8 千克，第二种方法的标准差为 10 千克。从采用两种方法生产的产品中，各抽一个随机样本，样本量分别为 $n_1 = 32$，$n_2 = 40$，测得 $\bar{x}_1 = 50$（千克），$\bar{x}_2 = 44$（千克）。采用这两种方法生产出来的产品平均抗拉强度是否有显著差别（$\alpha = 0.05$）？

解：由于检验两种方法生产出的产品在抗拉强度上是否存在显著差别并不涉及方向，所以以双侧检验。建立假设并进行检验：

$H_0: \mu_1 - \mu_2 = 0$

$H_1: \mu_1 - \mu_2 \neq 0$

本题中，σ_1^2，σ_2^2 已知，应选用 Z 作为检验统计量，采用式（6-6）。已知 $\bar{x}_1 = 50$，$\bar{x}_2 = 44$，$\sigma_1^2 = 8^2$，$\sigma_2^2 = 10^2$，$n_1 = 32$，$n_2 = 40$，故

$$Z = \frac{(\bar{x}_1 - \bar{x}_2) - (\mu_1 - \mu_2)}{\sqrt{\dfrac{\sigma_1^2}{n_1} + \dfrac{\sigma_2^2}{n_2}}}$$

$$= \frac{(50 - 44 - 0)}{\sqrt{\dfrac{64}{32} + \dfrac{100}{40}}} = 2.83$$

$\alpha = 0.05$ 时，$Z_{\alpha/2} = 1.96$。

因为 $Z > Z_{\alpha/2}$，所以拒绝 H_0，即采用两种方法生产出来的产品的平均抗拉强度有显著差别。如果计算 P 值，方法与一个正态总体均值检验中计算 P 值的方法相同。经计算，此题中的 P 值在双侧检验中为 0.00465，由于 $P < \alpha/2$，故拒绝 H_0，得到与前面相同的结论。

2. σ_1^2 和 σ_2^2 未知，且 n 较小

在 σ_1^2 和 σ_2^2 未知且 n 较小的情况下，进行两个总体均值之差的检验需要使用 t 统计量，这里有两种情况：一种是虽然两个总体方差未知，但已知 $\sigma_1^2 = \sigma_2^2$，这个条件成立往往是从已有的大量经验中得到的，或者事先进行了关于两个方差相等的检验，并得到肯定的结论。这时，$\sigma_{\bar{x}_1 - \bar{x}_2}$ 的估计值为：

$$\hat{\sigma}_{\bar{x}_1 - \bar{x}_2} = s_p \sqrt{\frac{1}{n_1} + \frac{1}{n_2}} \tag{6-7}$$

式（6-7）中，

$$s_p = \sqrt{\frac{(n_1 - 1)s_1^2 + (n_2 - 1)s_2^2}{n_1 + n_2 - 2}} \tag{6-8}$$

于是，检验统计量 t 的计算公式为：

$$t = \frac{(\bar{x}_1 - \bar{x}_2) - (\mu_1 - \mu_2)}{s_p \sqrt{\dfrac{1}{n_1} + \dfrac{1}{n_2}}} \sim t(n_1 + n_2 - 2) \tag{6-9}$$

t 的自由度为 $n_1 + n_2 - 2$。

另一种情况是，σ_1^2 和 σ_2^2 未知，且没有理由判定 σ_1^2 与 σ_2^2 相等，故认为 $\sigma_1^2 \neq \sigma_2^2$。当 σ_1^2 和 σ_2^2 未知时，用样本方差 s_1^2 和 s_2^2 分别估计 σ_1^2 和 σ_2^2，$\sigma_{\bar{x}_1 - \bar{x}_2}$ 的估计值为：

$$\hat{\sigma}_{\bar{x}_1 - \bar{x}_2} = \sqrt{\frac{s_1^2}{n_1} + \frac{s_2^2}{n_2}} \tag{6-10}$$

但此时的抽样分布不服从自由度为 $n_1 + n_2 - 2$ 的 t 分布，而是近似服从自由度为 f 的 t 分布，f 的计算公式为：

$$f = \frac{\left(\dfrac{s_1^2}{n_1} + \dfrac{s_2^2}{n_2}\right)^2}{\dfrac{\left(\dfrac{s_1^2}{n_1}\right)^2}{n_1 - 1} + \dfrac{\left(\dfrac{s_2^2}{n_2}\right)^2}{n_2 - 1}} \qquad (6-11)$$

这时，检验统计量 t 的计算公式为：

$$t = \frac{(\bar{x}_1 - \bar{x}_2) - (\mu_1 - \mu_2)}{\sqrt{\dfrac{s_1^2}{n_1} + \dfrac{s_2^2}{n_2}}} \sim t(f) \qquad (6-12)$$

例 6 - 11 尽管存在争议，但大多数科学家认为，食用含有高纤维的谷类食物有助于降低癌症发生的可能性。然而，一个科学家提出，如果人们在早餐中食用高纤维的谷类食物，那么平均而言，与早餐没有食用谷物的人群相比，食用谷物者在午餐中摄取的热量（大卡）将会减少（Toronto Star, 1991）。如果这个观点成立，谷物食品的生产商又将获得一个很好的机会，他们会宣传说："多吃谷物吧，早上也吃，这样有助于减肥。"为了验证这个假设，随机抽取了 35 人，询问他们早餐和午餐的食谱，根据他们的食谱将其分为两类，一类为经常食用谷类者（总体一），另一类为不经常食用谷类者（总体二）。然后，测度每人午餐的大卡摄取量。经过一段时间的实验，得到的结果（单位：大卡）如表 6 - 2 所示。试以 $\alpha = 0.05$ 的显著性水平进行检验。

表 6 - 2 35 人大卡摄取量

总体一	568	681	636	607	555
	496	540	539	529	562
	589	646	596	617	584
总体二	650	569	622	630	596
	637	628	706	617	624
	563	580	711	480	688
	723	651	569	709	632

解：本例中要检验的命题是：早餐食用较多的谷类食物有助于减少午餐中热量的摄取。总体一和总体二的热量摄取均值分别用 μ_1 和 μ_2 表示。由于此命题是

一个尚未被证实的命题，在单侧检验中，原假设对此类命题应持否定态度，故建立的假设为：

$$H_0: \mu_1 - \mu_2 \geq 0$$

$$H_1: \mu_1 - \mu_2 < 0$$

由于 n_1 和 n_2 均较小，且 σ_1^2 和 σ_2^2 未知，也无法断定 $\sigma_1^2 = \sigma_2^2$ 是否成立，故属于 n 较小，σ_1^2 和 σ_2^2 未知，且 $\sigma_1^2 \neq \sigma_2^2$ 的情况。据此，采用 t 分布，其自由度为 f。

经过计算，得到 $\bar{x}_1 = 583$，$\bar{x}_2 = 629.25$，$s_1^2 = 2431.429$，$s_2^2 = 3675.461$，$f = 32.34$，若取 $f = 32$，由 t 分布表可知 $t_{0.05}(32) = 1.694$。由式（6-12），检验统计量 t 值为：

$$t = \frac{(\bar{x}_1 - \bar{x}_2) - (\mu_1 - \mu_2)}{\sqrt{\frac{s_1^2}{n_1} + \frac{s_2^2}{n_2}}} = \frac{(583 - 629.25) - 0}{\sqrt{\frac{2431.429}{15} + \frac{3675.461}{20}}} = -2.487$$

由于 $|t| > |t_\alpha|$，故拒绝 H_0。

本题中，计算的 P 值为 0.009，由于 $P < \alpha$，所以同样得到拒绝 H_0 的结论。

三、两个总体比例之差的检验

设两个总体服从二项分布，这两个总体中具有某种特征的单位数的比例分别为 π_1 和 π_2，但 π_1 和 π_2 未知，可以用样本比例 p_1 和 p_2 代替。有以下两种情况：

1. 检验两个总体比例相等的假设

该假设的表达式为：

$$H_0: \pi_1 - \pi_2 = 0 \quad \text{或} \quad H_0: \pi_1 = \pi_2$$

在原假设成立的条件下，最佳的方差是 $p(1-p)$，其中，p 是将两个样本合并后得到的比例估计量，即

$$p = \frac{x_1 + x_2}{n_1 + n_2} = \frac{p_1 n_1 + p_2 n_2}{n_1 + n_2} \tag{6-13}$$

式（6-13）中，x_1 表示样本 n_1 中具有某种特征的单位数；x_2 表示样本 n_2 中具有某种特征的单位数。在大样本条件下，统计量 Z 的表达式为：

$$Z = \frac{p_1 - p_2}{\sqrt{p(1-p)\left(\frac{1}{n_1} + \frac{1}{n_2}\right)}} \tag{6-14}$$

例 6-12 人们普遍认为麦当劳的主要消费群体是青少年，但对市场进一步

细分却发现有不同的看法。一种观点认为小学生更喜欢麦当劳，另一种观点认为中学生对麦当劳的喜爱程度不亚于小学生。对此，某市场调查公司在某地区进行了一项调查，随机抽取了 100 名小学生和 100 名中学生，调查的问题是：如果有麦当劳和其他中式快餐（如兰州拉面），你会首选哪种作为经常性午餐？调查结果如下：小学生（总体一）100 人中有 76 人把麦当劳作为首选的经常性午餐，中学生（总体二）100 人中有 69 人做出该选择。调查结果支持哪种观点？

解：作为第三方的调查公司，做其角色是中立的，所以建立的假设为：

$H_0: \pi_1 - \pi_2 = 0$

$H_1: \pi_1 - \pi_2 \neq 0$

由式（6-13）可得：

$$p = \frac{x_1 + x_2}{n_1 + n_2} = \frac{76 + 69}{100 + 100} = 0.725$$

由式（6-14）可得：

$$Z = \frac{p_1 - p_2}{\sqrt{p\,(1-p)\left(\dfrac{1}{n_1} + \dfrac{1}{n_2}\right)}}$$

$$= \frac{0.76 - 0.69}{\sqrt{0.725 \times (1 - 0.725) \times \left(\dfrac{1}{100} + \dfrac{1}{100}\right)}} = 1.11$$

由决策准则可知，$Z = 1.11$ 落入接受域，故调查结果支持原假设，即该地区小学生和中学生对麦当劳的偏爱程度没有显著差异。

2. 检验两个总体比例之差不为零的假设

检验两个总体比例之差不为零的假设，即检验 $\pi_1 - \pi_2 = d_0 (d_0 \neq 0)$，在这种情况下，两个样本比例之差 $p_1 - p_2$ 近似服从以 $\pi_1 - \pi_2$ 为数学期望，$\dfrac{p_1(1-p_1)}{n_1} + \dfrac{p_2(1-p_2)}{n_2}$ 为方差的正态分布，因而，可以选择 Z 作为检验统计量：

$$Z = \frac{(p_1 - p_2) - (\pi_1 - \pi_2)}{\sqrt{\left[\dfrac{p_1(1-p_1)}{n_1} + \dfrac{p_2(1-p_2)}{n_2}\right]}}$$

$$= \frac{(p_1 - p_2) - d_0}{\sqrt{\left[\dfrac{p_1(1-p_1)}{n_1} + \dfrac{p_2(1-p_2)}{n_2}\right]}} \tag{6-15}$$

例 6 − 13　有一项研究报告说青少年经常上网聊天，男生的比例至少超过女生 10 个百分点，即 $\pi_1 - \pi_2 \geqslant 10\%$（$\pi_1$ 为男生比例，π_2 为女生比例）。现对 150 个男生和 150 个女生进行上网聊天的频度调查，其中，经常聊天的男生有 68 人，经常聊天的女生有 54 人。调查结果是否支持研究报告的结论（$\alpha = 0.05$）？

解：H_0：$\pi_1 - \pi_2 \geqslant 10\%$

H_1：$\pi_1 - \pi_2 < 10\%$

由题意可知，$n_1 = n_2 = 150$，$p_1 = 68/150 = 0.45$，$p_2 = 54/150 = 0.36$，$d_0 = 10\%$。

由式（6 − 15）可得：

$$Z = \frac{(p_1 - p_2) - (\pi_1 - \pi_2)}{\sqrt{\left(\dfrac{p_1(1 - p_1)}{n_1} + \dfrac{p_2(1 - p_2)}{n_2}\right)}}$$

$$= \frac{(p_1 - p_2) - d_0}{\sqrt{\left(\dfrac{p_1(1 - p_1)}{n_1} + \dfrac{p_2(1 - p_2)}{n_2}\right)}}$$

$$= \frac{0.45 - 0.36 - 0.1}{\sqrt{\dfrac{0.45 \times (1 - 0.45)}{150} + \dfrac{0.36 \times (1 - 0.36)}{150}}} = -0.177$$

这是一个左单侧检验，$Z_\alpha = -1.645$，由决策准则可知，$Z = -0.177$，落入非拒绝域，因此，调查结果支持研究报告的结论。

四、两个总体方差比的检验

如果要检验两个总体方差是否相等，可以通过考察两个方差之比是否等于 1 来进行。实践中会遇到关注两个总体方差是否相等的问题，例如，比较两个生产过程的稳定性，比较两种投资方案的风险，等等。前面讨论两个总体均值之差的检验时，假定两个总体方差相等或不相等。事实上，在许多情况下总体方差是否相等事先往往并不知道，因此，在进行两个总体均值之差的检验前，可以先进行两个总体方差是否相等的检验，由此获得所需要的信息。

为了比较两个未知的总体方差 σ_1^2 和 σ_2^2，我们用两个样本方差的比来判断，如果 s_1^2/s_2^2 接近 1，说明两个总体方差 σ_1^2 和 σ_2^2 很接近，如果比值远离 1，说明 σ_1^2 和 σ_2^2 之间有较大差异。由概率论内容可知，在两个正态总体条件下，两个方差之比服从 F 分布，即

$$F = \frac{s_1^2/\sigma_1^2}{s_2^2/\sigma_2^2} \qquad\qquad (6-16)$$

在原假设 $\sigma_1^2 = \sigma_2^2$ 下，检验统计量 $F = \frac{s_1^2}{s_2^2}$，此时，F 统计量的两个自由度分别为：分子自由度 $n_1 - 1$，分母自由度 $n_2 - 1$。

在单侧检验中，一般把较大的 s^2 放在分子的位置，此时，$F > 1$，拒绝域在 F 分布的右侧，临界点为 $F_\alpha(n_1 - 1, n_2 - 1)$。这样处理含义明确，易于理解，而且查表方便。原假设和备择假设分别为：

H_0: $\sigma_1^2 \leqslant \sigma_2^2$ 或 H_0: $\sigma_1^2/\sigma_2^2 \leqslant 1$

H_1: $\sigma_1^2 > \sigma_2^2$ 或 H_1: $\sigma_1^2/\sigma_2^2 > 1$

在双侧检验中，拒绝域在 F 分布的两侧，如图 6-10 所示，两个临界点的位置分别为：

$F_{\alpha/2}(n_1 - 1, n_2 - 1)$，$F_{1-\alpha/2}(n_1 - 1, n_2 - 1)$

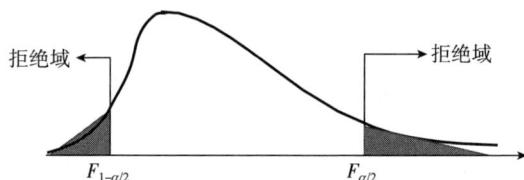

图 6-10　F 分布双侧检验示意图

通常，F 分布表仅给出 $F_{\alpha/2}$ 的位置，可以用它来推算 $F_{1-\alpha/2}$ 的位置，推算公式为：

$$F_{1-\alpha/2}(n_1 - 1, n_2 - 1) = \frac{1}{F_{\alpha/2}(n_2 - 1, n_1 - 1)} \qquad (6-17)$$

需要注意在式（6-17）中，等号右边分母 $F_{\alpha/2}$ 的自由度要调换一下。

例 6-14　在例 6-11 中，得到两个样本的方差分别为 $s_1^2 = 2431.429$，$s_2^2 = 3675.461$，现以 $\alpha = 0.05$ 的显著性水平检验两个总体的方差是否相等。

解：由于是检验 σ_1^2 和 σ_2^2 是否相等，故采用双侧检验，建立的假设为：

H_0: $\sigma_1^2 = \sigma_2^2$

H_1: $\sigma_1^2 \neq \sigma_2^2$

$$F = \frac{s_1^2}{s_2^2} = \frac{2431.429}{3675.461} = 0.662$$

对于 $F_{\alpha/2}(n_1 - 1, n_2 - 1)$，查表得 $F_{0.05/2}(14, 19) = 2.62$（注：由于表中没有自由度 $n_1 - 1 = 14$ 的数值，故取自由度为 15），$F_{0.05/2}(19, 14) = 2.84$（由于同样原因，用 20 代替 19）。

由式（6 - 17）可得：

$$F_{1-\alpha/2}(n_1 - 1, n_2 - 1) = \frac{1}{F_{\alpha/2}(n_2 - 1, n_1 - 1)} = \frac{1}{2.84} = 0.352$$

本例中，两个临界点分别为 $F_{1-\alpha/2}(19, 14) = 0.352$、$F_{\alpha/2}(14, 19) = 2.62$。样本统计量 F 值为 0.662，故不能拒绝 H_0，可以认为这两个总体的方差没有显著差异。

五、检验中的匹配样本

前文对两个总体参数进行显著性检验的讨论中，我们都假定样本是独立的。然而，在可能的情况下，采用存在相依关系的匹配样本分析，可以进一步提高效率。

例 6 - 15 一个以减肥为主要目标的健美俱乐部承诺，参加它的训练班至少可以使肥胖者平均体重减轻 8.5 千克以上。为了验证是否可信，调查人员随机抽取了 10 名参加者，得到他们的体重记录（单位：千克），如表 6 - 3 所示。在 $\alpha = 0.05$ 的显著性水平下，调查结果是否支持该俱乐部的承诺？

表 6 - 3　训练前后的体重记录

训练前	94.5	101	110	103.5	97	88.5	96.5	101	104	116.5
训练后	85	89.5	101.5	96	86	80.5	87	93.5	93	102

解：$H_0: \mu_1 - \mu_2 \leq 8.5$

$H_1: \mu_1 - \mu_2 > 8.5$

与训练前后的体重相比，调查人员更关心它们之间的差值。根据上述资料可以构造出一个差值（减重）样本（单位：千克），如表 6 - 4 所示。

表6-4　差值样本构造表

训练前	训练后	差值 x
94.5	85.0	9.5
101.0	89.5	11.5
110.0	101.5	8.5
103.5	96.0	7.5
97.0	86.0	11.0
88.5	80.5	8.0
96.5	87.0	9.5
101.0	93.5	7.5
104.0	93.0	11.0
116.5	102.0	14.5

差值样本的均值和标准差分别为：

$$\bar{x} = \frac{\sum x}{n} = \frac{98.5}{10} = 9.85$$

$$s = \sqrt{\frac{\sum (x_i - \bar{x})^2}{n-1}}$$

$$= \sqrt{\frac{(9.5 - 9.85)^2 + \cdots + (14.5 - 9.85)^2}{10 - 1}} = 2.199$$

由此，得到抽样分布的标准差的估计值为：

$$\hat{\sigma} = \frac{s}{\sqrt{n}} = \frac{2.199}{\sqrt{10}} = 0.695$$

因为样本量 n 不大，所以采用 t 分布，其自由度为 $10-1=9$，由前可知，这是右单侧检验，当 $\alpha = 0.05$ 时，$t_\alpha(9) = 1.833$。

若把减重（差值）视为一总体，调查人员关心其均值是否大于 8.5 千克。根据上述资料，可以计算出拒绝原假设的临界点：

$$8.5 + t_\alpha \hat{\sigma}_{\bar{x}} = 8.5 + 1.833 \times 0.695 = 9.774$$

上述决策如图 6-11 所示。

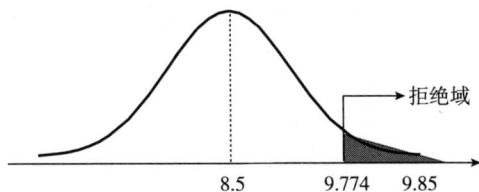

图 6 - 11　右单侧检验示意图（一）

若样本均值 $\bar{x} < 9.774$，接受原假设 $H_0: \mu_1 - \mu_2 \leqslant 8.5$；若 $\bar{x} > 9.774$，接受备择假设 $H_1: \mu_1 - \mu_2 > 8.5$，这里，$\bar{x} = 9.85 > 9.774$，故拒绝原假设，可以认为该俱乐部的承诺是可信的。作为对比，考察相同背景下的两个独立样本。若调查人员随机抽取 10 名参加者训练前的体重记录，又随机抽取其他 10 名参加者训练后的体重记录，假设同样得到表 6 - 4 中的数据。计算结果如表 6 - 5 所示。

表 6 - 5　根据表 6 - 4 计算的结果

样本	样本量	均值	方差
训练前	$n_1 = 10$	$\bar{x}_1 = 101.25$	$s_1^2 = 63.40$
训练后	$n_2 = 10$	$\bar{x}_2 = 91.40$	$s_2^2 = 50.49$

由式（6 - 8），可得：

$$s_p^2 = \frac{(n_1 - 1)s_1^2 + (n_2 - 1)s_2^2}{n_1 + n_2 - 2}$$

$$= \frac{(10 - 1) \times 63.40 + (10 - 1) \times 50.49}{10 + 10 - 2} = 56.945$$

$$s_p = \sqrt{56.945} = 7.546$$

$$\hat{\sigma}_{\bar{x}_1 - \bar{x}_2} = s_p \sqrt{\frac{1}{n_1} + \frac{1}{n_2}} = 7.546 \times \sqrt{\frac{1}{10} + \frac{1}{10}} = 3.375$$

此时，t 分布的自由度为 $n_1 + n_2 - 2 = 10 + 10 - 2 = 18$，$\alpha = 0.05$，可知 $t_\alpha(18) = 1.734$。

可以计算出拒绝域的临界点为：

$8.5 + t_\alpha \hat{\sigma}_{\bar{x}} = 8.5 + 1.734 \times 3.375 = 14.352$

因为 $\bar{x}_1 - \bar{x}_2 = 101.25 - 91.40 = 9.85 < 14.352$，所以，不能拒绝 H_0，调查结

果否认该俱乐部的承诺。上述决策如图 6 – 12 所示。

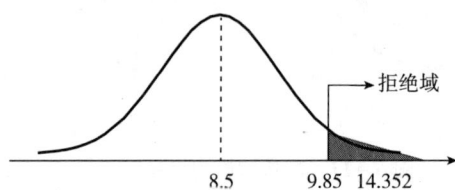

图 6 – 12 右单侧检验示意图（二）

为什么相同的数据会得出不同的结论呢？通过对比可以看出，在匹配样本的检验中，抽样分布的标准差 $\hat{\sigma}_{\bar{x}} = 0.695$，而在独立样本的检验中，抽样分布的标准差 $\hat{\sigma}_{\bar{x}_1 - \bar{x}_2} = 3.375$。与较小的标准差相比，9.85 显著大于 8.5；而与较大的标准差相比，9.85 大于 8.5 的程度则不显著。由于匹配样本本质上起到了控制观测变量影响因素的作用，因而，可以得到更为精确的推断结果。

需要注意的是，在什么情况下可以把两个样本看成是匹配样本？可以考虑下面两个例子。一个例子是研究人员检验新稻种和旧稻种是否有显著差异。如果从一个地区抽取新稻种的样本，从另一个地区抽取旧稻种的样本，则两个样本是独立的；但如果将一块地一分为二，一边用新稻种，另一边用旧稻种，这时稻种生长所依赖的土壤、水分、气候等自然条件均相同，这样的样本就是匹配样本。另一个例子是欲检验打字员在使用两种不同型号的打字机时，打字速度是否有显著差异。假设让一批打字员使用某种型号的打字机，让另一批打字员使用另一种型号的打字机，这时的样本是独立的；但如果让同一批打字员分别使用不同型号的打字机，这时的样本就是匹配样本。在两个总体参数的检验问题中，根据可能的情况采用匹配样本的设计，可以有效提高检验的效率。

第四节 检验问题的进一步说明

一、关于检验结果的解释

在前面各种类型的检验中，我们采用是否拒绝原假设 H_0 的方式达到检验目的。事实上，原假设是对于总体分布的某个未知特征的一种猜测，我们并不知道这个猜测是否正确。但是在选择 α 作为显著性的标准时，却是在 H_0 为真的前提下进行的，意思是，正常情况下，事件结果应该与原假设 H_0 相差不远，如果发生了与 H_0 不一致的、概率小于显著性水平 α 的事件，则拒绝 H_0，否则，不拒绝 H_0。这种反证法的特点，保证了犯第 I 类错误的概率不超过 α，即错误拒绝 H_0 的概率不超过 α，但无法提供有关犯第 II 类错误的信息，即不知道错误接受 H_0 的概率。因此，对于显著性水平 α 的检验准则而言，如果出现拒绝 H_0 的结果，我们可以说"结论 H_1 为真出错的概率不超过 α"。

从假设检验的原理看，不拒绝原假设意味着我们所构造的与原假设相矛盾的小概率事件没有发生，但可能会有许多其他的与原假设矛盾的小概率事件，我们没有也无法证实所有的小概率事件不会发生，因此，我们把假设检验中出现接受 H_0 的结果解释为"没有发现充足的证据反对 H_0"，或更严格地解释为"在显著性水平 α 下没有发现充足的证据反对 H_0"，而不是"接受原假设 H_0"，因为，我们无法证明原假设是真的。

二、单侧检验中假设的建立

在单侧检验中，如何建立假设是一个需要考虑的问题。如果是左侧检验，即

$H_0: \mu \geqslant \mu_0$

$H_1: \mu < \mu_0$

当 $|\bar{x} - \mu_0| < \Delta$ 时，不拒绝 H_0。

如果是右侧检验，即

$H_0: \mu \leqslant \mu_0$

$H_1: \mu > \mu_0$

当 $|\bar{x} - \mu_0| < \Delta$ 时，不拒绝 H_0。同一个数据却得出相反的结论，这种情况可以由下面的例子说明。

例 6 - 16 某种灯泡的质量标准是平均燃烧寿命不得低于 1000 小时。已知灯泡批量产品的燃烧寿命服从正态分布，且标准差为 100 小时。商店欲从工厂进货，随机抽取 81 个灯泡检查，测得 $\bar{x} = 990$，问商店是否应该购进这批灯泡（$\alpha = 0.05$）？

解：这里可以有两种假设。

第一种，认为该厂生产的灯泡不会低于规定的质量标准，故检验 $\mu \geqslant 1000$ 小

时是否成立。

$H_0: \mu \geq 1000$

$H_1: \mu < 1000$

这是左侧检验，检验统计量 Z 为：

$$Z = \frac{990 - 1000}{100/\sqrt{81}} = -0.9$$

由于 $|Z| < |Z_\alpha|$，所以不能拒绝 H_0，即可以认为该厂生产的灯泡达到了规定的质量标准。

第二种，认为该厂生产的灯泡很可能低于规定的质量标准，故检验 $\mu \leq 1000$ 小时是否成立。

$H_0: \mu \leq 1000$

$H_1: \mu > 1000$

这是右侧检验，临界值 $Z_\alpha = 1.645$ 在分布曲线的右侧，检验统计量 $Z = -0.9$，故同样不能拒绝 H_0，即认为灯泡的质量没有达到规定标准。

于是，出现了两种情况下的推断似乎矛盾的现象。这也反映了统计推断的一种特点，它不是简单地采用那种"非此即彼"的逻辑。为了便于说明，可以认为检验是在两种不同的假设背景下进行的。第一种假设的背景是，从过去的经验看，该灯泡厂有良好的声誉，商店相信该厂的质量一贯不错，于是选择 $\mu \geq \mu_0$ 作为原假设。这样做对灯泡厂是有利的，因为这使得达到质量标准的产品只以很低的概率 α 被拒收。虽然这会使商店面临接受不合格产品的风险，但厂家良好的声誉显示发生这种情况的可能性很小，商店也会因为增大货源而获利。

第二种假设的背景是，以往的经验表明，厂家的产品质量并不是很好，这时，商店就可以坚持以 $\mu \leq \mu_0$ 为原假设。这样做表明要求有较强有力的证据，商店才能相信这批产品的质量达到了标准。这就类似于说一个人一向表现不好，则必须有显著的好的表现，才能相信他确实有进步。这样做就达到了至少把 $1 - \alpha$ 的不合格产品拒之门外的目的。

由此可见，同一个问题，由于对背景的不同了解而产生了不同的态度，具体是通过选择假设的方向来体现的，这样也就不难理解前面所出现的表面矛盾。当产品质量一贯很好时，我们认为稍差的样本并不成为整批产品非优的有力证据；当产品质量一贯不好时，我们认为测试合格的样本也不成为整批产品为优的有力证据。

当然，在实际问题的检验中，我们不可能对问题的背景都有所了解，如何提出假设，特别是单侧假设的方向，便成为一个问题。遗憾的是，如何确定假设并没有固定的统一标准，假设的确定通常与所要检验的问题的性质、检验者所要达到的目的有一定关系，也与检验员的经验和知识水平有关。不过，在假设检验中，一般是把希望证明的命题作为备择假设，而把原有的、传统的观点或结论作为原假设，这样可以更好地体现假设检验的价值。设想一下，如果我们完全认可原有的东西，就没有必要去进行检验了，正是我们对原有的东西产生了怀疑，才去进行调查，希望能够用事实推翻原有的观念，得出新的结论。由于推翻原假设需要检验统计量落入拒绝域，所以原假设是具有优势的，由于小概率原理，备择假设不容易发生，一旦发生，我们就有充足的理由推翻原假设，这意味着一个新结论的诞生。但是没有拒绝原假设，并不意味着备择假设就是错的，只是还没有足够的证据表明原假设不成立。这与法庭上对被告定罪类似，总是先假定被告无罪（原假设），然后看这些证据是否能判定被告有罪（备择假设）。如果证据不充分，我们不能说被告一定清白，只是说目前的证据还无法认定被告有罪。如果证据充分，则可以得出被告有罪的定论。因而，在假设检验中，对统计结论的正确理解是很重要的。接受备择假设一定意味着原假设错误；没有拒绝原假设并不能表明备择假设一定是错的。

所谓"原有的、传统的"是指原有的理论、原有的看法、原有的状况，或者说是那些历史的、经验的、被大多数人所认可和接受的东西，在没有充分证据证明其错误时，总是假定其是正确的，处于原假设被保护的位置。而那些新的、可能的、猜测的东西则处于备择假设的位置。人们感兴趣的是那些新的、可能的、猜测的东西，希望用事实推翻原假设，实现吐故纳新。见下面几个例子：

1. 采用新技术后，会使产品的使用寿命延长到 5000 小时以上

分析：产品的使用寿命没有超过 5000 小时是原来的情况，在没有充分事实证明前不应轻易否定，因此，建立的假设为：

$H_0: \mu \leqslant 5000$　　（不能轻易否定的命题）

$H_1: \mu > 5000$　　（需要验证的命题）

2. 改进生产工艺后，会使产品的废品率降到 1% 以下

分析：以前的产品废品率在 1% 以上，改进生产工艺可以使产品废品率下降是需要验证的命题，因此，建立的假设为：

$H_0: \pi \geqslant 1\%$　　（不能轻易否定的命题）

H_1：$\pi < 1\%$ （需要验证的命题）

3. 一项研究认为，与不吸烟相比，吸烟容易导致肺癌

分析：若令 π_1 为吸烟人群的肺癌发病率，π_2 为不吸烟人群的肺癌发病率，则该命题的表述为 $\pi_1 \geqslant \pi_2$。也许有人对此有不同看法，但要推翻上述命题，验证"吸烟与肺癌无关"的新命题，则需要证据。因此，建立的假设为：

H_0：$\pi_1 \geqslant \pi_2$ （不能轻易否定的命题）

H_1：$\pi_1 < \pi_2$ （需要验证的命题）

单侧检验中，假设的建立本质上取决于检验人员对检验问题的价值判断，因此，对同一个问题提出不同方向的假设这种情况也是有的，我们不能武断地说哪种价值观对，哪种价值观错，只能在有共同标准的前提下，讨论在具体的条件下哪种假设更为合理。

习题

1. 一车床工人需要加工各种规格的工件，已知加工一工件所需的时间服从正态分布 $N(\mu, \sigma^2)$，均值为 18 分钟，标准差为 4.62 分钟。现希望测定，对工作的厌烦是否影响了他的工作效率。今测得以下数据（单位：分钟）：

21.01　19.32　18.76　22.42　20.49　25.89　20.11　18.97　20.90

试依据这些数据，取显著性水平 $\alpha = 0.05$，检验假设：

H_0：$\mu \leqslant 18$

H_1：$\mu > 18$

2. 1994 年 3 月的《美国公共健康》杂志描述了一项涉及 20143 个个体的大规模研究。文章说从脂肪中摄取热量的平均百分比是 38.4%，范围是 6% ~ 71.6%，在某大学医院进行的一项研究为了判断该医院中病人的平均摄取量是否不同于 38.4%，抽取了 15 个病人，测得平均摄取量为 40.5%，样本标准差为 7.5%。设样本来自正态总体 $N(\mu, \sigma^2)$，μ，σ^2 均未知。试取显著性水平 $\alpha = 0.05$，检验假设：

H_0：$\pi = 38.4$

H_1：$\pi \neq 38.4$

3. 某种铜溶液中测得 9 个铜含量的百分比的观察值为 8.3，标准差为 0.025。设样本来自正态总体 $N(\mu, \sigma^2)$，μ，σ^2 均未知。试依据这一样本，取显著性水平 $\alpha = 0.01$，检验假设：

$H_0: \mu \geqslant 8.42$

$H_1: \mu < 8.42$

4. 测得某地区 16 个成年男子的体重（单位：千克）为：

77.18　80.81　65.83　66.28　71.28　79.45　78.54　62.20

69.01　77.63　74.00　77.18　61.29　72.19　90.35　59.47

设样本来自正态总体 $N(\mu, \sigma^2)$，μ，σ^2 均未知，试取 $\alpha = 0.05$，检验假设：

$H_0: \mu = 72.64$

$H_1: \mu \neq 72.64$

5. 一工厂的经理主张新来的雇员在参加某项工作之前至少需要培训 200 小时才能成为独立工作者，为了检验这一主张的合理性，随机选取 10 个雇员，询问他们独立工作之前所经历的培训时间（单位：小时），记录如下：

208　180　232　168　212　208　254　229　230　181

设样本来自正态总体 $N(\mu, \sigma^2)$，μ，σ^2 均未知。试取 $\alpha = 0.05$，检验假设：

$H_0: \mu \leqslant 200$

$H_1: \mu > 200$

6. 一制造商声称他的工厂生产的某种型号电池的寿命的方差为 5000 小时，为了检验这一说法，随机取了 26 只电池测得样本方差为 7200 小时，有理由认为样本来自正态总体。现需取 $\alpha = 0.02$，检验假设：

$H_0: \sigma^2 = 5000$

$H_1: \sigma^2 \neq 5000$

7. 由某种铁的比热的 9 个观察值，得到样本标准差 $s = 0.0086$。设样本来自正态总体 $N(\mu, \sigma^2)$，μ，σ^2 均未知。试取 $\alpha = 0.05$，检验假设：

$H_0: \sigma \geqslant 0.0100$

$H_1: \sigma < 0.0100$

8. 以 X 表示耶路撒冷新生儿的体重（单位：克），设 X 来自正态总体 $N(\mu, \sigma^2)$，μ，σ^2 均未知。现测得一容量为 30 的样本，得样本均值为 3189 克，样本标准差为 488 克。试取 $\alpha = 0.1$，检验假设：

（1）　$H_0: \mu \geqslant 3315$

　　　$H_1: \mu < 3315$

(2)
$$H_0: \sigma \le 525$$
$$H_1: \sigma > 525$$

9. 两个班级 A 和 B 参加同一数学期终考试，分别在两个班级中随机抽取 9 个学生和 4 个学生，他们的得分如下：

A 班	65	68	72	75	82	85	87	91	95
B 班	50	59	71	80					

设 A 班、B 班考试成绩的总体分别为 $N(\mu_1, \sigma^2)$，$N(\mu_2, \sigma^2)$，μ_1，μ_2，σ^2 均未知，两样本独立。试取 $\alpha = 0.05$，检验假设：

$$H_0: \mu_1 \le \mu_2$$
$$H_1: \mu_1 > \mu_2$$

10. 分别在两种牌号的灯泡中各取样本容量为 $n_1 = 7$，$n_2 = 10$ 的样本，测得灯泡的寿命（单位：小时）的样本方差分别为 $s_1^2 = 9201$，$s_2^2 = 4856$。设两样本独立，两总体分别为 $X \sim N(\mu_1, \sigma_1^2)$，$Y \sim N(\mu_2, \sigma_2^2)$ 分布，μ_1，μ_2，σ_1^2，σ_2^2 均未知。试取 $\alpha = 0.05$，检验假设：

$$H_0: \sigma_1^2 \le \sigma_2^2$$
$$H_1: \sigma_1^2 > \sigma_2^2$$

11. 将双胞胎分开来抚养，一个由父母亲自带大，另一个不是由父母亲自带大。现取 14 对双胞胎测试他们的智商，智商测试得分如下：

双胞胎序号	1	2	3	4	5	6	7	8	9	10	11	12	13	14
父母亲带大 x_i	23	31	25	18	19	25	28	18	25	28	22	14	34	36
非父母带大 y_i	22	31	29	24	28	31	27	15	23	27	26	19	30	28

设各对数据的差 $D_i = x_i - y_i (i = 1, 2, \cdots, 14)$ 是来自正态总体 $N(\mu_D, \sigma_D^2)$ 的样本，μ_D，σ_D^2 均未知。当 $\alpha = 0.05$ 时，在两种不同的环境中长大的孩子，其智商得分是否一样？

12. 医生对慢走是否能降低血压（单位：毫米汞柱）这一问题感兴趣。随机选取 8 个病人，慢走一个月后，得到以下数据：

病人序号	1	2	3	4	5	6	7	8
慢走前 x_i	134	122	118	130	144	125	127	133
慢走后 y_i	130	120	123	127	138	121	132	135

设各对数据的差 $D_i = x_i - y_i (i = 1, 2, \cdots, 8)$ 是来自正态总体 $N(\mu_D, \sigma_D^2)$ 的样本，μ_D，σ_D^2 均未知。取 $\alpha = 0.05$，检验慢走后是否比慢走前血压有了降低，即检验假设：

$H_0: \mu_D \leq 0$

$H_1: \mu_D > 0$

13. 对日本西部地震在一天中发生的时间段进行统计，共观察到了 527 次地震，这些地震在一天中四个时间段的分布如下：

时间段	0~6 点	6~12 点	12~18 点	18~24 点
次数	123	135	141	128

试取 $\alpha = 0.05$，检验假设：地震在各个时间段内发生的可能性是相等的。

14. 美国 1993 年版《教育统计文摘》给出该国 18 岁或以上持有学士或更高学位的人的年龄分布如下：

年龄	18~24 岁	25~34 岁	35~44 岁	45~54 岁	55~64 岁	65 岁或以上
百分比（%）	5	29	30	16	10	10

在阿拉斯加州随机抽取 500 个 18 岁或以上的持有学士或更高学位的人，其年龄分布如下：

年龄	18~24 岁	25~34 岁	35~44 岁	45~54 岁	55~64 岁	65 岁或以上
人数	30	150	155	75	35	55

试取 $\alpha = 0.1$，检验该地区 18 岁或以上的持有学士或更高学位的人的年龄分布是否和全国一样。

第七章　分类数据分析

泰坦尼克号的死亡记录告诉了我们什么？

1912 年 4 月 10 日，被称为"世界工业史上的奇迹"的泰坦尼克号从英国南安普敦出发驶往美国纽约。富家少女罗丝与母亲及未婚夫卡尔一道上船，另一边，不羁的少年画家杰克靠在码头上的一场赌博赢到了船票。罗丝不愿嫁给卡尔，打算投海自尽，被杰克抱住。很快，美丽活泼的罗丝与英俊开朗的杰克相爱了。然而，悲剧发生了，1912 年 4 月 15 日，泰坦尼克号与冰山相撞，杰克把生存的机会让给了爱人罗丝，自己则在海中被冻死。我们后来看到的电影《泰坦尼克号》就是根据主人公的回忆拍摄的。

据记载，当时船上有 1316 名乘客和 892 名船员，共 2208 人，事故发生后幸存 718 人，约 2/3 的人在海难中丧生。2208 人中，按性别划分，男性 1738 人，女性 470 人；按年龄划分，成年人 2099 人，儿童 109 人；按所在舱位划分，一等舱 325 人，二等舱 285 人，三等舱 706 人，船员舱 892 人。在幸存的 718 人中，按性别划分，男性 374 人，女性 344 人；按年龄划分，成年人 661，儿童 57 人；按所在舱位划分，一等舱 203 人，二等舱 118 人，三等舱 178 人，船员舱 219 人。

以上都是分类数据。我们关心的是死亡与性别有关？与年龄有关？与所在舱位有关？如何解释这些问题？当时人们的价值观念和对待死亡的态度有什么联系？通过本章的学习，可以回答所提出的问题。

本章讨论的统计方法主要用于分类数据的分析，其方法主要是利用 χ^2 检验，也可以称为 χ^2 分布。χ^2 检验主要应用在两个方面：拟合优度检验和独立性检验。列联表是进行独立性检验的重要工具。

第一节 分类数据与 χ^2 统计量

一、分类数据

在第一章中已经给出统计数据的分类，根据数据的计量尺度不同，可以分为分类数据、顺序数据和数值型数据。分类数据是对事物进行分类的结果，例如：在涉及个人基本信息的表格中常常会要求填写性别。性别是一个分类数据，可以分为男和女，为了方便数据的汇总，我们可以分别用"1"和"2"来表示男和女。如果调查结果为"1"，则表示性别为男性，调查结果为"2"，则表示性别为女性。对这类问题的分析是在汇总数据的基础上进行的，数据汇总的结果表现为频数。

在本章开篇泰坦尼克号海难的例子中，海难发生后，幸存者718人，其中，男性374人，女性344人。而幸存的男性374人和女性344人都是事件结果，以频数的方式表现。

在一些问题的研究中，数值型数据也可以转化为分类数据。例如，"成绩"是一个数值型数据，但如果研究成绩分布，则可以按照一定的标准把不同成绩分为不同档次，如"优""良""中""差"等。各档次成绩的统计结果就是频数。

既然分类数据的统计结果是频数，χ^2 检验就是利用分类数据的频数进行分析的统计方法。

二、χ^2 统计量

概率论中对 χ^2 分布已经有所介绍。本章将结合研究的问题，讨论 χ^2 统计量的应用。χ^2 可以用于测定两个分类变量之间的相关程度。若用 f_o 表示观察值频数（observed frequency），用 f_e 表示期望值频数（expected frequency），则 χ^2 统计量可以写为：

$$\chi^2 = \sum \frac{(f_o - f_e)^2}{f_e} \tag{7-1}$$

χ^2 统计量有如下特征：

首先，$\chi^2 \geq 0$，因为式（7-1）中的分子、分母取值均非负；

其次，χ^2 统计量的分布与自由度有关；

最后，χ^2 统计量描述了观察值与期望值的接近程度。

两者越接近，$f_o - f_e$ 的绝对值越小，$(f_o - f_e)^2$ 越小，计算出的 χ^2 值就越小；反之，$f_0 - f_e$ 的绝对值越大，$(f_o - f_e)^2$ 越大，计算出的 χ^2 值也越大。χ^2 检验通过对 χ^2 的计算结果与 χ^2 分布中的临界值进行比较，做出是否拒绝原假设的统计决策。

χ^2 分布与自由度的关系，如图7-1所示。图7-1显示了自由度分别为1、5和10时相应的 χ^2 分布。

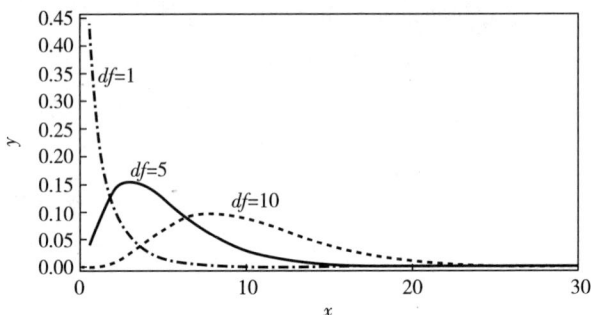

图7-1　自由度分别为1、5和10时的 χ^2 分布图

由图7-1看出，自由度越小，分布就越向左边倾斜，随着自由度的增加，χ^2 分布的偏斜程度趋于缓解，逐渐显露出对称性，随着自由度的增大，χ^2 分布将趋近于对称的正态分布。

因此，利用 χ^2 统计量，可以对分类数据进行拟合优度检验和独立性检验。

第二节　拟合优度检验

拟合优度检验（goodness of fit test）是用 χ^2 统计量进行统计显著性检验的重要内容之一。它是依据总体分布状况，计算出分类变量中各类别的期望频数，与分布的观察频数进行对比，判断期望频数与观察频数是否有显著差异，从而达到对分类变量进行分析的目的。

例如，在泰坦尼克号的例子中，我们关注这次海难中幸存者的性别是否有显著差异。当时船上共有 2208 人，其中，男性 1738 人，女性 470 人。海难发生后，幸存者共 718 人，其中，男性 374 人，女性 344 人。海难后存活比率为 $718 \div 2208 = 0.325$。如果是否活下来与性别没有关系，那么按照这个比率，在 1738 位男性中应该存活 $1738 \times 0.325 = 565$ 人，在 470 位女性中应该存活 $470 \times 0.325 = 153$ 人。565 和 153 就是期望频数，而实际存活人数就是观察频数。通过期望频数和观察频数的比较，能够从统计角度做出存活状况与性别是否有关的判断。

下面我们把这个例子作为一个假设问题提出。

例 7 – 1 泰坦尼克号与冰山相撞沉没时，船上共有 2208 人，其中，男性 1738 人，女性 470 人。海难发生后，幸存者共 718 人，其中，男性 374 人，女性 344 人，以 $\alpha = 0.1$ 的显著性水平检验存活状况与性别是否有关。

解：在本例中，需要判断观察频数与期望频数是否一致。

$H_0 : f_0 = f_e$

$H_1 : f_0 \neq f_e$

计算步骤如下：

步骤一：计算 $(f_0 - f_e)$；

步骤二：计算 $(f_0 - f_e)^2$；

步骤三：计算 $(f_0 - f_e)^2 / f_e$；

步骤四：计算 $\chi^2 = \sum \dfrac{(f_0 - f_e)^2}{f_e} = 303$。

依据式（7 – 1），将 χ^2 值的计算过程列表，见表 7 – 1。

表 7 – 1　验证性别的 χ^2 计算表

性别	观察频数 f_0	期望频数 f_e	步骤一 $(f_0 - f_e)$	步骤二 $(f_0 - f_e)^2$	步骤三 $(f_0 - f_e)^2 / f_e$	步骤四 $\chi^2 = \sum \dfrac{(f_0 - f_e)^2}{f_e}$
男	374	565	– 191	36481	64.6	303
女	344	153	191	36481	238.4	

自由度的计算公式为 $df = R - 1$，R 为分类变量类型的个数。在本例中，分类变量是性别，有男、女两个类别，故 $R = 2$，自由度 $df = 2 - 1 = 1$，经查 χ^2 分布表，$\chi_{0.1}^2(1) = 2.706$。因为 χ^2 远大于 $\chi_{0.1}^2$，故拒绝 H_0，接受 H_1，说明存活状况与性别显著相关。同样的方法还可以对这个例子中的年龄、舱位情况进行检验。

例 7 - 2　泰坦尼克号与冰山相撞沉没时，船上共有 2208 人，其中，成人 2099 人，占比 95.06%，儿童 109 人，占比 4.94%。海难发生后，幸存者共 718 人，其中，成人 661 人，儿童 57 人，以 $\alpha = 0.1$ 的显著性水平检验存活状况与年龄是否有关。

解：在本例中，需要判断观察频数与期望频数是否一致。

H_0：$f_0 = f_e$

H_1：$f_0 \neq f_e$

依据式（7 - 1），将 χ^2 值的计算过程列表，见表 7 - 2。

表 7 - 2　验证年龄的 χ^2 计算表

年龄	观察频数 f_0	期望频数 f_e	步骤一 $(f_0 - f_e)$	步骤二 $(f_0 - f_e)^2$	步骤三 $(f_0 - f_e)^2/f_e$	步骤四 $\chi^2 = \sum \dfrac{(f_0 - f_e)^2}{f_e}$
成人	661	683	-22	484	0.7	14.5
儿童	57	35	22	484	13.8	

在本例中，分类变量是年龄，有成人、儿童两个类别，故 $R = 2$，自由度 $df = 2 - 1 = 1$，经查 χ^2 分布表，$\chi_{0.1}^2(1) = 2.706$。因为 χ^2 大于 $\chi_{0.1}^2$，故拒绝 H_0，接受 H_1，说明存活状况与年龄显著相关。

例 7 - 3　泰坦尼克号与冰山相撞沉没时，船上共有 2208 人，其中，一等舱 325 人，二等舱 285 人，三等舱 706 人，船员舱 892 人，分别占比 14.72%、12.91%、31.97% 和 40.40%。海难发生后，幸存者共 718 人，其中，一等舱 203 人，二等舱 118 人，三等舱 178 人，船员舱 219 人，以 $\alpha = 0.1$ 的显著性水平检验存活状况与年龄是否有关。

解：在本例中，需要判断观察频数与期望频数是否一致。

H_0：$f_0 = f_e$

H_1：$f_0 \neq f_e$

依据式（7-1），将 χ^2 值的计算过程列表，见表7-3。

表 7-3　验证舱位的 χ^2 计算表

舱位	观察频数 f_0	期望频数 f_e	步骤一 (f_0-f_e)	步骤二 $(f_0-f_e)^2$	步骤三 $(f_0-f_e)^2/f_e$	步骤四 $\chi^2=\sum\dfrac{(f_0-f_e)^2}{f_e}$
一等舱	203	108	95	9025	83.6	
二等舱	118	93	25	625	6.7	118.2
三等舱	178	230	-52	2704	11.8	
船员舱	219	287	-68	4624	16.1	

在本例中，分类变量是舱位，有一等舱、二等舱、三等舱和船员舱四个类别，故 $R=4$，自由度 $df=4-1=3$，经查 χ^2 分布表，$\chi^2_{0.1}(3)=6.251$。因为 χ^2 远大于 $\chi^2_{0.1}$，故拒绝 H_0，接受 H_1，说明存活状况与舱位显著相关。

以上分析表明，发生海难后的存活状况与性别、年龄、舱位显著相关。

第三节　列联分析：独立性检验

拟合优度检验是对一个分类变量的检验，有时我们会遇到两个分类变量的问题，看这两个分类变量是否存在联系。例如，我们将阅读习惯分为早上读、中午读、晚上读和经常读四种，把文化程度也分为大学以上、大学及中专、高中、高中以下四种，我们希望找到阅读习惯与文化程度之间的关联。对阅读习惯和文化程度这两个分类变量的分析，称为独立性检验，分析过程可以通过列联表的方式呈现，因此，有人把这种分析称为列联分析。

一、列联表

列联表（contingency table）是将两个以上的变量进行交叉分类的频数分布表。

例7-4　某报社关心其读者的阅读习惯是否与文化程度有关，随机抽取了

·173·

254 个样本，按阅读习惯和文化程度构造列联表（$\alpha = 0.05$），如表 7-4 所示。

表 7-4　阅读习惯和文化程度构造列联表　　　　单位：人

阅读习惯	大学以上	大学及中专	高中	高中以下	合计
早上读报	6	13	14	17	50
中午读报	12	16	8	8	44
晚上读报	38	40	11	6	95
经常读报	21	22	9	13	65
合计	77	91	42	44	254

表 7-4 是一个 4×4 列联表，表中的行（row）标题是阅读习惯，表中的列（column）标题是文化程度。表中的每个数据都反映了阅读习惯和文化程度两个方面的信息。由于列联表中的每个变量都可以有两个或两个以上的类别，因此，会有多种形式。可以将横向变量（行）的划分类别视为 R，纵向变量（列）的划分类别视为 C，这样就可以把每一个具体的列联表称为 $R \times C$ 列联表，如把表 7-4 称为 4×4 列联表。

二、独立性检验

独立性检验就是分析列联表中行变量和列变量是否相互独立。独立性检验关键就是要借助于相互独立事件，求出期望频数。概率论中，相互独立事件可以表述为：

$$P(AB) = P(A)P(B) \tag{7-2}$$

例 7-5　检验阅读习惯和文化程度是否存在依赖关系。

解：H_0：阅读习惯和文化程度之间是独立的（不存在依赖关系）。

H_1：阅读习惯和文化程度之间不独立（存在依赖关系）。

在早上读报这一行中，合计人数为 50，用 6/50 作为大学以上早上读报的占比。在大学以上这一列中，用 6/77 作为大学以上早上读报的占比。如果阅读习惯和文化程度之间是独立的，则可以用下面的公式估计第一个单元（早上读报，大学以上）的概率值。

令事件 A 代表"早上读报习惯"，事件 B 代表"大学以上学历"。

根据式（7-2），有：

$$P(AB) = P(A)P(B) = \frac{6}{50} \times \frac{6}{77} = 0.0094$$

第一个单元中相应的频数期望值为：$0.0094 \times 254 = 2.3751$。

一般地，可以采用下式计算任何一个单元中频数的期望值：

$$f_e = \frac{RT}{n} \times \frac{CT}{n} \times n$$

$$= \frac{RT \times CT}{n} \qquad\qquad (7-3)$$

式（7-3）中，f_e 为给定单元中的频数期望值；RT 为给定单元所在行的合计；CT 为给定单元所在列的合计；n 为观察值的总个数，即样本量。

由表 7-4 和式（7-3），计算结果如表 7-5 所示。

表 7-5 4×4 列联表的期望值及 χ^2 计算结果

行	列	f_0	f_e	$f_0 - f_e$	$(f_0 - f_e)^2$	$(f_0 - f_e)^2/f_e$	$\chi^2 = \sum \frac{(f_0 - f_e)^2}{f_e}$
1	1	6	2.3751	3.6249	13.1402	5.5325	
1	2	13	10.7957	1.2043	1.4502	0.1343	
1	3	14	50.1403	-12.1403	147.3859	2.9395	
1	4	17	22.3804	-1.3804	1.9056	0.0851	
2	1	12	9.4343	3.5657	12.7143	1.3477	
2	2	16	16.2398	-0.2398	0.0575	0.0035	
2	3	8	47.0098	-7.0098	49.1377	1.0453	
2	4	8	20.7838	1.2162	1.4792	0.0712	
3	1	38	23.7067	-9.7067	94.2194	3.9744	31.8611
3	2	4	8.7965	-0.7965	0.6345	0.0721	
3	3	11	7.7028	3.2972	10.8718	1.4114	
3	4	6	7.5363	1.4637	2.1425	0.2843	
4	1	21	33.3664	-16.3664	267.8579	8.0278	
4	2	22	8.3967	-0.3967	0.1574	0.0187	
4	3	9	2.1876	3.8124	14.5347	6.6443	
4	4	13	15.0091	-2.0091	4.0364	0.2689	

χ^2 的自由度 $= (R-1) \times (C-1) = 9$。令 $\alpha = 0.05$，查表知：$\chi^2_{0.05}(9) =$

16.9190。由于 $\chi^2 > \chi^2_{0.05}(9)$，故拒绝 H_0，接受 H_1，即阅读习惯和文化程度之间不独立，存在依赖关系。

最后，剖析一下 χ^2 检验中自由度计算的原理。如前所述，自由度是可以自由取值的数据的个数，采用自由度 $=($行数$-1) \times ($列数$-1) = (R-1) \times (C-1)$ 的公式计算。这样做的原因可以通过以下例子说明。

假如现在我们有一个 3×4 列联表，如表 7-6 所示。

表 7-6　自由度计算说明表

	C_1	C_2	C_3	C_4	合计
R_1	√	√	√	*	RT_1
R_2	√	√	√	*	RT_2
R_3	*	*	*	0	RT_3
合计	CT_1	CT_2	CT_3	CT_4	

注：√表示可以自由取值的数据；* 和 0 表示不能自由取值的数据。

由表 7-6 可知，RT_1、RT_2、RT_3 分别表示行的合计，CT_1、CT_2、CT_3、CT_4 分别表示列的合计。首先，考察列联表中的第一行，在行合计 RT_1 确定的情况下，这一行可以自由取值的数据只有 3 个，这里假定取前 3 个，用 √ 表示，最后一个无法自由取值，用 * 表示；在第二行，在行合计 RT_2 已经确定的情况下，这一行可以自由取值的数据也只有 3 个，因此，第 4 个不能自由取值的数据也用 * 表示；在第三行，第一个数据（R_3，C_1）不能自由取值，因为在列合计 CT_1 已经确定的情况下，第一列的前两个数据已经自由取值，同理，第三行中的第二和第三个数据也不能自由取值，因此，这一行的前三个数据均用 * 表示；第三行的第四个数据也不能自由取值，用 0 表示，因为不论从行或列来看，它前面的数据均是无法自由取值的，意味着该值已经确定，在行、列合计确定的情况下，这个值也就无法自由选取。表 7-6 是一个 3×4 列联表，自由度为 6，即：

自由度 $= (R-1) \times (C-1) = (3-1) \times (4-1) = 6$

第四节 列联表中的相关测量

前文讨论了利用 χ^2 分布对两个分类变量之间的相关性进行统计检验。如果变量相互独立，说明它们之间没有联系；反之，则认为它们之间存在联系。接下来的问题是，如果变量之间存在联系，它们之间的相关程度有多大？这一节主要讨论这个问题。

两个变量之间相关程度，主要用相关系数表示。正如前文所言，列联表中的变量通常是类别变量，它们所表现的是研究对象的不同品质类别。所以，可以把这种分类数据之间的相关称为品质相关。经常用到的品质相关系数有以下几种。

一、φ 相关系数

φ 相关系数是描述 2×2 列联表数据相关程度最常用的一种相关系数。它的计算公式为：

$$\varphi = \sqrt{\frac{\chi^2}{n}} \qquad (7-4)$$

式（7-4）中，χ^2 是按式（7-1）计算出的 χ^2 值；n 为列联表中的总频数，也即样本量。系数 φ 适合 2×2 列联表，是因为对于 2×2 列联表中的数据，计算出的 φ 系数可以控制在 $0 \sim 1$ 这个范围内。表 7-7 是一个简化的 2×2 列联表。表 7-7 中，a，b，c，d 均为条件频数。由上节分析可知，当变量 X，Y 相互独立，不存在相关时，频数间应有下面的关系：

$$\frac{a}{a+c} = \frac{b}{b+d}$$

表 7-7 2×2 列联表

因素 Y	因素 X		合 计
	x_1	x_2	
y_1	a	b	$a+b$
y_2	c	d	$c+d$
合 计	$a+c$	$b+d$	$a+b+c+d$

化简后有：

$$ad = bc$$

因此，差值 $ad - bc$ 的大小可以反映变量之间相关程度的高低。差值越大，说明两个变量的相关程度越高。φ 系数就是以 $ad - bc$ 的差值为基础，对两个变量相关程度的测定。

由式（7 – 3）可知，在 2×2 列联表中，每个单元中频数的期望值为：

$$e_{11} = \frac{(a+b)(a+c)}{n}$$

$$e_{21} = \frac{(a+c)(c+d)}{n}$$

$$e_{12} = \frac{(a+b)(b+d)}{n}$$

$$e_{22} = \frac{(b+d)(c+d)}{n}$$

由式（7 – 1），有：

$$\chi^2 = \frac{(a - e_{11})^2}{e_{11}} + \frac{(a - e_{12})^2}{e_{12}} + \frac{(a - e_{21})^2}{e_{21}} + \frac{(a - e_{22})^2}{e_{22}}$$

$$= \frac{n(ad - bc)^2}{(a+b)(c+d)(a+c)(b+d)}$$

将此结果代入式（7 – 4），得到：

$$\varphi = \sqrt{\frac{\chi^2}{n}}$$

$$= \frac{ad - bc}{\sqrt{(a+b)(c+d)(a+c)(b+d)}} \tag{7 – 5}$$

当 $ad = bc$ 时，表明变量 X，Y 之间相互独立，这时 $\varphi = 0$。若 $b = 0$，$c = 0$，由式（7 – 5）计算的 $\varphi = 1$，这是 X 与 Y 完全相关的一种情况。同样，若 $a = 0$，$d = 0$，由式（7 – 5）计算的 $\varphi = -1$，这也是 X 与 Y 完全相关的一种情况。

由于列联表中变量的位置可以任意变换，因此，φ 的符号在这里没有什么实际意义，$|\varphi| = 1$ 只是表明 X 与 Y 完全相关。由表 7 – 7 可知，当 $|\varphi| = 1$ 时，必有某个方向对角线上的值全为零，如表 7 – 8 和表 7 – 9 所示。

表中的含义也是清楚的。例如，一个变量表示性别（男和女），另一个变量表示态度（赞成和反对）。$|\varphi| = 1$ 说明，男性全部赞成，女性全部反对；或者男性全部反对，女性全部赞成。现实中这种情况比较罕见，因此，φ 系数的取值范

围在 $0 \sim 1$，φ 的绝对值越大，说明变量 X 与 Y 的相关程度越高。

表 7 - 8　完全相关时的 2 × 2 列联表

因素 Y	因素 X	
	x_1	x_2
y_1	a	0
y_2	0	d

表 7 - 9　完全相关时的另一种 2 × 2 列联表

因素 Y	因素 X	
	x_1	x_2
y_1	0	b
y_2	c	0

但是，当列联表 $R \times C$ 中的行数 R 或列数 C 大于 2 时，φ 系数将随着 R 或 C 的变大而增大，且值没有上限。这时用 φ 系数测定两个变量的相关程度就不够清晰，可以采用列联相关系数。

二、列联相关系数

列联相关系数又称列联系数（coefficient of contingency），简称 c 系数，主要用于大于 2 × 2 的列联表。c 系数的计算公式为：

$$c = \sqrt{\frac{\chi^2}{\chi^2 + n}} \tag{7-6}$$

当列联表中的两个变量相互独立时，系数 $c = 0$，并且它不可能大于 1，这一点从式（7 - 6）中也可以看出来。c 系数的特点是，其可能的最大值依赖于列联表的行数和列数，且随着 R 和 C 的增大而增大。例如，当两个变量完全相关时，对于 2 × 2 列联表，$c = 0.7071$；对于 3 × 3 列联表，$c = 0.8165$；而对于 4 × 4 列联表，$c = 0.87$。因此，根据不同的行和列计算的列联系数不便于比较，除非两个列联表的行数和列数一致。这是列联系数的局限性，但由于其计算简便，且对总体的分布没有任何要求，所以列联系数不失为一种适应性较广的测度值。

三、V 相关系数

鉴于 φ 系数无上限，c 系数小于 1 的情况，格莱姆（Gramer）提出了 V 相关系数，V 相关系数的计算公式为：

$$V = \sqrt{\frac{\chi^2}{n \times \min[(R-1),(C-1)]}} \qquad (7-7)$$

它的计算也是以 χ^2 值为基础的。式(7-7)中的 $\min[(R-1),(C-1)]$ 表示取 $(R-1)$，$(C-1)$ 中较小的一个。当两个变量相互独立时，$V=0$；当两个变量完全相关时，$V=1$，所以 V 的取值在 $0 \sim 1$。如果列联表中有一维为 2，即 $\min[(R-1),(C-1)]=1$，则 V 值就等于 φ 值。

四、数值分析

用前文中例 7-4 的数据，分别计算 φ 系数、c 系数和 V 系数。

在例 7-5 中，我们对阅读习惯和文化程度是否存在依赖关系进行了独立性检验，结果表明，阅读习惯和文化程度之间存在相关。我们提出的下一个问题是，这种相关程度有多高，能否给出数量化描述？

由前已知，$\chi^2 = 31.8610$，列联表的总频数 $n = 254$，这是一个 4×4 列联表。因此，可得：

$$\min[(R-1),(C-1)] = 4 - 1 = 3$$

$$\varphi = \sqrt{\frac{\chi^2}{n}} = \sqrt{\frac{31.8160}{254}} = 0.3539$$

$$c = \sqrt{\frac{\chi^2}{\chi^2 + n}}$$

$$= \sqrt{\frac{31.8160}{31.8160 + 254}}$$

$$= 0.3336$$

$$V = \sqrt{\frac{\chi^2}{n \times \min[(R-1),(C-1)]}}$$

$$= \sqrt{\frac{31.8160}{254 \times 3}}$$

$$= 0.2043$$

对于 φ 而言，当 $R>2$，$C>2$ 时，φ 值有可能突破1，相比之下，$\varphi=0.3539$ 不能认为对于 c 而言，其结果必然低于 φ 值，因为 c 值总是小于1。对于 V 而言，$V=0.2043$ 则更小。

综合起来可以认为，虽然检验表明阅读习惯和文化程度存在一定关系，但这种关系的密切程度却不太高。这意味着，除了文化程度之外，还有其他因素对阅读习惯产生了更大的影响。

上面的例子还说明，对于同一个数据，系数 φ、c、V 的结果不同。同样，对于不同的列联表，行数和列数的差异也会影响系数值。因此，在对不同列联表变量之间的相关程度进行比较时，不同列联表中行与列的个数要相同，并且采用同一种系数，这样的系数值才具有可比性。

第五节　列联分析中应注意的问题

一、条件百分表的方向

一般来说，在列联表中变量的位置是任意的。也就是说，变量 X 既可以放在列的位置，也可以放在行的位置。如果变量 X 与 Y 存在因果关系，X 为自变量（原因），Y 为因变量（结果），那么，一般的做法是把自变量 X 放在列的位置。条件百分表多按自变量的方向计算，因为这样能更好地表示原因对结果的影响。表 7-10 就是一个表示职业和价值取向关系的 2×2 列联表。

表 7-10　职业与价值取向

价值取向 Y		职业 X	
		制造业	服务业
物质报酬	人数（人）	105	45
	占比（%）	72	56
人情关系	人数（人）	40	35
	占比（%）	28	44
合计	人数（人）	145	80
	占比（%）	100	100

表 7 - 10 中数据显示，总共调查了 225 人，其中，制造业 145 人，服务业 80 人。在制造业被调查者中，以物质报酬为价值取向的有 105 人，占该群体的 72%；以人情关系为价值取向的有 40 人，占该群体的 28%。而在服务业被调查者中，以物质报酬为价值取向的有 45 人，占该群体的 56%；以人情关系为价值取向的有 35 人，占该群体的 44%。数据表明，与制造业相比，服务业人员更注重人情关系。人们的职业背景不同，工作的价值观有可能不同。

但是，有时也有例外。如果因变量在样本内的分布不能代表其在总体内的分布，为了满足分析的需要，抽样时扩大了因变量某项内容的样本量，这时仍按自变量的方向计算百分表就会歪曲实际情况。例如，社会学家欲研究家庭状况（自变量）对青少年犯罪（因变量）的影响。该地区有未犯罪青少年 10000 人和犯罪青少年 150 人。如果从未犯罪的青少年中抽取 1%，即 100 名进行研究，则用相同比例从犯罪青少年中抽取的样本量仅为 1.5 人。显然，这么少的数量无法满足对比研究的需要。因此，对犯罪青少年的抽样比要扩大，譬如扩大到 1/2，即抽取 75 人。假定从两个样本调查所获得的数据如表 7 - 11 所示。

表 7 - 11　家庭状况与青少年犯罪　　　　单位：人

青少年行为	家庭状况		合计
	完整家庭	离异家庭	
犯罪	38	37	75
未犯罪	92	8	100
合计	130	45	175

由表 7 - 11 可以计算其条件百分表，如表 7 - 12 所示。

表 7 - 12　家庭状况与青少年犯罪百分表（一）

青少年行为	家庭状况	
	完整家庭	离异家庭
犯罪（%）	29	82
未犯罪（%）	71	18

由表 7 - 12 得到的结果是，在完整家庭接受调查的 130 人中，犯罪青少年所

占的比例是29%，这个比例高达近1/3，这是令人吃惊的。其实，这个比例是被歪曲的，这是由于抽样时扩大了对犯罪青少年抽取的数量。如果把计算百分表的方向变换一下，改为按因变量方向计算，则得到表7-13。

表7-13　家庭状况与青少年犯罪百分表（二）

家庭状况	青少年行为	
	犯罪（%）	未犯罪（%）
完整家庭	51	92
离异家庭	49	8

从表7-13看出，在完整家庭中，未犯罪青少年的比例占92%，而在离异家庭中，这个比例仅为8%。完整家庭的青少年未犯罪率远远高于离异家庭，家庭状况对青少年行为的影响得到了比较真实的反映。

二、χ^2 分布的期望值准则

前文谈到用 χ^2 分布进行独立性检验，样本量必须足够大，特别是每个单元中的期望频数（理论频数）不能过小，否则，应用 χ^2 检验可能会得出错误的结论。关于小单元的频数通常有两条准则：一条准则是，如果只有两个单元，则每个单元的期望频数必须是5或5以上，如表7-14所示。

表7-14　说明表（一）

以往病史	f_0	f_e
未患过肝炎	532	531
患过肝炎	4	5

表7-14中有两个单元：患过肝炎和未患过肝炎。由于样本量足够大，每个单元的期望频数 $f_e \geq 5$，因此，可以使用 χ^2 检验。

另一条准则是，倘若有两个以上的单元，20%的单元的期望频数 f_e 小于5，则不能使用 χ^2 检验。根据这个准则，表7-15中的数据可以计算 χ^2，因为6个单元中只有1个单元的期望频数小于5，而表7-16中的数据不能用于 χ^2 检验，因为7个单元中有3个单元的期望频数小于5。

表 7 – 15   说明表（二）

类别	f_0	f_e
A	28	26
B	49	47
C	18	23
D	6	4
E	92	88
F	20	25
合计	213	213

表 7 – 16   说明表（三）

类别	f_0	f_e
A	30	32
B	110	113
C	86	87
D	23	24
E	5	2
F	5	4
G	4	1
合计	213	213

可以用表 7 – 16 中的数据来说明第二条准则。仔细观察会发现，表 7 – 16 中的 f_0 与 f_e 非常接近，最大的差别是 3，期望值与观察值拟合得很好，它们之间并无显著差别。然而，用 $\alpha = 0.05$ 的 χ^2 进行检验，则会得到：

$$\chi^2 = 14.01$$

$$\chi^2_{0.05}(6) = 12.592$$

因为 $\chi^2 > \chi^2_{0.05}(6)$，所以拒绝原假设 H_0，结论是期望值与观察值之间存在显著差别。显然，这个结论并不符合逻辑。如果将这个例子中的某些类别合并，使得 $f_e \geqslant 5$，则麻烦解除。例如，将表 7 – 16 中的类别 E、F、G 合并，合并后的 $f_0 = 5 + 5 + 4 = 14$，$f_e = 2 + 4 + 1 = 7$，此时虽然 f_0 与 f_e 之间的差别扩大到 7，但通过计算会发现：

$$\chi^2 = 7.26$$

$\chi_{0.05}^2(4) = 9.448$

因为 $\chi^2 < \chi_{0.05}^2(4)$，所以不能拒绝 H_0，结论是期望值与观察值之间不存在显著差别，这是一个更合乎逻辑的结论。

由此可知，如果期望频数 f_e 过小，$\dfrac{(f_0 - f_e)^2}{f_e}$ 将会不适当的增大，造成对 χ^2 的高估，从而导致拒绝 H_0 的结论。处理的方法是将较小的 f_e 合并，这样便可得到合理的结论。

习题

1. 市场研究人员欲研究不同收入群体对某种特定商品是否有相同的购买习惯，他们调查了四个不同收入组的消费者共 527 人，购买习惯分为经常购买、不购买、有时购买。调查结果如下表所示：

项目	低收入组	偏低收入组	偏高收入组	高收入组
经常购买	25	40	47	46
不购买	69	51	74	57
有时购买	36	26	19	37

（1）提出假设；

（2）计算 χ^2 值；

（3）以 $\alpha = 0.1$ 的显著性水平进行检验；

（4）计算 φ 系数、c 系数和 V 系数。

2. 从总体中随机抽取 $n = 200$ 的样本，调查后按不同属性归类，得到如下结果：

$n_1 = 28$　　$n_2 = 56$　　$n_3 = 48$　　$n_4 = 36$　$n_5 = 32$

依据经验数据，各类别在总体中的比例分别为：

$\pi_1 = 0.1$　$\pi_2 = 0.2$　$\pi_3 = 0.3$　$\pi_4 = 0.2$　$\pi_5 = 0.2$

以 $\alpha = 0.1$ 的显著性水平进行检验，说明现在的情况与经验数据相比是否发生了变化。

3. 教学改革后，学生有了更多的选课自由，但学院领导在安排课程上面临新的问题。例如，MBA 研究生班的学生选课的变化常常很大，去年的学生很多人选会计课，但今年的学生很多人选市场营销课。由于事先无法确定究竟有多少学生选各门课程，所以无法有效进行教学安排。有人发现，学生所选课程与其本科所学专业有关。为此，学院领导对学生本科所学专业和 MBA 三门课程的选修情况做了统计，得到如下结果：

本科专业	MBA 所选课程		
	会计	统计	市场营销
专业一	31	13	16
专业二	8	16	7
专业三	12	10	17
专业四	10	5	7

（1）以 $\alpha = 0.05$ 的显著性水平，检验学生本科所学专业是否影响其读 MBA 期间所选的课程；

（2）计算 P 值。

第八章　方差分析

新药的临床试验

新药在广泛用于临床之前，需要先在动物身上进行试验，证明它安全有效，然后，在健康的志愿者中进行一个剂量或一个疗程的耐受试验，证明人体能够耐受并给出将来临床上能够使用的安全剂量，最后，在患者身上进行临床试验。

我国的《新药审批办法》规定，新药的临床试验分为 Ⅰ、Ⅱ、Ⅲ、Ⅳ 期。Ⅰ期临床试验：初步的临床药理学及人体安全性评价试验。观察人体对于新药的耐受程度和药物代谢，为制定给药方案提供依据。Ⅱ期临床试验：随机盲法对照临床试验。对新药有效性及安全性作出初步评价，推荐临床给药剂量。Ⅲ期临床试验：扩大的多中心临床试验。应遵循随机对照原则，进一步评价药物的有效性、安全性。Ⅳ期临床试验：新药上市后的监测。在广泛使用的条件下考察药物的疗效和不良反应（注意罕见不良反应）。

实验设计是取得数据的有效方法，而实验设计数据的分析方法主要是本章将要介绍的方差分析。

方差分析是在 20 世纪 20 年代发展起来的一种统计方法，它是由英国统计学家费希尔在进行实验设计时为解释实验数据而首先引入的。目前，方差分析方法广泛用于分析心理学、生物学、工程和医药领域的实验数据。从形式上看，方差分析用于比较多个总体的均值是否相等，但本质上它所研究的是变量之间的关系。研究一个或多个分类型自变量与一个数值型因变量之间的关系时，方差分析是主要方法之一。本章将要介绍的内容包括单因素方差分析、双因素方差分析和实验设计的基本知识。

第一节　方差分析引论

与前文介绍的假设检验方法相比，方差分析不仅可以提高检验的效率，同时，由于它将所有的样本信息结合在一起，因此，增加了分析的可靠性。例如，设 4 个总体的均值分别为 μ_1，μ_2，μ_3，μ_4，如果用一般假设检验方法，如 t 检验，一次只能研究两个样本，要检验 4 个总体的均值是否相等，需要做 $C_4^2 = 6$ 次检验：

检验 1：H_0：$\mu_1 = \mu_2$；

检验 2：H_0：$\mu_1 = \mu_3$；

检验 3：H_0：$\mu_1 = \mu_4$；

检验 4：H_0：$\mu_2 = \mu_3$；

检验 5：H_0：$\mu_2 = \mu_4$；

检验 6：H_0：$\mu_3 = \mu_4$。

很显然，做这样的两两检验比较繁琐。如果 $\alpha = 0.05$，即每次检验犯第 I 类错误的概率都是 0.05，多次检验会使犯第 I 类错误的概率相应增加，检验完成时，犯第 I 类错误的概率会大于 0.05，如连续 6 次检验犯第 I 类错误的概率为 $1 - (1 - \alpha)^6 = 1 - 0.95^6 = 0.2649$，而置信水平则会降低到 0.7351，即 0.95^6。

一般来说，随着个体显著性检验的次数增加，偶然因素导致差别的可能性也会增加，并非均值真的存在差别。方差分析方法则是同时考虑所有的样本，因此，排除了错误累积的概率，从而避免了拒绝一个真实的原假设的可能性。

一、方差分析及其有关术语

表面上看，方差分析是检验多个总体均值是否相等的统计方法，但本质上它所研究的是分类型自变量对数值型因变量的影响，例如，变量之间有没有关系，关系的强度如何，等等。方差分析（Analysis of Variance，ANOVA）就是通过检验各总体的均值是否相等，来判断分类型自变量对数值型因变量是否有显著影响。

为更好地理解方差分析的含义，先通过一个例子来说明方差分析的有关概念以及方差分析所要解决的问题。

例8-1 消费者与产品生产者、销售者或服务提供者之间经常发生纠纷。发生纠纷后，消费者常常会向消费者协会投诉。为了对几个行业的服务质量进行评价，消费者协会在零售业、旅游业、航空公司、家电制造业分别抽取了不同的企业作为样本。其中，零售业抽取7家，旅游业抽取6家，航空公司抽取5家，家电制造业抽取5家。假定每个行业中所抽取的这些企业，在服务对象、服务内容、企业规模等方面基本上是相同的。统计出最近一年中消费者对这23家企业投诉的次数，结果如表8-1所示。

表8-1 四个行业23家企业被投诉次数

零售业	旅游业	航空公司	家电制造业
57	68	31	44
66	39	49	51
49	29	21	65
40	45	34	77
34	56	40	58
53	51	—	—
44	—	—	—

一般而言，受到投诉的次数越多，说明服务的质量越差。消费者协会想知道这几个行业之间的服务质量是否有显著差异。

解：要分析四个行业之间的服务质量是否有显著差异，实际上，也就是要判断行业对被投诉次数是否有显著影响，作出这种判断，要检验这四个行业被投诉次数的均值是否相等。如果均值相等，就意味着行业对被投诉次数是没有影响的，也就是它们之间的服务质量没有显著差异；如果均值不全相等，则意味着行业对被投诉次数是有影响的，它们之间的服务质量有显著差异。

在方差分析中，所要检验的对象称为因素或因子（factor），因素的不同表现称为水平或处理（treatment）。在每个因子水平下得到的样本数据称为观测值。在例8-1中，要分析行业对被投诉次数是否有显著影响。这里的行业是要检验的对象，称为因素或因子；零售业、旅游业、航空公司、家电制造业是行业这一因素的具体表现，称为水平或处理；在每个行业下得到的样本数据（被投诉次数）称为观测值。由于这里只涉及行业一个因素，因此，称为单因素4水平实验。因素的每一个水平可以看作一个总体，零售业、旅游业、航空公司、家电制造业可以看作4个总体，上面的数据可以看作从这4个总体中抽取的样本数据。再如，要在不同的温度下进行实验，温度就是一个因素，在20℃、25℃、30℃、35℃这4个温度值下做实验，每个温度值就是一个水平，共有4个水平，在每个温度下实验得到的数据就是观测值。

只有一个因素的方差分析，称为单因素方差分析，涉及两个变量：一个是分类型自变量，另一个是数值型因变量。在例8-1中，要研究行业对被投诉次数是否有影响，这里的行业就是自变量，它是一个分类型变量，零售业、旅游业、航空公司、家电制造业就是行业这个自变量的具体取值。被投诉次数是因变量，它是一个数值型变量，不同的被投诉次数就是因变量的取值。方差分析要研究的就是行业对被投诉次数是否有显著影响。

二、方差分析的基本思想和原理

分析分类型自变量对数值型因变量的影响，需要从对数据误差来源的分析入手。

1. 图形描述

怎样判断行业对被投诉次数是否有显著影响？或者说，行业与被投诉次数之间是否有显著的关系？我们画出它们的折线图，例如，图8-1是4个行业被投诉次数的折线图。

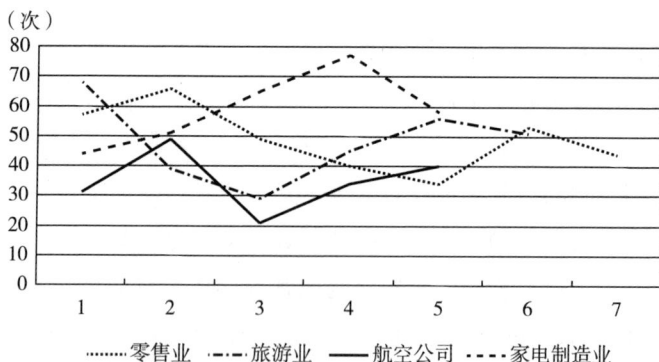

图8-1　不同行业被投诉次数的折线图

从折线图可以看出，不同行业被投诉的次数是有明显差异的，而且，即使是在同一个行业，不同企业被投诉的次数也明显不同。从图中可以看出，家电制造业被投诉的次数较多，而航空公司被投诉的次数较少。这表明行业与被投诉次数之间有一定的关系，如果行业与被投诉次数之间没有关系，那么，它们被投诉次数的均值应该差不多相同，折线图上的水平应该很接近。

2. 误差分解

仅仅观察折线图还不能提供充分的证据证明不同行业被投诉次数之间有显著差异，这种差异也许是由抽样的随机性造成的。因此，需要有更准确的方法来检验这种差异是否显著，也就是进行方差分析。之所以叫方差分析，是因为虽然人们感兴趣的是均值，但在判断均值之间是否有差异时需要借助于方差。这个名字也表示，它是通过对数据误差来源的分析来判断不同总体的均值是否相等，进而分析自变量对因变量是否有显著影响。因此，进行方差分析时，需要考察数据误差的来源。下面结合表 8 - 1 中的数据，说明数据的误差来源及其分解过程。

首先，在同一行业（同一个总体）中，样本的各观测值是不同的。例如，在零售业中，所抽取的 7 家企业之间被投诉次数是不同的。由于企业是随机抽取的，因此，它们之间的差异可以看成是随机因素造成的，或者说是由抽样的随机性所造成的随机误差。这种来自水平内部的数据误差，称为组内误差。例如，零售业所抽取的 7 家企业被投诉次数之间的误差就是组内误差，它反映了一个样本内部数据的离散程度，组内误差只含有随机误差。

其次，不同行业（不同总体）的观测值也是不同的。不同水平之间的数据误差，称为组间误差。这种差异可能是抽样本身造成的随机误差，也可能是由行业本身的系统性因素造成的系统误差。因此，组间误差是随机误差和系统误差的总和。例如，四个行业被投诉次数之间的误差就是组间误差，它反映了不同样本之间数据的离散程度。

在方差分析中，数据的误差用平方和来表示。反映全部数据误差大小的平方和，称为总平方和，记为 SST。例如，所抽取的全部 23 家企业被投诉次数之间的误差平方和就是总平方和，它反映了全部观测值的离散状况。反映组内误差大小的平方和，称为组内平方和，也称为误差平方和或残差平方和，记为 SSE。例如，每个样本内部的数据平方和加在一起就是组内平方和，它反映了每个样本内各观测值的离散状况。反映组间误差大小的平方和，称为组间平方和，也称为因素平方和，记为 SSA。例如，四个行业被投诉次数之间的误差平方和就是组间平方和，它反映了样本均值之间的差异程度。

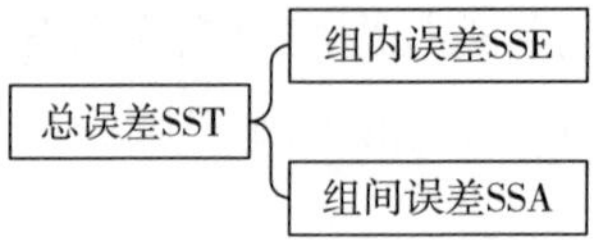

图 8 - 2　误差分解图

图 8 - 2 给出了数据误差的分解过程。各误差的计算方法将在后面介绍。

3. 误差分析

如果不同行业对被投诉次数没有影响，那么，组间误差中只包含随机误差，没有系统误差。这时，组间误差与组内误差经过平均后的数值（称为均方或方差）就应该很接近，它们的比值就会接近 1。反之，如果不同行业对被投诉次数有影响，则组间误差中除了包含随机误差，还包含系统误差，这时，组间误差平均后的数值就会大于组内误差平均后的数值，它们之间的比值就会大于 1。当这个比值大到某种程度时，就认为因素的不同水平之间存在着显著差异，也就是自变量对因变量有显著影响。因此，判断行业对被投诉次数是否有显著影响这一问题，实际上，也就是检验被投诉次数的差异主要是什么原因引起的。如果这种差异主要是系统误差，就认为不同行业对被投诉次数有显著影响。在方差分析的假定前提下（见下面的介绍），要检验行业（分类型自变量）对被投诉次数（数值型因变量）是否有显著影响，在形式上也就转化为检验四个行业被投诉次数的均值是否相等。

三、方差分析中的基本假定

同方差分析中，有三个基本假定：

1. 每个总体都应服从正态分布

对于因素的每一个水平，其观测值是来自正态分布总体的简单随机样本。在例 8 - 1 中，就是要求每个行业被投诉次数必须服从正态分布。

2. 各个总体的方差 σ^2 必须相同

各组观察数据是从具有相同方差的正态总体中抽取的。在例 8 - 1 中，就是要求每个行业被投诉次数的方差都相同。

3. 观测值是独立的

在例 8-1 中，就是要求每个被抽中企业的被投诉次数与其他企业被投诉次数相独立。

在上述假定成立的前提下，要分析自变量对因变量是否有影响，在形式上也就转化为检验自变量的各个水平（总体）的均值是否相等。例如，判断行业对被投诉次数是否有显著影响，实际上，也就是检验具有相同方差的 4 个正态总体的均值（被投诉次数的均值）是否相等。

尽管不知道 4 个总体的均值，但可以使用样本数据来检验它们是否相等。如果 4 个总体的均值相等，可以期望 4 个样本的均值也很接近。事实上，4 个样本的均值越接近，推断 4 个总体均值相等的证据也就越充分；反之，样本均值越不同，推断总体均值不同的证据就越充分。换句话说，样本均值变动越小，越支持 H_0；样本均值变动越大，越支持 H_1。如果原假设 H_0：$\mu_1 = \mu_2 = \mu_3 = \mu_4$（四个行业被投诉次数的均值相同）为真，则意味着每个样本都来自均值为 μ、方差为 σ^2 的同一个正态总体。由样本均值的抽样分布可知，来自正态总体的一个简单随机样本的样本均值 $\bar{x}$ 服从均值为 μ、方差为 σ^2/n 的正态分布，如图 8-3 所示。

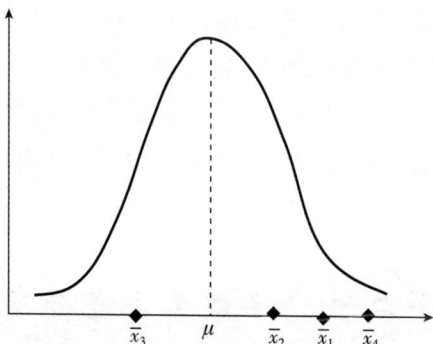

图 8-3 四个行业被投诉次数的均值相同时 $\bar{x}$ 的抽样分布

如果 μ_1，μ_2，μ_3，μ_4 完全不同，则意味着 4 个样本分别来自均值不同的 4 个正态总体，因此，有 4 个不同的抽样分布，如图 10-4 所示。在这种情况下，样本均值就不像 H_0 为真时那样接近了。

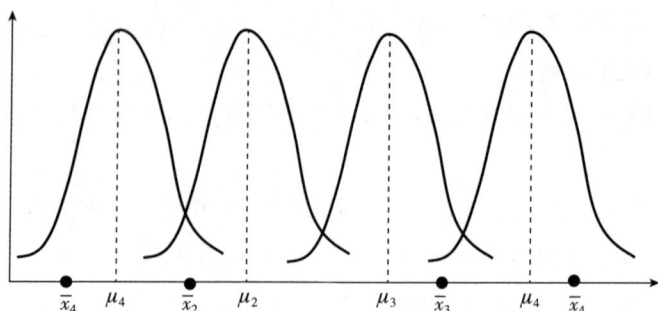

图 8 - 4   四个行业被投诉次数的均值全不相同时$\bar{x}$的抽样分布

四、问题的一般提法

设因素有 k 个水平，每个水平的均值分别用 μ_1，μ_2，$\cdots$，μ_k 表示，要检验 k 个水平（总体）的均值是否相等，需要提出如下假设：

H_0：$\mu_1 = \mu_2 = \cdots = \mu_k$（自变量对因变量没有显著影响）

H_1：μ_1，μ_2，$\cdots$，μ_k 不全相等（自变量对因变量有显著影响）

在例 8 - 1 中，设零售业被投诉次数的均值为 μ_1，旅游业被投诉次数的均值为 μ_2，航空公司被投诉次数的均值为 μ_3，家电制造业被投诉次数的均值为 μ_4，为检验行业对被投诉次数是否有影响，需要提出如下假设：

H_0：$\mu_1 = \mu_2 = \cdots = \mu_k$（行业对被投诉次数没有显著影响）

H_1：μ_1，μ_2，$\cdots$，μ_k 不全相等（行业对被投诉次数有显著影响）

第二节 单因素方差分析

根据所分析的分类型自变量的多少，方差分析可分为单因素方差分析和双因素方差分析。当方差分析只涉及一个分类型自变量时，称为单因素方差分析（one - way analysis of variance）。单因素方差分析研究的是一个分类型自变量对一个数值型因变量的影响。例如，要检验不同行业被投诉次数的均值是否相等，只涉及行业一个因素，因而，属于单因素方差分析。

一、数据结构

进行单因素方差分析时，需要得到下面的数据结构，如表 8 - 2 所示。

表 8 - 2　单因素方差分析的数据结构

观测值 (j)	因素（i）			
	A_1	A_2	...	A_k
1	x_{11}	x_{21}	...	x_{k1}
2	x_{12}	x_{22}	...	x_{k2}
...	...	...	...	...
n	x_{1k}	x_{2k}	...	x_{kn}

在单因素方差分析中，用 A 表示因素，因素的 k 个水平（总体）分别用 A_1，A_2，…，A_k 表示，每个观测值用 x_{ij}（$i=1$，2，…，k；$j=1$，2，…，n）表示，即 x_{ij} 表示第 i 个水平（总体）的第 j 个观测值。例如，x_{21} 表示第二个水平的第一个观测值。其中，从不同水平中所抽取的样本量可以相等，也可以不相等。

二、分析步骤

为检验自变量对因变量是否有显著影响，首先，需要提出"两个变量在总体中没有关系"的原假设，然后，构造一个用于检验的统计量，来检验这一假设是否成立。具体来说，方差分析包括提出假设、构造检验的统计量、作出统计决策等步骤。

1. 提出假设

在方差分析中，原假设所描述的是，在按照自变量的取值分成的类中，因变量的均值相等。因此，检验因素的 k 个水平（总体）的均值是否相等，需要提出如下形式的假设：

H_0：$\mu_1 = \mu_2 = \cdots = \mu_k$（自变量对因变量没有显著影响）

H_1：μ_i（$i=1$，2，…，k）不全相等（自变量对因变量有显著影响，μ_i 为第 i 个总体的均值）

如果拒绝原假设 H_0，则意味着自变量对因变量有显著影响，也就是自变量与因变量之间有显著关系，这种关系只是表明至少有两个总体的均值不相等，不是意味着所有的均值都不相等;如果不拒绝原假设 H_0,则没有证据表明自变量对因变量有显著影响,也就是说,不能认为自变量与因变量之间有显著关系。

2. 构造检验的统计量

为检验 H_0 是否成立,需要确定检验的统计量,如何构造这一统计量呢? 在此结合表8-2的数据结构说明其计算过程。

(1) 计算各样本的均值。

假定从第 i 个总体中抽取一个容量为 n 的简单随机样本,令 $\overline{x}_i$ 为第 i 个总体的样本均值,则有

$$\overline{x}_i = \frac{\sum\limits_{j=1}^{n_i} x_{ij}}{n_i} (i = 1, 2, \cdots, k; j = 1, 2, \cdots, n) \tag{8-1}$$

式(8-1)中,n_i 为第 i 个总体的样本量;x_{ij} 为第 i 个总体的第 j 个观测值。例如,根据表8-1中的数据,计算零售业的样本均值为:

$$\overline{x}_1 = \frac{\sum\limits_{j=1}^{7} x_{1j}}{n_1} = \frac{57 + 66 + 49 + 40 + 34 + 53 + 44}{7} = 49$$

同样,可以得到旅游业、航空公司、家电制造业的均值。结果见表8-3。

表8-3 四个行业被投诉次数及其均值

行业	零售业	旅游业	航空公司	家电制造业
	57	68	31	44
	66	39	49	51
	49	29	21	65
数据	40	45	34	77
	34	56	40	58
	53	51		
	44			
合计	343	288	175	295
$\overline{x}_i$	49	48	35	59

(2) 计算全部观测值的总均值。

全部观测值的总均值是全部观测值的总和除以观测值的总个数的结果。令总

均值为 $\overline{\overline{x}}$，则有：

$$\overline{\overline{x}} = \frac{\sum_{i=1}^{k} \sum_{j=1}^{n_i} x_{ij}}{n} = \frac{\sum_{i=1}^{k} n_i \overline{x}_i}{n} \qquad (8-2)$$

式 (8-2) 中，$n = n_1 + n_2 + \cdots + n_k$。

根据表 8-1 的数据，计算的总均值为：

$$\overline{\overline{x}} = \frac{57 + 66 + \cdots + 58}{23} = 47.869565$$

（3）计算各误差平方和。

为构造检验的统计量，在方差分析中，需要计算三个误差平方和，它们是总平方和、组间平方和（因素平方和）、组内平方和（误差平方和或残差平方和）

1）总平方和（sum of squares for total），记为 SST。它是全部观测值 x_{ij} 与总均值 $\overline{\overline{x}}$ 的误差平方和，其计算公式为：

$$SST = \sum_{i=1}^{k} \sum_{j=1}^{n_i} (x_{ij} - \overline{\overline{x}})^2 \qquad (8-3)$$

例如，在表 8-3 中，已经计算出 $\overline{\overline{x}} = 47.869565$ 元。算总平方和为：

$SST = (57 - 47.869565)^2 + \cdots + (58 - 47.869565)^2 = 4164.608696$

它反映了 23 个观测值与这 23 个观测值平均数之间的差异。

2）组间平方和（sum of squares for factor A）记为 SSA，它是各组均值 $\overline{x}_i$（$i = 1, 2, \cdots, k$）与总均值 $\overline{\overline{x}}$ 的误差平方和，反映各样本均值之间的差异程度，因此，又称为因素平方和。其计算公式为：

$$SSA = \sum_{i=1}^{k} n_i (\overline{x}_i - \overline{\overline{x}})^2 \qquad (8-4)$$

例如，根据表 8-3 的有关结果，计算组间平方和为：

$SSA = 7 \times (49 - 47.869565)^2 + 6 \times (48 - 47.869565)^2 + 5 \times (35 - 47.869565)^2 +$
$5 \times (59 - 47.869565)^2 = 1456.608696$

3）组内平方和（sum of squares for error），记为 SSE。它是每个水平或组的各样本数据与其组均值的误差平方和，反映每个样本各观测值的离散状况，因此，又称为误差平方和。该平方和反映了随机误差的大小，其计算公式为：

$$SSE = \sum_{i=1}^{k} \sum_{j=1}^{n_i} (x_{ij} - \overline{x}_i)^2 \qquad (8-5)$$

在例 8-1 中，先求出每个行业被投诉次数与其均值的误差平方和，然后，将四个行业的误差平方和加总，即为 SSE。例如，根据表 8 – 3 的有关结果，计算误差平方和分别为：

零售业：

$$\sum_{j=1}^{7} (x_{1j} - \bar{x}_1)^2 = (57 - 49)^2 + (66 - 49)^2 + \cdots + (44 - 49)^2 = 700$$

旅游业：

$$\sum_{j=1}^{6} (x_{2j} - \bar{x}_2)^2 = (68 - 48)^2 + (39 - 48)^2 + \cdots + (51 - 48)^2 = 924$$

航空公司：

$$\sum_{j=1}^{5} (x_{3j} - \bar{x}_3)^2 = (31 - 35)^2 + (49 - 35)^2 + \cdots + (40 - 35)^2 = 434$$

家电制造业：

$$\sum_{j=1}^{5} (x_{4j} - \bar{x}_4)^2 = (44 - 59)^2 + (51 - 59)^2 + \cdots + (58 - 59)^2 = 650$$

将其加总可以得到：

$SSE = 700 + 924 + 434 + 650 = 2708$

上述三个平方和之间的关系为：

总平方和（SST）= 组间平方和（SSA）+ 组内平方和（SSE）

即：

$$\sum_{i=1}^{k} \sum_{j=1}^{n_i} (x_{ij} - \bar{\bar{x}})^2 = \sum_{i=1}^{k} n_i (\bar{x}_i - \bar{\bar{x}})^2 + \sum_{i=1}^{k} \sum_{j=1}^{n_i} (x_{ij} - \bar{x}_i)^2 \tag{8－6}$$

上面的计算结果也可以验证这一点：

$4164.608696 = 1456.608696 + 2708$

从上述三个误差平方和可以看出，SSA 是对随机误差和系统误差大小的度量，它反映了自变量（行业）对因变量（被投诉次数）的影响，也称为自变量效应或因子效应；SSE 是对随机误差大小的度量，它反映了除自变量对因变量的影响之外，其他因素对因变量的总影响，因此，SSE 也称为残差变量，它所引起的误差称为残差效应；SST 是对全部数据总误差程度的度量，它反映了自变量和残差变量的共同影响，因此，它等于自变量效应加残差效应。

（4）计算统计量。

由于各误差平方和的大小与观测值的多少有关，为了消除观测值多少对误差平方和大小的影响，需要将其平均，也就是用各平方和除以它们所对应的自由度，这一结果称为均方（mean square），也称为方差。三个平方和所对应的自由度分别为：

SST 的自由度为 $n-1$，其中，n 为全部观测值的个数。

SSA 的自由度为 $k-1$，其中，k 为因素水平（总体）的个数。

SSE 的自由度为 $n-k$。

由于要比较的是组间均方和组内均方之间的差异，所以，通常只计算 SSA 的均方和 SSE 的均方。SSA 的均方也称为组间均方或组间方差，记为 MSA，其计算公式为：

$$MSA = \frac{组间平方和}{自由度} = \frac{SSA}{k-1} \qquad (8-7)$$

例如，根据例 $8-1$ 计算的 MSA 为：

$$MSA = \frac{SSA}{k-1} = \frac{1456.608696}{4-1} = 485.536232$$

SSE 的均方也称为组内均方或组内方差，记为 MSE，其计算公式为：

$$MSE = \frac{组内平方和}{自由度} = \frac{SSE}{n-k} \qquad (8-8)$$

例如，根据例 $8-1$ 计算的 MSE 为：

$$MSE = \frac{SSE}{n-k} = \frac{2708}{23-4} = 142.526316$$

将上述 MSA 和 MSE 进行对比，即得到所需要的检验统计量 F。当 H_0 为真时，两者的比值服从分子自由度为 $k-1$、分母自由度为 $n-k$ 的 F 分布，即

$$F = \frac{MSA}{MSE} \sim F(k-1, n-k) \qquad (8-9)$$

例如，根据例 $8-1$ 计算得

$$F = \frac{MSA}{MSE} = \frac{485.536232}{142.526316} = 3.406643$$

3. 作出统计决策

如果原假设 $H_0: \mu_1 = \mu_2 = \cdots = \mu_k$ 成立，则表明没有系统误差，组间方差 MSA 与组内方差 MSE 的比值差异就不会太大。如果组间方差显著大于组内方差，说明各水平（总体）之间的差异显著，不仅有随机误差，还有系统误差。例 $8-1$ 中，如果行业对被投诉次数没有影响，那么，四个行业被投诉次数均值间的差异与每个行业被投诉次数的内部差异相比，不会相差很大；反之，则意味着行业对

被投诉次数有影响。可见，判断因素的水平是否对观测值有显著影响，实际上，也就是比较组间方差与组内方差之间差异的大小。那么，它们之间的差异大到何种程度才表明有系统误差存在呢？这就需要用检验统计量进行判断。将统计量的值 F 与给定的显著性水平 α 下的临界值 F 进行比较，从而作出对原假设 H_0 的决策。

根据给定的显著性水平 α，在 F 分布表中查找与分子自由度 $df_1 = k - 1$、分母自由度 $df_2 = n - k$ 对应的临界值 $F_\alpha(k - 1, n - k)$。

若 $F > F_\alpha$，则拒绝原假设 H_0：$\mu_1 = \mu_2 = \cdots = \mu_k$，表明 $\mu_i(i = 1, 2, \cdots, k)$ 之间的差异是显著的；也就是说，所检验的因素（行业）对观测值（被投诉次数）有显著影响。

若 $F < F_\alpha$，则不拒绝原假设 H_0，没有证据表明 $\mu_i(i = 1, 2, \cdots, k)$ 之间有显著差异；也就是说，这时还不能认为所检验的因素（行业）对观测值（被投诉次数）有显著影响。

例如，根据上面的计算结果，计算出的 $F = 3.406643$。若取显著性水平 $\alpha = 0.05$，根据分子自由度 $df_1 = k - 1 = 4 - 1 = 3$ 和分母自由度 $df_2 = n - k = 23 - 4 = 19$，查 F 分布表得到临界值 $F_{0.05}(3, 19) = 3.13$。由于 $F > F_\alpha$，因此，拒绝原假设 H_0：$\mu_1 = \mu_2 = \cdots = \mu_k$，表明 $\mu_1, \mu_2, \mu_3, \mu_4$ 之间有显著差异，即行业对被投诉次数有显著影响。

4. 方差分析表

前文详细介绍了方差分析的计算步骤和过程，为使计算过程更加清晰，通常将上述程序的内容列在一张表内，这就是方差分析表（analysis of variance table），其一般形式如表 8 - 4 所示。

表 8 - 4　方差分析表的一般形式

误差来源	平方和 SS	自由度 df	均方 MS	F 值	P 值	F 临界值
组间（因素影响）	SSA	k - 1	MSA	MSA/MSE	—	—
组内（误差）	SSE	n - k	MSE	—	—	—
总和	SST	n - 1	—	—	—	—

将例 8 - 1 的计算结果列成方差分析表，如表 8 - 5 所示。

表 8 - 5　四个行业被投诉次数的方差分析表

误差来源	误差平方和 SS	自由度 df	均方 MS	F 值	P 值	F 临界值
组间	1456.608696	3	485.536232	3.406643	0.0388	3.13
组内	2708	19	142.526316	—	—	—
总和	4164.608696	22	—	—	—	—

三、关系强度的测量

例 8 - 1 的方差分析结果显示，不同行业被投诉次数的均值之间有显著差异，这意味着行业（自变量）与被投诉次数（因变量）之间的关系是显著的。从图 8 - 1 中也可以看出，不同行业被投诉次数之间是有明显差异的。

表 8 - 5 中给出了组间平方和（组间 SS），它度量了自变量（行业）对因变量（被投诉次数）的影响效应。实际上，只要组间平方和不等于零，就表明两个变量之间有关系，只是是否显著的问题，当组间平方和比组内平方和（组内 SS）大，而且大到一定程度时，就意味着两个变量之间的关系显著，大得越多，表明它们之间的关系就越强；反之，当组间平方和比组内平方和小时，就意味着两个变量之间的关系不显著，小得越多，表明它们之间的关系就越弱。

那么，怎样度量它们之间的关系强度呢？可以用组间平方和（SSA）占总平方和（SST）的比例大小来反映，将这一比例记为 R^2，即：

$$R^2 = \frac{SSA(组间\ SS)}{SST(总\ SS)} \tag{8 - 10}$$

R^2 平方根 R 就可以用来测量两个变量之间的关系强度。

根据表 8 - 5 中的结果计算得：

$$R^2 = \frac{SSA}{SST} = \frac{1456.6087}{4164.6087} = 0.349759 = 34.9759\%$$

这表明，行业（自变量）对被投诉次数（因变量）的影响效应占总效应的 34.9759%，残差效应则占 65.0241%。也就是说，行业对被投诉次数差异解释的比例达到近 35%，其他因素（残差变量）所解释的比例为 65% 以上。尽管 R^2 并不高，但行业对被投诉次数的影响已经达到了统计上显著的程度。

R^2 的平方根可以用来测量自变量与因变量之间的关系强度。例如，根据上面的结果可以计算出 $R = 0.591404$，这表明行业与被投诉次数之间有中等以上程度的相关。

四、方差分析中的多重比较

通过例 8 - 1 的分析得出的结论是：不同行业被投诉次数的均值不完全相同。但究竟哪些均值之间不相等？这种差异到底出现在哪些行业之间？也就是说，μ_1 与 μ_2、μ_1 与 μ_3、μ_1 与 μ_4、μ_2 与 μ_3、μ_2 与 μ_4、μ_3 与 μ_4 之间究竟是哪两个均值不同？这就需要做进一步的分析，所使用的方法就是多重比较方法（multiple comparison procedures），它是通过对总体均值之间的配对比较来进一步检验到底哪些均值之间存在差异。

多重比较方法有许多种，这里介绍由费希尔提出的最小显著差异方法（least significant difference），缩写为 LSD。使用该方法进行检验的具体步骤为：

第一步：提出假设：H_0：$\mu_i = \mu_j$，H_1：$\mu_i \neq \mu_j$；

第二步：计算检验统计量：$\bar{x}_i = \bar{x}_j$；

第三步：计算 LSD，其公式为：

$$LSD = t_{\alpha/2} \sqrt{MSE\left(\frac{1}{n_i} + \frac{1}{n_j}\right)} \tag{8-11}$$

式 8 - 1 中，$t_{\alpha/2}$ 为 t 分布的临界值，通过查 t 分布表得到，其自由度为 $n - k$，k 是因素中水平的个数；MSE 为组内方差；n_i 和 n_j 分别是第 i 个样本和第 j 个样本的样本量。

第四步：根据显著性水平 α 作出决策。如果 $|\bar{x}_i - \bar{x}_j| > LSD$，则拒绝 H_0；如果 $|\bar{x}_i - \bar{x}_j| < LSD$，则不拒绝 H_0。

例 8 - 2　根据表 8 - 5 中的输出结果，对四个行业的均值做多重比较（$\alpha = 0.05$）。

解：第一步：提出如下假设。

检验 1：H_0：$\mu_1 = \mu_2$

　　　　H_1：$\mu_1 \neq \mu_2$

检验 2：H_0：$\mu_1 = \mu_3$

　　　　H_1：$\mu_1 \neq \mu_3$

检验 3：H_0：$\mu_1 = \mu_4$

　　　　H_1：$\mu_1 \neq \mu_4$

检验 4：H_0：$\mu_2 = \mu_3$

$$H_1: \mu_2 \neq \mu_3$$

检验5：$H_0: \mu_2 = \mu_4$

$$H_1: \mu_2 \neq \mu_4$$

检验6：$H_0: \mu_3 = \mu_4$

$$H_1: \mu_3 \neq \mu_4$$

第二步：计算检验统计量。

$$|\bar{x}_1 - \bar{x}_2| = |49 - 48| = 1$$

$$|\bar{x}_1 - \bar{x}_3| = |49 - 35| = 14$$

$$|\bar{x}_1 - \bar{x}_4| = |49 - 59| = 10$$

$$|\bar{x}_2 - \bar{x}_3| = |48 - 35| = 13$$

$$|\bar{x}_2 - \bar{x}_4| = |48 - 59| = 11$$

$$|\bar{x}_3 - \bar{x}_4| = |35 - 59| = 24$$

第三步：计算 LSD。根据表 8-5 的结果，$MSE = 142.526316$，由于四个行业的样本量不同，需要分别计算 LSD。根据自由度 $= n - k = 23 - 4 = 19$，查 t 分布表得 $t_{\alpha/2} = t_{0.025} = 2.093$。各检验的 LSD 如下：

检验1：$LSD_1 = 2.093 \times \sqrt{142.526316 \times \left(\dfrac{1}{7} + \dfrac{1}{6}\right)} = 13.90$；

检验2：$LSD_2 = 2.093 \times \sqrt{142.526316 \times \left(\dfrac{1}{7} + \dfrac{1}{5}\right)} = 14.63$；

检验3：$LSD_3 = LSD_2 = 14.63$；

检验4：$LSD_4 = 2.093 \times \sqrt{142.526316 \times \left(\dfrac{1}{6} + \dfrac{1}{5}\right)} = 15.13$；

检验5：$LSD_5 = LSD_4 = 15.13$；

检验6：$LSD_6 = 2.093 \times \sqrt{142.526316 \times \left(\dfrac{1}{5} + \dfrac{1}{5}\right)} = 15.80$。

第四步：做出决策。

$|\bar{x}_1 - \bar{x}_2| = 1 < 13.90$，不拒绝 H_0，不能认为零售业与旅游业被投诉次数之间有显著差异；

$|\bar{x}_1 - \bar{x}_3| = 14 < 14.63$，不拒绝 H_0，不能认为零售业与航空公司被投诉次数之间有显著差异；

$|\bar{x}_1 - \bar{x}_4| = 10 < 14.63$，不拒绝 H_0，不能认为零售业与家电制造业被投诉次

数之间有显差异；

$|\overline{x}_2 - \overline{x}_3| = 13 < 15.13$，不拒绝 H_0，不能认为旅游业与航空公司被投诉次数之间有显著差异；

$|\overline{x}_2 - \overline{x}_4| = 11 < 15.13$，不拒绝 H_0，不能认为旅游业与家电制造业被投诉次数之间有显著差异；

$|\overline{x}_3 - \overline{x}_4| = 24 > 15.80$，拒绝 H_0，认为航空公司与家电制造业被投诉次数之间有显著差异。

第三节　双因素方差分析

一、双因素方差分析及其类型

单因素方差分析只考虑一个分类型自变量对数值型因变量的影响。在对实际问题的研究中，有时需要考虑几个因素对实验结果的影响。例如，分析影响彩电销售量的因素时，需要考虑品牌、销售地区、价格、质量等多个因素的影响。当方差分析涉及两个分类型自变量时，称为双因素方差分析（two - way analysis of variance）。

例 8 - 3　有 4 个品牌的彩电在 5 个地区销售，为分析彩电的品牌（品牌因素）和销售地区（地区因素）对销售量的影响，收集了每个品牌在各地区的销售量数据（单位：台），如表 8 - 6 所示。试分析品牌和地区对彩电的销售量是否有显著影响（$\alpha = 0.05$）。

表 8 - 6　4 个品牌的彩电在 5 个地区的销售量数据

		地区因素				
		地区 1	地区 2	地区 3	地区 4	地区 5
品 牌	品牌 1	365	350	343	340	323
	品牌 2	345	368	363	330	333
	品牌 3	358	323	353	343	308
	品牌 4	288	280	298	260	298

在上面的例子中，品牌和地区是两个分类型自变量，销售量是一个数值型因变量。同时分析品牌和地区对销售量的影响，分析究竟是一个因素在起作用，是两个因素都起作用，还是两个因素都不起作用，这就是一个双因素方差分析问题。

在双因素方差分析中，有两个影响因素，例如，彩电的品牌因素和地区因素，如果品牌和地区对销售量的影响是相互独立的，分别判断品牌和地区对销售量的影响，这时的双因素方差分析称为无交互作用的双因素方差分析，或称为无重复双因素（two – factor without replication）分析；如果除了品牌和地区对销售量的单独影响，两个因素的结合还会对销售量产生一种新的影响，例如，某个地区对某种品牌的彩电有特殊偏好，这就是两个因素结合后产生的新效应，这时的双因素方差分析称为有交互作用的双因素方差分析，或称为可重复双因素（two – factor with replication）分析。

二、无交互作用的双因素方差分析

1. 数据结构

在无交互作用的双因素方差分析中，有两个因素，因此，在获取数据时，需要将一个因素安排在行（row）的位置，称为行因素；另一个因素安排在列（column）的位置，称为列因素。设行因素有 k 个水平：行 1，行 2，…，行 k；列因素有 r 个水平：列 1，列 2，…，列 r。行因素和列因素的每一个水平都可以搭配成一组，观察它们对实验数据的影响。共抽取 kr 个观察数据，其数据结构如表 8 – 7 所示。

表 8 – 7 双因素方差分析的数据结构

行因素 (i)		列因素 (j)				平均值 $\bar{x}_i.$
		列 1	列 2	…	列 r	
	行 1	x_{11}	x_{12}	…	x_{1r}	$\bar{x}_1.$
	行 2	x_{21}	x_{22}	…	x_{2r}	$\bar{x}_2.$
	…	…	…	…	…	…
	行 k	x_{k1}	x_{k2}	…	x_{kr}	$\bar{x}_k.$
平均值 $\bar{x}._j$		$\bar{x}._1$	$\bar{x}._2$	…	$\bar{x}._r$	$\bar{\bar{x}}$

表 8 – 7 中，行因素共有 k 个水平，列因素共有 r 个水平。将每一个观测值 x_{ij}（$i = 1$，2，$\cdots$，k；$j = 1$，2，$\cdots$，r）看作从由行因素的 k 个水平和列因素的 r 个水平所组合成的 $k \times r$ 个总体中抽取的样本量为 1 的独立随机样本。这 $k \times r$ 个总体中的每一个总体都服从正态分布，且有相同的方差。

表 8 – 7 中，$\bar{x}_{i.}$ 是行因素的第 i 个水平下各观测值的平均值，其计算公式为：

$$\bar{x}_{i.} = \frac{\sum_{j=1}^{r} x_{ij}}{r}(i = 1, 2, \cdots, k) \tag{8 – 12}$$

$\bar{x}_{.j}$ 是列因素的第 j 个水平下各观测值的平均值，其计算公式为：

$$\bar{x}_{.j} = \frac{\sum_{i=1}^{k} x_{ij}}{k}(i = 1, 2, \cdots, r) \tag{8 – 13}$$

$\bar{\bar{x}}$ 是全部 $k \times r$ 个样本数据的总平均值，其计算公式为：

$$\bar{\bar{x}} = \frac{\sum_{i=1}^{k} \sum_{j=1}^{r} x_{ij}}{k \times r}(i = 1, 2, \cdots, k; j = 1, 2, \cdots, r) \tag{8 – 14}$$

2. 分析步骤

与单因素方差分析类似，双因素方差分析也包括提出假设、构造检验的统计量、统计决策等步骤。

（1）提出假设。

为了检验两个因素的影响，需要对两个因素分别提出如下假设。

对行因素提出的假设为：

H_0：$\mu_1 = \mu_2 = \cdots = \mu_k$［行因素（自变量）对因变量没有显著影响］

H_1：μ_i（$i = 1$，2，$\cdots$，k）不全相等［行因素（自变量）对因变量有显著影响］

μ_i 为行因素的第 i 个水平的均值。

对列因素提出的假设为：

H_0：$\mu_1 = \mu_2 = \cdots = \mu_r$［列因素（自变量）对因变量没有显著影响］

H_1：μ_j（$j = 1$，2，$\cdots$，r）不全相等［列因素（自变量）对因变量有显著影响］

μ_j 为列因素的第 j 个水平的均值。

（2）构造检验统计量。

为检验 H_0 是否成立，需要分别确定检验行因素和列因素的统计量。与单因素方差分析构造统计量的方法一样，这里也需要从总平方和的分解入手。总平方和是全部样本观察值 x_{ij}（$i=1,2,\cdots,k$；$j=1,2,\cdots,r$）与总的样本平均值 $\bar{\bar{x}}$ 的误差平方和，记为 SST，即：

$$SST = \sum_{i=1}^{k}\sum_{j=1}^{r}(x_{ij}-\bar{\bar{x}})^2$$

$$= \sum_{i=1}^{k}\sum_{j=1}^{r}(\bar{x}_{i.}-\bar{\bar{x}})^2 + \sum_{i=1}^{k}\sum_{j=1}^{r}(\bar{x}_{.j}-\bar{\bar{x}})^2 + \sum_{i=1}^{k}\sum_{j=1}^{r}(x_{ij}-\bar{x}_{i.}-\bar{x}_{.j}+\bar{\bar{x}})^2$$

$$(8-15)$$

其中，分解后的等式右边的第一项是行因素所产生的误差平方和，记为 SSR，其公式为：

$$SSR = \sum_{i=1}^{k}\sum_{j=1}^{r}(\bar{x}_{i.}-\bar{\bar{x}})^2 \qquad\qquad (8-16)$$

第二项是列因素所产生的误差平方和，记为 SSC，其公式为：

$$SSC = \sum_{i=1}^{k}\sum_{j=1}^{r}(\bar{x}_{.j}-\bar{\bar{x}})^2 \qquad\qquad (8-17)$$

第三项是除行因素和列因素之外的剩余因素所产生的误差平方和，称为随机误差平方和，记为 SSE，其公式为：

$$SSE = \sum_{i=1}^{k}\sum_{j=1}^{r}(x_{ij}-\bar{x}_{i.}-\bar{x}_{j.}+\bar{\bar{x}})^2 \qquad\qquad (8-18)$$

上述各平方和的关系为：

$$SST = SSR + SSC + SSE \qquad\qquad (8-19)$$

在上述误差平方和的基础上计算均方，也就是将各平方和除以相应的自由度。与各误差平方和相对应的自由度分别是：

总平方和 SST 的自由度为 $kr-1$；

行因素的误差平方和 SSR 的自由度为 $k-1$；

列因素的误差平方和 SSC 的自由度为 $r-1$；

随机误差平方和 SSE 的自由度为 $(k-1)\times(r-1)$。

构造检验统计量，需要计算各均方：

行因素的均方，记为 MSR，即：

$$MSR = \frac{SSR}{k-1} \qquad\qquad (8-20)$$

列因素的均方，记为 MSC，即：

$$MSC = \frac{SSC}{r-1} \qquad (8-21)$$

随机误差项的均方，记为 MSE，即：

$$MSE = \frac{SSE}{(k-1)(r-1)} \qquad (8-22)$$

为检验行因素对因变量的影响是否显著，采用下面的统计量：

$$F_R = \frac{MSR}{MSE} \sim F(k-1, (k-1)(r-1)) \qquad (8-23)$$

为检验列因素的影响是否显著，采用下面的统计量：

$$F_C = \frac{MSC}{MSE} \sim F(r-1, (k-1)(r-1)) \qquad (8-24)$$

计算出检验统计量后，根据给定的显著性水平 α 和两个自由度，查 F 分布表得到相应的临界值 F_α，然后将 F_R 和 F_C 与 F_α 进行比较。

（3）作出统计决策。

若 $F_R > F_\alpha$，则拒绝原假设 H_0，表明 μ_i（$i=1, 2, \cdots, k$）之间的差异是显著的；也就是说，所检验的行因素对观测值有显著影响。

若 $F_C > F_\alpha$，则拒绝原假设 H_0，表明 μ_j（$j=1, 2, \cdots, r$）之间的差异是显著的；也就是说，所检验的列因素对观测值有显著影响。

为使计算过程更加清晰，通常将上述过程的内容列成方差分析表，其一般形式如表 8 - 8 所示。

表 8 - 8　双因素方差分析表

误差来源	误差平方和 SS	自由度 df	均方 MS	F 值	P 值	F 临界值
行因素	SSR	$k-1$	MSR	F_R	—	—
列因素	SSC	$r-1$	MSC	F_C	—	—
误差	SSE	$(k-1) \times (r-1)$	MSE	—	—	—
总和	SST	$kr-1$	—	—	—	—

例 8 - 4　根据例 8 - 3 中的数据，分析品牌和地区对销售量是否有显著影响（$\alpha = 0.05$）。

解：首先，对两个因素分别提出假设。

行因素（品牌）：

H_0：$\mu_1 = \mu_2 = \mu_3 = \mu_4$（品牌对销售量没有显著影响）

H_0：μ_1，μ_2，μ_3，μ_4 不全相等（品牌对销售量有显著影响）

列因素（地区）：

H_0：$\mu_1 = \mu_2 = \mu_3 = \mu_4 = \mu_5$（地区对销售量没有显著影响）

H_0：μ_1，μ_2，μ_3，μ_4，μ_5 不全相等（地区对销售量有显著影响）

双因素方差分析的计算较复杂，可直接利用 Excel 计算结果。表 8 - 9 就是 Excel 输出的方差分析结果。

表 8 - 9　Excel 输出的方差分析结果

方差分析：无重复双因素分析

SUMMARY	观测数	求和	平均	方差		
行 1	5	1721	344.2	233.7		
行 2	5	1739	347.8	295.7		
行 3	5	1685	337	442.5		
行 4	5	1424	284.8	249.2		
列 1	4	1356	339	1224.666667		
列 2	4	1321	330.25	1464.25		
列 3	4	1357	339.25	822.9166667		
列 4	4	1273	318.25	1538.916667		
列 5	4	1262	315.5	241.666667		

方差分析

差异源	SS	df	MS	F 值	P 值	F 临界值
行	13004.55	3	4334.85	18.10777	9.45615E - 05	3.49029
列	2011.7	4	502.925	2.10085	0.14366	3.25917
误差	2872.7	12	239.39167		—	—
总计	17888.95	19	—		—	—

表 8 - 9 中的"行"指行因素，即品牌因素；"列"指列因素，即地区因素。根据方差分析表的计算结果得出以下结论：

由于 $F_R = 18.107773 > F_\alpha = 3.4903$，所以，拒绝原假设 H_0，表明 μ_1，μ_2，μ_3，μ_4 之间的差异是显著的，这说明品牌对销售量有显著影响。

由于 $F_C = 2.100846 < F_\alpha = 3.2592$，所以，不拒绝原假设 H_0，表明 μ_1，μ_2，μ_3，μ_4，μ_5 之间的差异不显著，不能认为地区对销售量有显著影响。

直接用 P 值进行分析，结论也是一样。用于检验行因素的 $P = 9.45615E - 05 < \alpha = 0.05$，拒绝原假设 H_0；用于检验列因素的 $P = 0.143665 > \alpha = 0.05$，不拒绝原假设 H_0。

3. 关系强度的测量

例 8 – 4 的方差分析结果显示，不同品牌的销售量均值之间有显著差异，这意味着品牌（行自变量）与销售量（因变量）之间的关系是显著的。而不同地区的销售量的均值之间没有显著差异，表明地区（列自变量）与销售量（因变量）之间的关系是不显著的。那么，两个变量合起来与销售量之间的关系强度究竟如何呢？

表 8 – 9 中给出了行自变量（品牌）的平方和（行 SS）、列自变量（地区）的平方和（列 SS）、误差平方和（误差 SS）。其中，行平方和度量了品牌这个自变量对因变量（销售量）的影响效应；列平方和度量了地区这个自变量对因变量（销售量）的影响效应。这两个平方和加在一起则度量了两个自变量对因变量的联合效应，联合效应与总平方和的比值定义为 R^2，其平方根 R 则反映了这两个自变量合起来与因变量之间的关系强度。

$$R^2 = \frac{联合效应}{总效应} = \frac{SSR + SSC}{SST} \qquad (8-25)$$

例如，根据表 8 – 9 的输出结果计算，得：

$$R^2 = \frac{SSR + SSC}{SST} = \frac{13004.55 + 2011.70}{17888.95} = 0.8394 = 83.94\%$$

这表明，品牌因素和地区因素合起来总共解释了销售量差异的 83.94%，其他因素（残差变量）只解释了销售量差异的 16.06%。而 $R = 0.9162$，表明品牌和地区两个因素合起来与销售量之间有较强程度的相关。

当然，也可以分别考察品牌和地区与销售量之间的关系，这就需要做每个自变量与销售量的单因素方差分析，并分别计算每个 R^2。下面分别给出品牌和地区因素与销售量的单因素方差分析结果，见表 8 – 10 和表 8 – 11。

通过表 8 – 11 和表 8 – 12 可以发现，单因素方差分析与双因素方差分析所得出的结论一致。但双因素方差分析中的误差平方和等于 2872.7，比分别进行单因素方差分析时的任何一个平方和（4884.4 和 15877.25）都小，而且 P 值也变得更小了。这是因为在双因素方差分析中，误差平方和不包括两个自变量中的任何一个，因而，减少了残差效应。而在分别作单因素方差分析时，将行因素（品牌）作自变量时，列因素（地区）被包括在残差中，同样，将列因素作自变量时，行因素被包括在残差中。因此，对于两个自变量而言，进行双因素方差分析要优于分别对两个因素进行单因素方差分析。

表 8 – 10　品牌与销售量的单因素方差分析结果

误差来源	误差平方和 SS	自由度 df	均方 MS	F 值	P 值	F 临界值
组间	13004.55	3	4334.85	14.19981983	8.97271E – 05	3.238866952
组内	4884.4	16	305.275			
总和	17888.95	19	—	—	—	—

表 8 – 11　地区与销售量的单因素方差分析结果

误差来源	误差平方和 SS	自由度 df	均方 MS	F 值	P 值	F 临界值
组间	2011.7	4	502.925	0.475137382	7.53443E – 01	3.055568243
组内	15877.25	15	1058.483333			
总和	17888.95	19	—	—	—	—

三、有交互作用的双因素方差分析

在前文的分析中，假定两个因素对因变量的影响是独立的，但如果两个因素搭配在一起会对因变量产生一种新的效应，就需要考虑交互作用对因变量的影响，这就是有交互作用的双因素方差分析。

例 8 – 5　城市道路交通管理部门为研究不同的路段和不同的时段对行车时间的影响，让一名交通警察分别在两个路段的高峰期与非高峰期亲自驾车进行实验，通过实验共获得 20 个行车时间（单位：分钟）的数据，如表 8 – 12 所示。试分析路段、时段以及路段和时段的交互作用对行车时间的影响（$\alpha = 0.05$）。

解：设行变量有 k 个水平，表 8 – 12 中的行变量（时段）有 2 个水平，即高峰期和非高峰期；列变量有 r 个水平，表 8 – 12 中的列变量（路段）有 2 个水平，即路段 1 和路段 2；行变量中每个水平的行数（Excel 中称为每个样本的行数）为 m，表 8 – 13 中的行变量的每个水平（即每个样本）的行数各有 5 行；观

察数据的总数为 n，表 8-13 中共有 $n=20$ 个数据。

与无交互作用的方差分析类似，有交互作用的双因素方差分析也需要提出假设、构造检验的统计量、作出统计决策等步骤。提出假设时，需要对行变量、列变量和交互作用变量分别提出假设，方法与前文类似，这里不再赘述。有交互作用的双因素方差分析表的数据结构与表 8-12 类似，一般形式如表 8-13 所示。

表 8-12　不同时段和不同路段的行车时间

		路段（列变量）	
		路段 1	路段 2
时段 （行变量）	高峰期	26	19
		24	20
		27	23
		25	22
		25	21
	非高峰期	20	18
		17	17
		22	13
		21	16
		17	12

表 8-13　有交互作用的双因素方差分析表的一般形式

误差来源	误差平方和 SS	自由度 df	均方 MS	F 值	P 值	F 临界值
行因素	SSR	$k-1$	$MSR=\dfrac{SSR}{(k-1)}$	$F_R=\dfrac{MSR}{MSE}$	—	—
列因素	SSC	$r-1$	$MSC=\dfrac{SSC}{(r-1)}$	$F_C=\dfrac{MSC}{MSE}$	—	—
交互作用	SSRC	$(k-1)(r-1)$	$MSRC=\dfrac{SSRC}{(k-1)(r-1)}$	$F_{RC}=\dfrac{MSRC}{MSE}$		
误差	SSE	$kr(m-1)$	$MSE=\dfrac{SSE}{kr(m-1)}$	—	—	—
总和	SST	$n-1$				

设 x_{ijl} 为对应于行因素的第 i 个水平和列因素的第 j 个水平的第 l 行的观测值；$\overline{x}_{i\cdot}$ 为行因素的第 i 个水平的样本均值；$\overline{x}_{\cdot j}$ 为列因素的第 j 个水平的样本均值；$\overline{x}_{ij}$ 为对应于行因素的第 i 个水平和列因素的第 j 个水平组合的样本均值；$\overline{\overline{x}}$ 为全部 n 个观测值的总均值。各平方和的计算公式如下。

总平方和 SST：

$$SST = \sum_{i=1}^{k} \sum_{j=1}^{r} \sum_{l=1}^{m} (x_{ijl} - \overline{\overline{x}}) \tag{8-26}$$

行变量平方和 SSR：

$$SSR = rm \sum_{i=1}^{k} (\overline{x}_{i\cdot} - \overline{\overline{x}})^2 \tag{8-27}$$

列变量平方和 SSC：

$$SSC = km \sum_{j=1}^{r} (\overline{x}_{\cdot j} - \overline{\overline{x}})^2 \tag{8-28}$$

交互作用平方和 $SSRC$：

$$SSRC = m \sum_{i=1}^{k} \sum_{j=1}^{r} (\overline{x}_{ij} - \overline{x}_{i\cdot} - \overline{x}_{\cdot j} + \overline{\overline{x}}) \tag{8-29}$$

误差平方和 SSE：

$$SSE = SST - SSR - SSC - SSRC \tag{8-30}$$

下面针对例 8-5 中提出的问题，说明用 Excel 进行有交互作用的双因素方差分析的步骤，并对结果进行分析。首先，将数据按图 10-6 的形式输入到 Excel 工作表中，然后按下列步骤操作。

表 8-14　有交互作用的双因素方差分析结果

误差来源	误差平方和 SS	自由度 df	均方 MS	F 值	P 值	F 临界值
行因素	174.0500	1	174.0500	44.0633	0.0000	4.4940
列因素	92.4500	1	92.4500	23.4051	0.0002	4.4940
交互作用	0.0500	1	0.0500	0.0127	0.9118	4.4940
误差	63.2000	16	3.9500	—	—	—
总和	329.75	19	—	—	—	—

由表 8-14 输出的结果可知，用于检验时段（行因素，输出表中为"样

本")的 $P=0.0000<\alpha=0.05$，则拒绝原假设，表明不同时段的行车时间之间有显著差异，即时段对行车时间有显著影响；用于检验路段（列因素）的 $P=0.0002<\alpha=0.05$，同样拒绝原假设，表明不同路段的行车时间之间有显著差异，即路段对行车时间也有显著影响；交互作用反映的是时段因素和路段因素联合产生的对行车时间的附加效应，用于检验的 $P=0.9118>\alpha=0.05$，因此，不拒绝原假设，没有证据表明时段和路段的交互作用对行车时间有显著影响。

习题

1. 下面是来自 5 个总体的样本数据：

样本 1	样本 2	样本 3	样本 4	样本 5
14	10	11	16	14
13	9	12	17	12
10	12	13	14	13
	9	12	16	13
	10		17	12
				14

取显著性水平 $\alpha=0.01$，检验 5 个总体的均值是否相等。

2. 一家牛奶公司有 4 台机器装填牛奶，每桶的容量为 4 升。下面是从 4 台机器中抽取的样本数据（单位：升）：

机器 1	机器 2	机器 3	机器 4
4.05	3.99	3.97	4.00
4.01	4.02	3.98	4.02
4.02	4.01	3.97	3.99
4.04	3.99	3.95	4.01
	4.00	4.00	
	4.00		

取显著性水平 $\alpha=0.01$，检验 4 台机器的装填量是否相同。

3. 一家管理咨询公司为不同的客户举办人力资源管理讲座。每次讲座的内容基本上是一样的，但讲座的听课者有时是高级管理者，有时是中级管理者，有时是初级管理者。该咨询公司认为，不同层次的管理者对讲座的满意度是不同的。听完讲座后随机抽取的不同层次管理者的满意度评分如下（评分标准为 1~10，10 代表非常满意）：

高级管理者	中级管理者	初级管理者
7	8	5
7	9	6
8	8	5
7	10	7
9	9	4
	10	8
	8	

取显著性水平 $\alpha = 0.05$，检验管理者的层次不同是否会导致评分的显著差异。

4. 某家电制造公司准备购进一批 5 号电池，现有 A，B，C 三个电池生产企业愿意供货，为比较它们生产的电池质量，从每个企业各随机抽取 5 只电池，经实验得其寿命（单位：小时）数据如下：

试验编号	电池生产企业		
	A	B	C
1	50	32	45
2	50	28	42
3	43	30	38
4	40	34	48
5	39	26	40

试分析三个企业生产的电池的平均寿命之间有无显著差异（$\alpha = 0.05$）。如果有差异，用 LSD 方法检验哪些企业之间有差异。

5. 一家汽车制造商准备购进一批轮胎。考虑的因素主要有供应商和磨损程度。为了对磨损程度进行测试，分别在低速（40千米/小时）、中速（80千米/小时）、高速（120千米/小时）下进行测试。下面是从5家供应商抽取的轮胎随机样本在行驶1000千米后的磨损程度数据。

供应商	车速		
	低速	中速	高速
1	3.7	4.5	3.1
2	3.4	3.9	2.8
3	3.5	4.1	3.0
4	3.2	3.5	2.6
5	3.9	4.8	3.4

取显著性水平 $\alpha = 0.05$，检验：

（1）不同车速对磨损程度是否有显著影响；

（2）不同供应商生产的轮胎的磨损程度是否有显著差异。

6. 为检验广告媒体和广告方案对产品销量的影响，一家营销公司做了一项实验，考察三种广告方案和两种广告媒体的影响，获得的销量数据如下：

广告方案	广告媒体	
	报纸	电视
A	8	12
B	22	26
C	10	18

检验广告方案、广告媒体或其交互作用对销售量的影响是否显著（$\alpha = 0.05$）。

第九章 一元线性回归

在学习方差分析时，我们知道它分析的是分类型自变量与数值型因变量之间的关系，而本章开始主要介绍数值型自变量和数值型因变量之间关系的分析方法，也就是相关分析与回归分析。

在研究回归分析时，需要先讨论下所涉及的变量有多少，当研究的变量是两个变量之间的关系时，我们称之为简单相关与简单回归分析。这也是本章需要讨论的内容。

第一节 变量间关系的度量

一、变量之间的关系

当研究内容涉及两个变量时，一般都是先看下这两个变量之间是否有联系。统计分析的目的在于根据统计数据确定变量之间的关系形态及其关联的程度，并探索出其内在的数量规律性。人们在实践中发现，变量之间的关系可分为两种类型，即函数关系和相关关系。

函数关系是大家比较常见的一种变量关系，例如，假设有两个变量，变量 y 与变量 x，其中，变量 y 代表的是路程，变量 x 代表的是时间，假如一个人行走时的速度是 50 千米/小时，这样的话，他行走的路程与行走的时间（分钟）之间的关系式就是 $y = 5x$，此时，可以发现变量 y 是由变量 x 确定的，并且完全依赖于变量 x，当变量 x 取某一个值时，y 取的值也是固定的，此时，我们就将变量 x 与变量 y 之间的关系视为函数关系。

函数关系是两个变量之间一一对应的确定关系。但是在实际生活中，两个变量之间的关系并不一定完全确定，变量之间的关系往往并不是这么简单，例如，父母身高与孩子身高之间的关系，一般情况下，父母身高越高，他们孩子的身高相对来说也要高一些。但是两家父母身高相同时，他们孩子的身高并不一定完全相同，这是因为孩子身高不仅是父母身高这一个因素决定的，还有其他许多因素的影响，比如环境、营养和运动量等。正是由于影响孩子身高的因素非常多，才造成了孩子身高与父母身高之间关系的不确定性。因此，孩子身高与父母身高之间并不是一个确定的函数关系，而是另一种比较复杂的关系。变量之间这种不确定的数量关系，我们称之为相关关系（correlation）。

以下是函数关系与相关关系的几个例子：

例 9 – 1　考虑销售额与销售量之间的关系时，假设销售额为 y，销售量为 x，两者之间的关系表示为 $y = 10x$，此时可以发现，当销售量取一定值的时候，一个销售量的值对应一个销售额的值，销售额与销售量是一一对应的，两者之间是线性函数关系。

例 9 – 2　工厂进行排污处理时，将污水排到污水厂统一进行处理，处理 1 立方米需付 14 元的排污费。假设排污费为 y，污水量为 x，此时，排污费与污水量之间的关系为 $y = 14x$。一定的污水量对应一定的排污费用，排污费用与污水量是一一对应的，两者之间是线性函数关系。

例 9 – 3　一个人的收入水平（y）和他受教育的程度（x）之间存在一定的关系。一般情况下，受教育程度越高，其收入水平也越高，但是受教育程度相同的人，他们的收入水平往往不完全相同。同样，收入水平相同的人，他们的受教育程度也可能不同。这是由于一个人的收入多少尽管与受教育程度有关系，但受教育程度并不是影响收入的唯一因素，还有一些其他因素，如职业、工作年限等。因此，一个人的收入水平（y）和受教育程度（x）之间就不存在确定的函数关系，这两者之间是一种相关关系。

例 9 – 4　农作物的单位面积产量（y）与降雨量（x）之间有一定的关系。在一定条件下，降雨量越多，单位面积产量也就越高，但是当降雨量相同时，单位面积产量也不尽相同，这是由于产量并不是由降雨量一个因素决定的，还受其他许多因素的影响，比如施肥量、温度管理水平等，因此，农作物的单位面积产量（y）与降雨量（x）之间不存在确定的函数关系，两者之间是相关关系。

通过以上几个例子可以看出函数关系与相关关系的一些特点：对于函数关系来说，一个自变量 x 对应的是一个因变量 y，它们之间是一一对应的；对于相关关系来说，一个变量的取值不能由另一个变量唯一确定，当变量 x 取定某一个值的时候，变量 y 的取值可能有几个。这种特点使得存在函数关系的两个变量，可以通过一个确定的函数把这两个变量之间的关系表述出来，而对于存在相关关系的变量来说，就不能写出这种确定的函数。但是存在相关关系的两个变量并不是完全没有关系，他们之间也是有一定联系的。例如，一般情况下，受教育水平越高，收入水平也就越高；在一定的条件下，降雨量越多，单位面积的产量也就越高。通过大量的数据观察与研究发现，很多变量之间不存在函数关系，但是它们却存在这种相关关系，相关与回归分析正是描述与探索这类变量之间关系及其规律的统计方法。

二、相关关系的描述

相关分析研究的是两个变量之间的线性关系，因此，它要解决的问题有以下几个：

（1）变量之间是否存在关系？

（2）如果存在关系，它们之间是什么样的关系？

（3）变量之间的关系强度如何？

（4）样本所反映的变量之间的关系能否代表总体变量之间的关系？

因此，在进行相关分析时，首先要对总体做出以下两个假定：

（1）变量之间是线性关系；

（2）两个变量都是随机变量。

因此，在对两个变量进行相关分析时，首先，需要通过绘制散点图来判断变量之间是否存在明显的关系以及相应的关系形态，如果两变量之间存在线性关系，则可以通过计算两变量间的相关系数来测度变量的关系强度；其次，再对相关系数进行显著性检验，以此判断能否使用样本反映的关系去代表两个变量总体上的关系。

1. 散点图

在之前的章节中我们提到过，散点图是用二维坐标展示两个变量之间关系的一种图形。散点图用纵坐标代表一个变量，用横坐标代表另一个变量，并将每组的数据在坐标系中用点表示，一系列的点来表示 n 组数据，在坐标系中形成的 n 个点称为散点，由坐标及其散点形成的二维数据图称为散点图（scatterdiagram）。

散点图是描述变量之间关系的一种直观方法，通过散点图我们可以初步直观

地看出两个变量之间有什么样的关系形态。散点图一般有几种形态，如图 9－1
所示。

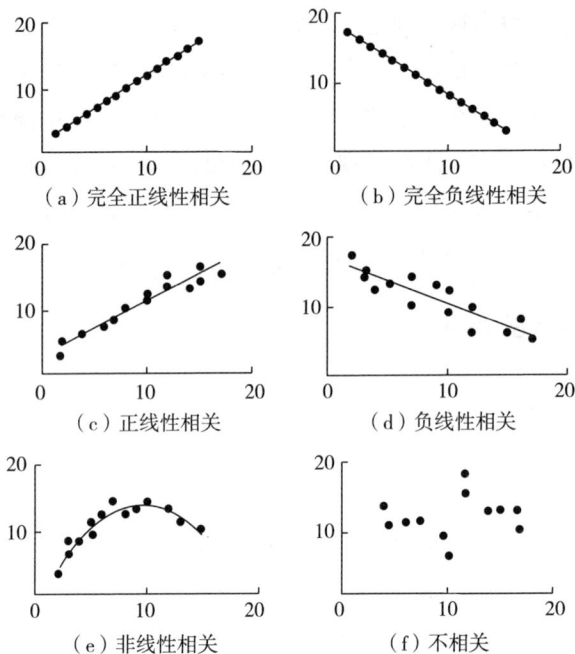

图 9－1　变量之间关系形态的散点图

　　从上面的散点图可以看出，变量之间关系的形态大体上可分为完全相关、线
性相关、非线性相关和不相关几种。完全线性相关图中，两个变量所有的点都在
一条直线上，我们可以用一个线性函数表示出来，此时，一个 x 对应一个 y，变
量 x 与变量 y 是一一对应的，我们就称它为完全线性相关。线性相关图中，两个
变量所形成的散点并不是在一条直线上，而是均匀地分布在一条直线的两侧，数
据量非常大的情况下，同一个 x 值对应的 y 值可能有多个，并不一定只有一个，
此时，我们就称两个变量之间是线性相关。非线性相应图中，两个变量所形成的
散点并不是均匀地分布在一条直线的两侧，而是均匀地分布在一条曲线的两侧，
此时，两个变量之间不是线性相关，而是非线性相关。不相关图中，两个变量所
形成的散点并没有均匀地分布在某一条直线或曲线的两侧，而是杂乱无章地散布
在坐标轴中，此时，我们就称两个变量不相关。

在讨论两个变量之间的关系时还需要定义另一个概念：如果两个变量的变动方向是同向的，即当一个变量的值变大时，另一个变量的值也随之增大，或者当一个变量的值变小时，另一个变量的值也随之变小，此时，两个变量变动方向是相同的，我们就称这两个变量之间为正相关，如图 9-1（a）及图 9-1（c）所示。相反，当两个变量的变动方向相反，也就是说，当一个变量的数值增加，另一个变量的数值减少，或者一个变量数值减少，另一个变量的数值随之增加，此时，两个变量变动方向是相反的，我们称这两个变量之间为负相关，如图 9-1（b）及图 9-1（d）所示。

例 9-5 假定一货物托运公司近几次的托运距离与托运费用如表 9-1 所示。

表 9-1 托运距离及费用情况

托运距离（千米）	11	15	21	24	30
托运费用（元）	600	800	1050	1200	1500

从图 9-2 中，我们可以确定托运费用与托运距离之间呈现一定的关系，但是这两者所对应的点不在一条直线上，因此，它们之间不是一一对应的关系，而是线性相关，而且是正的线性相关。

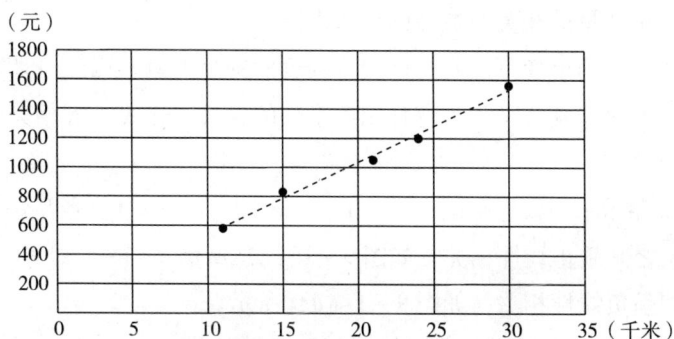

图 9-2 托运费用与托运距离关系图

2. 相关系数

通过散点图我们可以大致确定两个变量之间的关系形态以及他们的相关性，但是两个变量之间的相关性强度大小是无法精确度量的。为了准确度量两个变量间的相关性的强度，我们需要计算相关系数。

相关系数（correlation coefficient）是根据样本数据计算的度量两个变量之间线性关系强度的统计量。若相关系数是根据总体全部数据计算的，称为总体相关系数，记为 ρ。若是根据样本数据计算的，则称为样本相关系数，记为 r。样本相关系数的计算公式如下：

$$r = \frac{n\sum xy - \sum x \sum y}{\sqrt{n\sum x^2 - (\sum x)^2} \cdot \sqrt{n\sum y^2 - (\sum y)^2}}$$

$$= \frac{\sum (x - \bar{x})(y - \bar{y})}{\sqrt{\sum (x - \bar{x})^2 \cdot \sum (y - \bar{y})^2}} \tag{9-1}$$

通过上式计算出来的相关系数被称为线性相关系数（linear correlation coefficient），也被称为皮尔逊相关系数（Pearson's correlation coefficient）。

例 9 – 6 变量 x、y 对应的 (x, y) 有五个点：$(-1, 0)$ $(0, 2)$ $(1, 1)$ $(2, 3)$ $(3, 4)$，根据这五个点，完成下列题目：

（1）计算变量 x 与 y 的相关系数 r 并画出对应的散点图；

（2）计算变量 y 与 y 的相关系数 r 并画出对应的散点图；

（3）将五个点变为 $(x+10, y+10)$ 后，计算对应的相关系数 r；

（4）当 (x, y) 对应的点为 $(-2, 4)$ $(-1, 1)$ $(0, 0)$ $(1, 1)$ $(2, 4)$ 时，计算这两个变量的相关系数并画出散点图。

相关系数是对两个变量之间线性关系强度的一个度量，因此，计算出相关系数后，一般需要解释其含义。为解释相关系数的含义，先要了解相关系数的一些性质，其性质总结如下：

（1）相关系数 r 的取值范围为 $[-1, 1]$，即 $-1 \leqslant r \leqslant 1$。当 $0 \leqslant r \leqslant 1$ 时，变量 y 与变量 x 之间呈正线性相关，如图 9 – 1（c）所示；当 $-1 \leqslant r \leqslant 0$ 时，变量 y 与变量 x 之间呈负线性相关，如图 9 – 1（d）所示。

当相关系数 $|r| = 1$ 时，两个变量之间为完全线性相关。此时画出的散点图中，所有的点都在一条直线上，变量 y 的值由 x 的值唯一确定，它们之间呈函数关系。其中，当 $r = 1$ 时，变量 y 与变量 x 之间为完全正线性相关，如图 9 – 1（a）所示；当 $r = -1$ 时，变量 y 与变量 x 之间为完全负线性相关，如图 9 – 1（b）所示。

当 $r = 0$ 时，变量 y 的取值与 x 无关，两变量之间不存在线性关系。

（2）相关系数 r 具有对称性。变量 y 与 x 之间的相关系数和变量 x 与 y 之间的相关系数相等。

（3）相关系数 r 的数值大小与变量 x 和 y 的原点及尺度无关，改变 x 和 y 的数据原点及计量尺度并不改变 r 的数值大小。

（4）相关系数 r 是两个变量之间线性关系的一个度量，它不能用于描述变量间的非线性关系，这也就意味着，当相关系数 $r=0$ 时，只是表示两个变量之间不存在线性相关关系，并不能说明变量之间没有任何关系。这是因为当变量之间的非线性相关程度较大时，也会导致 $r=0$。因此，当 $r=0$ 或很小时，不能轻易得出两个变量之间不存在任何关系的结论，这只表示两个变量之间不存在线性相关，具体有没有其他关系还需要根据散点图进行分析。

（5）相关系数 r 只是两个变量之间线性关系的一个度量，并不一定意味着变量 x 与 y 存在因果关系。

了解相关系数的性质有助于对其实际意义的解释。但根据实际数据计算出 r 的取值一般在 $-1<r<1$。相关系数 $|r|$ 越趋近于 1，说明两个变量之间的线性关系越强；相反，相关系数 $|r|$ 越趋近于 0，说明两个变量之间的线性关系越弱。根据经验可以将变量的相关程度分为以下几种情况：当 $|r|>0.8$ 时，可认定两个变量之间高度相关；$0.5<|r|<0.8$ 时，可认定两个变量之间中度相关；$0.3<|r|<0.5$ 时，可认定两个变量之间低度相关；当 $|r|<0.3$ 时，说明两个变量之间的相关程度极弱，可认定两个变量之间不相关。

以上解释都必须建立在相关系数的显著性检验成立的基础之上。

三、相关系数的显著性检验

通过式（9-1）计算出来的相关系数为样本相关系数，当两变量的总体确定时，两个变量的总体相关系数 ρ 也就唯一确定，但是通过总体抽取的样本计算出的相关系数 r 与样本有关，不同的样本计算出来的相关系数很可能不同。因此，希望通过某个样本的相关系数 r 来对总体相关系数进行估计时，需要对样本相关系数进行显著性检验。

对样本相关系数 r 进行显著性检验时，需要考察 r 的抽样分布。样本相关系数 r 的分布与总体相关系数 ρ 和样本量 n 有关。通常情况下，我们对样本相关系数的分布不假定正态，而是采用的费希尔提出的 t 检验。

具体检验步骤如下：

第一步：提出原假设及备择假设。

$H_0: \rho = 0$，$H_1: \rho \neq 0$

第二步：计算检验统计量。

$$t = |r| \sqrt{\frac{n-2}{1-r^2}} \tag{9-2}$$

统计量 t 服从自由度为 $n-2$ 的 t 分布，即 $t \sim t\,(n-2)$。

第三步：进行决策。

双边 t 检验时，通过显著性水平 α 以及自由度 $n-2$ 的值，可以查表得出 $t_{\alpha/2}$ $(n-2)$ 的值，并与计算出来的统计量 t 进行比较。若 $|t| > t_{\alpha/2}\,(n-2)$，样本统计量落入拒绝域，则拒绝原假设 H_0，说明总体的两个变量之间存在显著的线性关系；相反，若 $|t| < t_{\alpha/2}\,(n-2)$，样本统计量未落入拒绝域，则不拒绝 H_0。

例 9-7 在一个样本中，两变量各有 12 个数据，通过此数据计算出两个变量的相关系数为 0.97，检验总体中两变量的相关系数是否显著（$\alpha = 0.05$）。

解：

第一步：提出假设。

$H_0: \rho = 0$，$H_1: \rho \neq 0$

第二步：计算统计检验量。

$$t = |r| \sqrt{\frac{n-2}{1-r^2}} = |0.97| \times \sqrt{\frac{10}{1-0.97^2}} = 12.6176$$

第三步：进行决策。

通过题目中给定的显著性水平 $\alpha = 0.05$，查表得临界值 $t_{\alpha/2}(n-2) = 2.6338$，检验统计量 $t = 12.6176 > 2.6338 = t_{\alpha/2}(n-2)$，样本统计量落入拒绝域，则拒绝原假设 H_0，即总体的两个变量之间存在显著的线性关系。

需要了解的是，在总体相关系数 ρ 很小或接近 0，并且样本数据来自正态总体时，随着 n 的增大，r 的抽样分布趋于正态。而当 ρ 远离 0 时，除非 n 非常大，否则 r 的抽样分布会呈现一定的偏态。因为 r 是在 ρ 的周围分布的，当 ρ 的数值接近 1 或 -1 时，比如当 $\rho = 0.95$，r 的值可能以 0.95 为中心向两个方向变化，又因 r 的取值范围在 [-1，1]，所以一方的变化以 1 为限，全距是 0.05，而向另一方的变化以 -1 为限，全距是 1.95，两个方向变化的全距不等，因此，r 的抽样分布也不可能对称。但当 $\rho = 0$ 或接近于 0 时，两个方向变化的全距接近相等，所以 r 的抽样分布也就接近对称了。需要注意的是，当 ρ 为较大的正值时，r

呈现左偏分布；当 ρ 为较大的负值时，r 呈现右偏分布。只有当 ρ 接近于 0，且样本量 n 很大时，才能认为 r 是接近于正态分布的随机变量。然而，以样本 r 来估计总体 ρ 时，总是假设 r 为正态分布，但这一假设常常会带来一些严重后果。

第二节　一元线性回归

仅仅知道两个变量之间是否存在相关关系以及它们之间相关系数的大小并不能够满足研究的需要。很多情况下，研究员想知道的是当一个变量变动一个单位时，另一个变量的变化量是多少，或者说另一个变量的平均变化量是多少。

前面的销售额与销售量之间的关系以及工厂进行排污的排污费处理的例子中，两个变量之间都是完全线性相关，这时两个变量之间是一一对应的，我们给定销售量值就可以通过关系式得到销售额的值。然而在收入水平和受教育程度以及农作物的单位面积产量和降雨量两个例子中，相应的两个变量之间已经不再是一一对应的函数关系，而是非一一对应的相关关系，我们无法通过一个变量的值直接得到另一个变量的值，但是如果能够得到另一个变量的大概值或平均值也将有利于研究。通过回归分析就可以解决上述问题。

相关分析的目的在于通过相关系数测度变量之间的相关性强度，而回归分析则通过一定的数学表达式将变量之间的数量关系描述出来，进而通过一个或几个变量（自变量）的变化对另一个特定变量（因变量）的变动进行估计。具体来说，回归分析主要解决以下几个方面的问题：

（1）从一组样本数据出发，确定变量之间的数学关系式。

（2）对这些关系式的可信程度进行各种统计检验，并从影响某一特定变量的诸多变量中找出哪些变量的影响是显著的，哪些是不显著的。

（3）利用所求的关系式，根据一个或几个变量的取值来估计或预测另一个特定变量的取值，并给出这种估计或预测的可靠程度。

一、一元线性回归模型

在建立线性回归模型时，要先确定变量的类型。回归分析研究的是一个或几个变量的变化对另一个特定变量的影响，而这个被预测或被解释的特定变量，我们称之为因变量（dependent variable），通常用字母 y 表示；而用来预测或用来解释因变量的一个或多个变量，称为自变量（independent variable），通常用字母 x 表示。例如，在分析农产品的单位产量及降雨量之间的关系时，目的是预测一定降雨量下的农产品单位产量是多少。农产品单位产量是被预测的变量，称为因变量；而用来预测单位面积产量的降雨量就是自变量。

在建立线性回归模型时，如果这个回归模型中只涉及一个自变量，则称该模型为一元回归，如果此时因变量 y 与自变量 x 之间又为线性关系，则称其为一元线性回归。如果回归模型中涉及多个自变量，并且因变量与自变量之间为线性关系时，我们则称其为多元线性回归，多元线性回归为下一章涉及的内容，这里就不再重复。

1. 模型的数学形式

在对农产品的单位产量和降雨量之间的关系进行描述时，可以用两部分：一部分是，单位产量和降雨量之间的关系产生的影响；另一部分是，其他因素所产生的影响。前者我们称作线性变化，表示为 $\beta_0 + \beta_1 x$；后者我们称作随机影响，表示为 ε。因此，模型的完整形式表示为：

$$y = \beta_0 + \beta_1 x + \varepsilon \tag{9-3}$$

式（9-3）称为变量 y 对 x 的一元线性理论回归模型。一般情况下，我们称 y 为被解释变量，也就是因变量。x 为解释变量，即自变量。其中，β_0 和 β_1 是未知参数，称 β_1 为回归系数，β_0 为回归常数，误差项 ε 表示其他因素所产生的影响。

2. 模型的假定

对于上述模型，我们有几个主要的假定：

（1）因变量 y 与自变量 x 之间具有线性关系。

（2）在重复抽样中，自变量 x 的取值是固定的，即假定 x 是非随机的。

（3）误差项 ε 是一个服从正态分布的不可观测的随机变量，并且与自变量 x 无关。此时，通常假定 ε 满足：

$$E(\varepsilon) = 0$$

由于 β_0 与 β_1 都是常数，因此，对于任意给定的 x 值再对式（9-3）两边同时求条件期望，得：

$$E(y \mid x) = \beta_0 + \beta_1 x \tag{9-4}$$

我们称式（9-4）为回归方程，将条件期望 $E(y \mid x)$ 简记为 $E(y)$，则回归方程为：

$$E(y) = \beta_0 + \beta_1 x \tag{9-5}$$

（4）对于所有的 x 值，ε 的方差 σ^2 都相同。

这就意味着对于一个特定的 x 值，线性变化部分 $\beta_0 + \beta_1 x$ 是常数，因此，y 的方差只取决于 ε，即 y 的方差也为 σ^2。

（5）误差项 ε 是一个服从独立同分布的独立的随机变量，即 $\varepsilon \sim N(0, \sigma^2)$。

独立性意味着一个特定的 x 值所对应的 ε 与其他 x 值所对应的 ε 不相关。因此，一个特定的 x 值所对应的 y 值与其他 x 所对应的 y 值也不相关。这表明，在 x 取某个确定值的情况下，y 的变化由误差项 ε 的方差 σ^2 来决定。当 σ^2 较小时，y 的观察值非常靠近直线；当 σ^2 较大时，y 的观察值将偏离直线。由于 σ^2 是常数，所以 y 的取值不受 x 取值的影响。由于自变量 x 在数据收集前假设是固定的，因此，对于任何一个给定的 x 值，y 都服从期望值为 $\beta_0 + \beta_1 x$、方差为 σ^2 的正态分布，且不同的 x 都具有相同的方差。关于回归模型的假定，如图 9-3 所示。

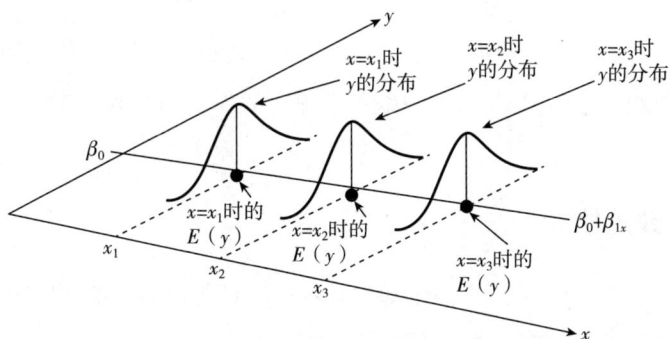

图9-3 对应不同 x 的 y 和 ε 的分布

从图 9-3 中可以看出 $E(y)$ 的值随着 x 的不同而变化，但无论 x 怎么变化，$E(y)$ 和 y 的概率分布都是正态分布，且具有相同的方差。

一般情况下，我们研究某一个实际问题时获得的数据都是 n 组数据，如果这 n 组样本观测值 (x_1, y_1)，(x_2, y_2)，…，(x_n, y_n) 都符合式（9-3）的话，则：

$$y_i = \beta_0 + \beta_1 x_i + \varepsilon_i, \ i=1, 2, 3, \cdots, n \tag{9-6}$$

我们称式（9-6）为一元线性样本回归模型。

结合模型假定（3）（4），有：

$$E(\varepsilon_i) = 0$$
$$\text{var}(\varepsilon_i) = \sigma^2$$
$$\quad i = 1, 2, \cdots, n \quad\quad\quad\quad (9-7)$$
$$E(y_i) = \beta_0 + \beta_1 x_i$$
$$\text{var}(y_i) = \sigma^2$$

式（9-7）表明 ε_1，ε_2，$\cdots$，ε_n 都是相互独立的随机变量，同时，随机变量 y_1，y_2，y_3，$\cdots$，y_n 的期望不相等，但方差相等。因而，也是独立的随机变量，但并不是同分布。

3. 估计的回归方程

在统计学应用中，我们的想法是通过一个给定的 x 值，利用式（9-3）求出相应的 y 值。但是总体参数是未知的，这需要我们通过样本数据来估计总体参数 β_0 与 β_1，通过样本统计量 $\hat{\beta}_0$ 与 $\hat{\beta}_1$ 来代替回归方程中的未知参数 β_0 与 β_1，这时，就得到了估计的回归方程（estimated regression equation）：

$$\hat{y} = \hat{\beta}_0 + \hat{\beta}_1 x \quad\quad\quad\quad (9-8)$$

参数 $\hat{\beta}_0$ 与 $\hat{\beta}_1$ 是通过样本数据估计出来的，其中，参数 $\hat{\beta}_0$ 代表的是回归直线在 y 轴上的截距，参数 $\hat{\beta}_1$ 是回归直线的斜率，表示 x 每变动一个单位，y 的平均变动值。

二、参数的估计

为了估计出式（9-8）中两个参数 $\hat{\beta}_0$ 与 $\hat{\beta}_1$ 的理想值，使用的方法为普通最小二乘估计（Ordinary Least Square Estimatin，OLSE）。

最小二乘法的想法是，对于每一个样本观测值 (x_i, y_i)，使观测值 y_i 与其回归值 $E(y_i) = \beta_0 + \beta_1 x_i$ 的离差越小越好。德国科学家卡尔·高斯（Karl Gauss）提出用最小化图中垂直方向的离差平方和来估计参数 β_0 与 β_1，如图 9-4 所示，根据这一方法确定模型参数 β_0 与 β_1 的方法，称为最小二乘法。

综合考虑 n 个观测值对应的离差值，定义离差平方和为：

$$\sum_1^n [y_i - E(y_i)]^2 = \sum_1^n (y_i - \beta_0 - \beta_1 x_i)^2 \quad\quad\quad\quad (9-9)$$

最小二乘法就是寻找参数 β_0 与 β_1 的最优估计值 $\hat{\beta}_0$ 与 $\hat{\beta}_1$，使式（9-9）的

离差平方和达到极小，即：

$$\sum_1^n (y_i - \hat{\beta}_0 - \hat{\beta}_1 x_i)^2 = \min \sum_1^n (y_i - \beta_0 - \beta_1 x_i)^2 \qquad (9-10)$$

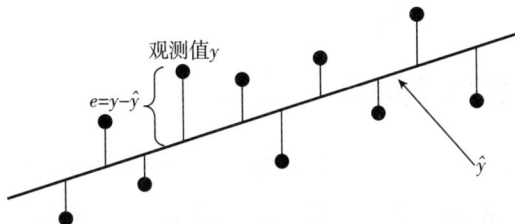

图 9 - 4　最小化图

当给定样本数据后，式（9 - 10）就是参数 $\hat{\beta}_0$ 与 $\hat{\beta}_1$ 的函数。根据微分的极值定理，其最小值一定存在。对式（9 - 10）求偏导，并令偏导为零，便可求出参数 $\hat{\beta}_0$ 与 $\hat{\beta}_1$ 的值：

$$\hat{\beta}_1 = \frac{n \sum x_i y_i - \sum x_i \sum y_i}{n \sum x_i^2 - (\sum x_i)^2}$$

$$\hat{\beta}_0 = \bar{y} - \hat{\beta}_1 \bar{x} \qquad (9-11)$$

由式（9 - 11）可知，当 $x = \bar{x}$，$\hat{y} = \bar{y}$ 时，回归直线 $\hat{y}_i = \hat{\beta}_0 + \hat{\beta}_1 x_i$ 通过点 $(\bar{x}, \bar{y})$。

用最小二乘法拟合的直线具有一些优良性质。首先，根据最小二乘法得到的回归直线能使离差平方和达到最小，虽然这并不能保证它就是拟合数据的最佳直线，但这毕竟是一条与数据拟合良好的直线。其次，由最小二乘法求得的回归直线可知 β_0 与 β_1 的估计量的抽样分布。最后，在某些条件下，β_0 与 β_1 的最小二乘估计量同其他估计量相比，其抽样分布具有较小的标准差。正是由于上述优良性质，最小二乘法被广泛应用于回归模型参数的估计。

例 9 - 8

托运距离（千米）	11	15	21	24	30
托运费用（元）	600	800	1050	1200	1500

解：通过式（9 - 11）得：

$$\hat{\beta}_1 = \frac{n \sum x_i y_i - \sum x_i \sum y_i}{n \sum x_i^2 - (\sum x_i)^2} = \frac{5 \times 114450 - 101 \times 5150}{5 \times 2263 - 101^2} = 46.768$$

$$\hat{\beta}_0 = \overline{y} - \hat{\beta}_1 \overline{x} = \frac{5150}{5} - \beta_1 \frac{101}{5} = 85.278$$

由此可知，托运费用对托运距离的估计方程为$\hat{y} = 85.278 + 46.768x$。回归系数$\hat{\beta}_1 = 46.768$表示托运距离每增加 1 千米，托运费用平均增加 46.768 元。截距$\hat{\beta}_0 = 85.278$没有任何真实意义。

三、回归直线的拟合优度

回归直线$\hat{y}_i = \hat{\beta}_0 + \hat{\beta}_1 x_i$在一定程度上描述了变量$x$与$y$之间的数量关系，我们可以根据一个给定的自变量$x$来估计或预测出因变量$y$的值，但是估计或预测的精度取决于回归直线对观测数据的拟合程度。如果回归直线对观测数据的拟合程度非常好，在极端情况下为完全拟合，即两变量是函数关系，这个时候我们就可以通过自变量x的值来非常好地估计或预测出对应的因变量y的值。

回归直线与各观测点的接近程度，称为回归直线对数据的拟合优度（goodness of fit）。通过散点图可以大致看出拟合程度的大小，如果观测数据点紧密围绕在回归直线两侧，这就说明回归直线的拟合程度比较好，此时用给定的x来估计或预测因变量y的效果也会比较好。相反，估计或预测因变量y的效果则会比较差。

我们还可以通过计算判定系数，来说明回归直线的拟合优度。

一般情况下，在获取的多组观测值中，因变量y的值是不同的，y取值的这种波动称为变差。变差可以用实际观测值y与其均值$\overline{y}$之差$y - \overline{y}$来表示。通过图9 – 5 我们可以看到，变差的大小可以由两部分来解释：一部分是自变量x取值的不同造成的，即$\hat{y} - \overline{y}$；另一部分是除x以外的其他因素（如对y的非线性影响、测量误差等）造成的，即$y - \hat{y}$。这两部分之和就是对应的y的变差，即$y - \overline{y} = (y - \hat{y}) + (\hat{y} - \overline{y})$。

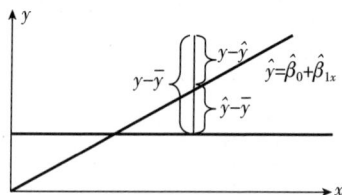

图 9 – 5　变差的分解

n次观察值的总变差可由这些离差的平方和$\sum (y_i - \overline{y})^2$来表示，称为总平方和，记为$SST$。它可分解为两部分，一部分$\sum (\hat{y} - \overline{y})^2$是回归值$\hat{y}$与均值$\overline{y}$的

离差平方和，这部分变差可以看成是总变差 $\sum (y_i - \overline{y})^2$ 中自变量 x 的变化引起的 y 的变化，这部分是可以由回归直线来解释的 y_i 的变差部分，称为回归平方和，记为 SSR。另一部分 $\sum (y_i - \hat{y})^2$ 是各实际观测点与回归值的残差 $y_i - \hat{y}$ 的平方和，它是除了 x 对 y 的线性影响之外的其他因素对 y 的总变差的影响，是不能由回归直线来解释的 y_i 的变差部分，我们将这部分称为残差平方和或误差平方和，记为 SSE。

通过计算可以发现：

$$\sum (y_i - \overline{y})^2 = \sum (y_i - \hat{y}_i)^2 + \sum (\hat{y}_i - \overline{y})^2 + 2\sum (y_i - \hat{y}_i)(\hat{y}_i - \overline{y})$$

其中，$\sum (y_i - \hat{y}_i)(\hat{y}_i - \overline{y}) = 0$，因此，可以推出总平方和（$SST$）、回归平方和（$SSR$）与残差平方和（$SSE$）之间的关系为：

$$\sum (y_i - \overline{y})^2 = \sum (y_i - \hat{y}_i)^2 + \sum (\hat{y}_i - \overline{y})^2 \qquad (9-12)$$

$$SST = SSE + SSR$$

从图 9-5 中，我们可以看到某一个观测点和回归直线的接近程度取决于回归平方和占总平方和的比例。当回归平方和比总平方和要大很多时，对应的观测点离回归直线就非常近，回归直线对这个点的拟合程度就比较好；反之，回归直线对这个点的拟合程度就比较差。因此，我们用 SSR 占 SST 的比例来描述回归直线的拟合程度，占比越大，回归直线的拟合程度越好。我们将 SSR 占 SST 的比例称为判定系数（coefficient if determination），记为 R^2，计算公式为：

$$R^2 = \frac{SSR}{SST} = 1 - \frac{SSE}{SST} \qquad (9-13)$$

判定系数 R^2 测度的是回归直线对观测数据的拟合程度。若两变量为函数关系，则对应的观测点都在一条直线上，此时，残差平方和 $SSE = 0$，对应的 $R^2 = 1$，为完全拟合；如果两个变量之间没有任何关系，即 y 的变化与 x 无关，此时，自变量 x 的变化引起的 y 的变化为 0，即 $SSR = 0$，对应的 $R^2 = 0$。由此可见，R^2 的取值范围是 $[0, 1]$。当 R^2 越接近于 1 时，回归平方和占总平方和的比例越大，回归直线的拟合程度就越好；反之，当 R^2 越接近于 0 时，回归直线的拟合程度就越差。

在一元线性回归中，相关系数 r 实际上是判定系数 R^2 的平方根。通过这一结论，不仅可以由相关系数直接计算判定系数 R^2，也可以进一步理解相关系数的意义。相关系数 r 与回归系数 $\hat{\beta}_1$ 的正负号是相同的，实际上，相关系数 r 也从

另一个角度说明了回归直线的拟合优度。$|r|$ 越接近 1，表明回归直线对观测数据的拟合程度就越好。但用 r 说明回归直线的拟合优度时要慎重，因为 r 的值总是大于 R^2 的值，除非 $r=0$ 或 $|r|=1$。例如，当 $r=0.5$ 时，表面上相关程度似乎接近一半，但 $R^2=0.25$，实际上这只能解释总变差的 25%。当 $r=0.7$ 时，才能解释近一半的变差，当 $r<0.3$ 时，意味着只有很少一部分变差可由回归直线来解释。

判定系数的实际意义是：在因变量 y 的变差中，有 R^2 可以由因变量 y 与自变量 x 之间的线性关系来解释，或者说，在因变量 y 的变动中，有 R^2 是由自变量 x 所决定的。

在使用判定系数时，需要注意的是：

第一，当样本量较小时，即使得到一个大的决定系数，也很可能是虚假现象。为此，可以结合样本量和自变量的个数对决定系数做调整，计算调整的决定系数。具体计算方法见下一章。

第二，即使样本量并不小，决定系数很大，也不能肯定自变量与因变量之间的关系就是线性的，因为有可能曲线回归的效果更好。尤其是当自变量的取值范围很窄时，线性回归的效果通常较好，这样的线性回归方程是不能用于外推预测的。

第三，算出一个很小的判定系数 R^2，例如，$R^2=0.2$ 时，与相关系数的显著性检验相似，如果样本量 n 不大，就会得到线性回归不显著的检验结论，而如果样本量 n 很大时，就会得出线性回归显著的结论。不论检验结果是否显著，这时都应该尝试改进回归的效果，如增加自变量，改用曲线回归，等等。

四、显著性检验

当我们得到一个实际问题的经验回归方程 $\hat{y}=\hat{\beta}_0+\hat{\beta}_1 x$ 后，不能马上就用它去做分析和预测，因为 $\hat{y}=\hat{\beta}_0+\hat{\beta}_1 x$ 是否真正描述了变量 y 与 x 之间的统计规律，还需运用统计方法对回归方程进行检验。在对回归方程进行检验时，通常需要做正态性假设，即 $\varepsilon \sim N(0, \sigma^2)$，以下的检验内容若无特别声明，都是在此正态性假设下进行的。下面我们介绍几种检验方法。

1. t 检验

回归系数的显著性检验是要检验自变量对因变量的影响是否显著，回归方程 $\hat{y}=\hat{\beta}_0+\hat{\beta}_1 x$ 的回归系数 $\hat{\beta}_1$ 为 0 时，则自变量 x 对因变量 y 没有影响，此时，回归直线为一条水平线，几乎没有研究价值。回归系数的显著性检验就是检验回归系数是否为 0。

t 检验是统计推断中一种常用的检验方法，在回归分析中，t 检验用于检验回归系数的显著性。检验的原假设是：

H_0：$\beta_1 = 0$

备择假设是：

H_1：$\beta_1 \neq 0$

回归系数的显著性检验就是要检验自变量 x 对因变量 y 的影响是否显著。如果原假设 H_0 成立，则因变量 y 与自变量 x 之间没有真正的线性关系，也就是说，自变量 x 的变化对因变量 y 并没有影响。

此时，构造用于检验回归系数 β_1 的 t 统计量如下：

$$t = \frac{\hat{\beta}_1}{s_{\hat{\beta}_1}} \tag{9-14}$$

其中，$s_{\hat{\beta}_1}$ 和 s_e 的计算公式为：

$$s_{\hat{\beta}_1} = \frac{s_e}{\sqrt{\sum x_i^2 - \frac{1}{n}(\sum x_i)^2}} \tag{9-15}$$

$$s_e = \sqrt{\frac{\sum (y_i - \hat{y}_i)^2}{n-1}} = \sqrt{\frac{SSE}{n-2}} = \sqrt{MSE} \tag{9-16}$$

式（9-16）中的 s_e 是估计的标准误差（standard error of estimate），它度量的是实际观测点在直线周围的散布状况，是均方残差（MSE）的平方根。

当原假设 H_0：$\beta_1 = 0$ 成立时，式（9-14）得出的 t 统计量服从自由度为 $n-2$ 的 t 分布。给定显著性水平 α，双侧检验的临界值为 $t_{\alpha/2}$。当 $|t| \geq t_{\alpha/2}$ 时，拒绝原假设 H_0：$\beta_1 = 0$，认为 β_1 显著不为 0，因变量 y 对自变量 x 的一元线性回归成立；当 $|t| < t_{\alpha/2}$ 时，接受原假设 H_0：$\beta_1 = 0$，认为 β_1 为 0，因变量 y 对自变量 x 的一元线性回归不成立。

2. F 检验

线性回归方程的显著性检验检验的是整个回归方程是否显著，其检验方法是 F 检验。F 检验是根据离差平方和的分解式对回归效果进行检验，离差平方和可以分解为：

$$\sum (y_i - \overline{y})^2 = \sum (y_i - \hat{y}_i)^2 + \sum (\hat{y}_i - \overline{y})^2$$

可以推出总平方和（SST）等于回归平方和（SSR）与残差平方和（SSE）之和，即：

$$\sum (y_i - \overline{y})^2 = \sum (y_i - \hat{y}_i)^2 + \sum (\hat{y}_i - \overline{y})^2$$

$$SST = SSE + SSR$$

其中，SSR 为可以通过自变量解释的部分，SSE 为不能通过自变量解释的部分。用 SSR 占 SST 的比例来描述回归直线的拟合程度，占比越大，回归直线的拟合程度越好。因此，可以构造 F 检验统计量的计算公式为：

$$F = \frac{SSR/1}{SSE/(n-2)} = \frac{MSR}{MSE} \sim F(1, n-2) \tag{9-17}$$

F 检验统计量的分子表示回归平方和 SSR 除以它的自由度，SSR 的自由度为自变量的个数 k，由于一元线性回归的自变量只有一个，所以说 SSR 的自由度为 1，结果又称为均方回归，记为 MSR。分母代表的是残差平方和除以它的自由度，SSE 的自由度是 $n-k-1$，一元线性回归中的 $k=1$，因此，SSE 的自由度为 $n-2$，结果又称为均方残差，记为 MSE。

检验的原假设是：

$H_0: \beta_1 = 0$

备择假设是：

$H_1: \beta_1 \neq 0$

在正态分布的假设下，当原假设 $H_0: \beta_1 = 0$ 成立时，F 服从自由度为（1，$n-2$）的 F 分布。当计算出来的 F 检验统计量大于临界值 F_α 时，拒绝原假设 $H_0: \beta_1 = 0$，说明回归方程显著，两变量之间呈线性关系；反之，不能拒绝原假设 $H_0: \beta_1 = 0$，无法证明两变量之间线性关系显著。

第三节　预测

建立两变量间的回归方程只能表示两变量之间的关系，我们更加关心的是通过回归方程进行预测。所谓的预测，就是通过自变量 x 的值来估计因变量 y 的值。

一、点估计

点估计就是用单个值作为因变量新值的预测值。例如，当我们研究某地区农作物的产量 y 与降雨量 x 的关系时，建立回归方程：$\hat{y}_i = \hat{\beta}_0 + \hat{\beta}_1 x_i$。在 n 块面积为 1 亩的土地上，当 1 亩土地上的降雨量为 $x = x_0$ 时，预测此时的农作物产量为：

$$\hat{y}_{0i} = \hat{\beta}_0 + \hat{\beta}_1 x_0$$

此时，$\hat{y}_{0i}$ 即为因变量新值 $y_0 = \beta_0 + \beta_1 x_0 + \varepsilon_0$ 的点估计。

二、区间估计

点估计只能估计出因变量的大概值，不能得出精确值。但利用线性回归进行预测时，仅仅知道大概值是不够的，还需要知道这个预测值的精度，这就需要区间预测给出一个预测范围。我们希望找到一个区间 (M_1, M_2)，给定一个显著性水平 α，使得对于特定的 x_0 求出的 y_0，能够以 $1 - \alpha$ 的概率被区间 (M_1, M_2) 包含，即：

$$P(M_1 < y_0 < M_2) = 1 - \alpha$$

对因变量的区间预测分为两种情况，一种是因变量新值的区间预测，另一种是因变量新值的平均值的区间预测。

1. 因变量新值的区间预测

对于给定的 x_0 求出的 y_0，我们需要求出 y_0 的置信概率为 $1 - \alpha$ 的置信区间，经计算，置信区间为（计算过程此处省略）：

$$\hat{y}_0 \pm t_{\alpha/2}(n-2)\sqrt{1 + h_{00}}\,\hat{\sigma} \tag{9-18}$$

其中，h_{00} 和 $\hat{\sigma}^2$ 的计算公式为：

$$h_{00} = \frac{1}{n} + \frac{(x_0 - \bar{x})^2}{\sum (x_i - \bar{x})^2} \tag{9-19}$$

$$\hat{\sigma}^2 = \frac{1}{n-2}\sum e_i^2 = \frac{1}{n-2}\sum (y_i - \hat{y}_i)^2 \tag{9-20}$$

可以看出，当样本量 n 较大，$|x_0 - \bar{x}|$ 较小时，h_{00} 接近于 0，y_0 的置信度为 95% 的置信区间近似为：

$$\hat{y}_0 \pm 2\hat{\sigma} \tag{9-21}$$

由式（9-18）可以看出，对给定的显著性水平 α，样本量 n 越大，$\sum (x_i -$

$\bar{x})^2$ 越大，x_0 越靠近 x，则置信区间长度越短，预测精度越高。所以，为了提高预测精度，样本量 n 越大越好，采集数据 x_1，x_2，$\cdots$，x_n 不能太集中。在进行预测时，所给定的 x_0 不能偏离 $\bar{x}$ 太多，否则预测结果不好；如果给定值 $x_0 = \bar{x}$，置信区间长度最短，预测结果最好。因此，如果在自变量观测值之外的范围作预测，精度就较差。这种情况进一步说明，当 x 的取值发生较大变化，即 $|x_0 - \bar{x}|$ 很大时，预测就不准。所以，在做预测时，一定要看 x_0 与 $\bar{x}$ 相差有多大，相差太大，效果肯定不好。尤其是在经济问题研究中作长期预测时，x 的取值 x_0 肯定与建模时采集样本的 $\bar{x}$ 相差很大。例如，我们用人均收入 1000 元左右的数据建立的储蓄模型，只适用于近期人均收入 1000 元左右的储蓄模型预测，若干年后，人均收入增长幅度较大或人的消费观念发生较大变化时，用原模型去做预测肯定不准。

2. 因变量新值的平均值的区间预测

式（9 – 18）给出的是因变量单个新值的置信区间，另外一种情况是因变量新值的平均值的区间估计。对于前面提到的降雨量影响农作物产量的问题，如果该地区大片地的每亩降雨量同为 x_0，那么，这一大片地块的平均亩产如何估计的问题，就转换成了估计值 $E(y_0)$。

通过计算，可以得出置信水平 $1 - \alpha$ 的置信区间为：

$$\hat{y}_0 \pm t_{\alpha/2}(n-2)\sqrt{h_{00}}\,\hat{\sigma} \qquad\qquad (9-22)$$

与式（9 – 18）相比，因变量新值的平均值的估计区间的根号内少了一个 1，因此，相比较而言，因变量新值的平均值的估计区间要比因变量新值的估计区间窄一些。

有的教材或软件把因变量新值的区间预测称为预测区间（prediction interval），把因变量新值的平均值的区间预测称为置信区间（confidence interval）。

第四节　残差分析

一、残差

一个线性回归方程通过了 t 检验或 F 检验，只是表明变量 x 与 y 之间的线性关系是显著的，或者说线性回归方程是有效的，但不能保证数据拟合得很好，也不能排除意外导致的数据不完全可靠，如异常值出现、周期性因素干扰等。只有满足与模型中的残差项有关的假定时，我们才能放心地运用回归模型。因此，在利用回归方程做分析和预测之前，应该用残差图诊断回归效果与样本数据的质量，检查模型是否满足基本假定，以便对模型做进一步的修改。

残差 e_i 是实际观测值 y 与通过回归方程计算出的回归值 $\hat{y}_i$ 之差。不同于误差项，残差 $e_i = y_i - \hat{y}_i = y_i - \hat{\beta}_0 - \hat{\beta}_1 x_i$，而误差 $\varepsilon_i = y_i - \beta_0 - \beta_1 x_i$，因此，可以将残差 e_i 看作是误差项 ε_i 的估计值。

可以通过对残差图的分析来判断对误差项 ε_i 的假定是否成立。常用的残差图有关于 x 的残差图、关于 $\hat{y}$ 的残差图、标准化残差图等。

分析残差图前，应考察残差图的形态及其所反映的信息。图 9－6 给出了几种不同形态的残差图。

图 9－6（a）代表满意模型的残差图，此时，残差图中所有的点都均匀分布在两条线的中间。图 9－6（b）代表方差不相等模型的残差图，此时，对于较大的 x 值，相应的残差值也较大，违背了误差项 ε_i 的方差相等的假设。图 9－6（c）代表不合理模型的残差图，由于模型不合理，需要考虑曲线回归模型或多元回归模型。

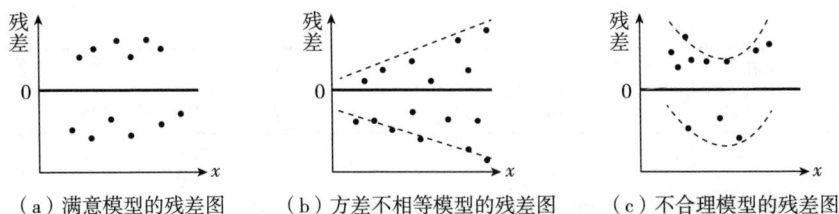

（a）满意模型的残差图　　　（b）方差不相等模型的残差图　　　（c）不合理模型的残差图

图 9－6　不同形态的残差图

二、标准化残差

对误差项 ε 的正态性的检验，可以通过对标准化残差的分析来完成。标准化残差（standardized residual）是残差除以它的标准差后得到的数值，也称为 Pearson 残差或半学生化残差（semi－studentized residuals），用 z_e 表示。第 i 个观察值的标准化残差可以表示为：

$$z_{e_i} = \frac{e_i}{s_e} = \frac{y_i - \hat{y}_i}{s_e} \qquad (9-23)$$

式（9-23）中，s_e 是残差的标准差的估计值。

若误差项 ε 服从正态分布，那么，标准化残差 z_e 也应服从正态分布。因此，根据经验法则，在标准化残差图中，大约有 95% 的标准化残差在 $-2 \sim 2$。

习题

1. 试说明相关系数 r 的正负性与回归方程系数 β_1 之间的联系。

2. 有关数据如下表所示。

x	10	11	12	13	14	15	16	17
y	33	32	35	37	41	40	44	45

（1）画出变量 x 与变量 y 的散点图；

（2）计算变量 x 与变量 y 的相关系数，并说明两变量之间的关系强度；

（3）对计算出的相关系数进行检验（$\alpha = 0.05$）。

3. 某种汽车的行驶里程数与耗油量之间的关系如下表所示。

耗油量 x（升）	1	2	3	4	5	6	7	8
里程数 y（千米）	21	40	58	63	84	105	126	150

（1）画出变量 x 与变量 y 的散点图，并根据散点图判断两变量之间的关系；

（2）计算变量 x 与变量 y 的相关系数，并说明两变量之间的关系强度；

（3）对计算出的相关系数进行检验（$\alpha = 0.05$）。

4. 已知某一元线性回归方程为：$\hat{y} = 0.74 - 0.3x$。

（1）解释截距项 β_0 的含义；

（2）解释系数 β_1 的含义；

（3）当 $x = 10$ 时，计算 $E(y)$ 的值。

5. 已知回归平方和 $SST = 1000$，残差平方和 $SSE = 40$，$n = 10$。

（1）计算回归平方和 SSR；

（2）计算判定系数 R^2，并解释 R^2 的意义；

（3）已知两变量之间为负相关，求两变量的相关系数 r，并说明两变量之间的关系强度；

（4）计算估计的标准误差 s_e。

6. 十个企业各自生产线的产品产量与所花费费用的关系如下表所示。

费用 x（万元）	产品产量 y（个）	费用 x（万元）	产品产量 y（个）
2.0	10	11.7	60
3.9	20	14.1	70
6.2	30	16.5	80
8.0	40	17.9	90
10.1	50	19.9	100

（1）根据变量 x 与变量 y 的散点图，判定两变量之间的关系；

（2）计算变量 x 与变量 y 的相关系数 r，并说明两变量之间的关系强度。

7. 2018 年全国 8 个地区的人均可支配收入及人均储蓄，如下表所示。

地区	人均可支配收入（元）	人均储蓄（元）
地区 A	20126	9571
地区 B	22010	10029
地区 C	15364	7548
地区 D	13224	6524
地区 E	10532	5014
地区 F	9514	4015
地区 G	8412	3512
地区 H	4982	2497

（1）以人均可支配收入为自变量，人均储蓄为因变量，绘制散点图，并根据散点图判断两变量之间的关系；

（2）计算两变量的相关系数，并说明两变量之间的关系强度；

（3）求出人均可支配收入与人均储蓄间的估计的回归方程，并解释常数项及系数的意义。

（4）计算回归方程的判定系数，并做出解释；

（5）检验回归系数的显著性（$\alpha = 0.05$）；

（6）检验回归方程的显著性（$\alpha = 0.05$）；

（7）若人均可支配收入为 10000 元，估计其人均储蓄。

8. 为研究销售收入与广告费用支出之间的关系，某医药管理部门随机抽取 20 家药品生产企业，得到它们的年销售收入和广告费用支出（万元）的数据，如下表所示。

企业编号	销售收入（万元）	广告费用（万元）	企业编号	销售收入（万元）	广告费用（万元）
1	618	45	11	531	40
2	3195	430	12	1691	175
3	1675	240	13	2580	510
4	753	160	14	93	10
5	1942	390	15	192	50
6	1019	80	16	1339	340
7	906	50	17	3627	580
8	673	130	18	902	80
9	2395	410	19	1907	360
10	1267	200	20	967	160

（1）绘制散点图，描述销售收入与广告费用支出之间的关系；

（2）计算变量 x 与变量 y 的相关系数，并说明两变量之间的关系强度；

（3）对计算出的相关系数进行检验（$\alpha = 0.05$）。

9. 某企业上半年产品产量与单位成本关系如下表所示，说明产品产量与单位成本之间的关系。

月份	产量 x（千件）	单位成本 y（元）	x^2	y^2	xy
1	2	73	4	5329	146
2	3	72	9	5184	216

续表

月份	产量 x（千件）	单位成本 y（元）	x^2	y^2	xy
3	4	71	16	5041	284
4	3	73	9	5329	219
5	4	69	16	4761	276
6	5	68	25	4624	340
合计	21	426	79	30268	1481

10. 有关数据如下表所示。

n	$\sum x$	$\sum y$	$\sum x^2$	$\sum y^2$	$\sum xy$
7	1890	31.1	535500	174.15	9318

（1）确定回归方程；

（2）解释回归方程中系数的含义；

（3）当 x 为 500 时，预测 y 的值。

11. 根据下面的数据，计算两个变量的相关系数 r。

x	8	9	10	11	12
y	8	8	10	12	12

12. 根据下表数据，建立体重与身高之间的估计的线性回归方程。

身高 x（厘米）	15	8	19	12	5
体重 y（千克）	47	36	56	44	21

第十章　多元线性回归

上一章中我们提到的是一元线性回归，即讨论一个自变量与一个因变量之间的问题。但是在实际生活中的很多情况下，因变量的影响因素不仅只有一个，而是多个，即对应多个自变量。例如，学生某科目的成绩不仅与学生的努力程度有关，学生的智力水平、学生的偏科程度和学生的入学年龄等都会影响学生该科目的成绩。这些因素也是有很大影响的，不能够忽略不计或算入误差项中。这种涉及多种影响因素的分析就是我们接下来要讨论的多元线性回归分析。

在建立线性回归模型时，如果回归模型中涉及多个自变量，并且因变量与自变量之间为线性关系，我们则称其为多元线性回归。多元线性回归与一元线性回归有很多相似之处，但是由于计算复杂，因此，经常需要利用软件辅助运算。

第一节　多元线性回归模型

一、模型的数学形式

假定因变量为 y，自变量有 k 个，记为 x_1，x_2，$\cdots$，x_k，类似于一元线性回归模型的形式，多元线性回归模型（multiple regression model）的形式如下：

$$y = \beta_0 + \beta_1 x_1 + \beta_2 x_2 + \cdots + \varepsilon \tag{10-1}$$

其中，β_1，β_2，$\cdots$，β_k 是模型未知的回归系数，β_0 为回归常数，误差项 ε 表示除 x_1，x_2，$\cdots$，x_k 外其他因素的影响。

类似于一元线性回归模型，对于误差项 ε 也有几个基本假定：

（1）误差项 ε 是一个服从正态分布的不可观测的随机变量，并且与自变量 x_1，x_2，$\cdots$，x_k 无关。

（2）对于所有的 x_1，x_2，$\cdots$，x_k，ε 的方差 σ^2 都相同。

（3）误差项 ε 是一个服从独立同分布的独立的随机变量，即 $\varepsilon \sim N$（0，σ^2）。

独立性意味着对于一组特定的 x_1，x_2，$\cdots$，x_k，它所对应的 ε 与其他组的 x_1，x_2，$\cdots$，x_k 所对应的 ε 不相关。正态性意味着对于给定的 x_1，x_2，$\cdots$，x_k，因变量 y 也是一个服从正态分布的随机变量。

根据假定，可以得出多元回归方程（multiple regression equation）为：

$$E(y) = \beta_0 + \beta_1 x_1 + \beta_2 x_2 + \cdots + \beta_k x_k \tag{10-2}$$

式（10-2）描述的是一个因变量 y 的期望值与多个自变量 x_1，x_2，$\cdots$，x_k 之间的关系。

需要知道的是，一元线性回归的图像是二维图直角坐标系中的一条直线，二元回归方程的图像是三维空间的一个平面，但涉及三个及以上自变量的回归，则无法在图像中表示出来。

二、估计的回归方程

多元回归中，我们希望通过一组给定的 x_1，x_2，$\cdots$，x_k 值，利用式（10-1）求出相应的因变量 y 值。但是总体参数是未知的，这就需要我们通过样本数据来估计总体参数 β_0，β_1，β_2，$\cdots$，β_k。通过样本统计量 $\hat{\beta}_0$，$\hat{\beta}_1$，$\hat{\beta}_2$，$\cdots$，$\hat{\beta}_k$ 来代替回归方程中的未知参数 β_0，β_1，β_2，$\cdots$，β_k，就得到了估计的回归方程（estimated regression equation）：

$$\hat{y} = \hat{\beta}_0 + \hat{\beta}_1 x_1 + \hat{\beta}_2 x_2 + \cdots + \hat{\beta}_k x_k \tag{10-3}$$

式（10-3）中，$\hat{\beta}_0$，$\hat{\beta}_1$，$\hat{\beta}_2$，$\cdots$，$\hat{\beta}_k$ 是参数 β_0，β_1，β_2，$\cdots$，β_k 的估计值；$\hat{y}$ 是因变量 y 的估计值。其中，$\hat{\beta}_1$，$\hat{\beta}_2$，$\cdots$，$\hat{\beta}_k$ 称为偏回归系数。$\hat{\beta}_1$ 表示当 x_2，x_3，$\cdots$，x_k 不变时，x_1 每变动一个单位，因变量 y 的平均变动量；$\hat{\beta}_2$ 表示当 x_1，x_3，$\cdots$，x_k 不变时，x_2 每变动一个单位，因变量 y 的平均变动量；其他偏回归系数的含义类似。

三、参数的估计

类似于一元回归方程，多元回归方程的参数估计使用的也是最小二乘法，令残差平方和最小，即：

$$Q = \sum (y_i - \hat{y}_i)^2 = \sum (y_i - \beta_0 - \hat{\beta}_1 x_1 - \hat{\beta}_2 x_2 - \cdots - \hat{\beta}_k x_k)^2 \qquad (10-4)$$

由此得出，求解 $\hat{\beta}_0$，$\hat{\beta}_1$，$\hat{\beta}_2$，$\cdots$，$\hat{\beta}_k$ 的标准方程组为：

$$\left. \frac{\partial Q}{\partial \beta_0} \right|_{\beta_0 = \hat{\beta}_0} = 0 \qquad (10-5)$$

$$\left. \frac{\partial Q}{\partial \beta_i} \right|_{\beta_i = \hat{\beta}_i} = 0 \qquad (10-6)$$

通过式（10-5）和式（10-6）可得出 $\hat{\beta}_0$，$\hat{\beta}_1$，$\hat{\beta}_2$，$\cdots$，$\hat{\beta}_k$ 的值，不过一般都是通过计算机进行求解。

第二节　回归直线的拟合优度

回归直线在一定程度上描述了变量 x 与 y 之间的数量关系，在一元线性回归中，我们使用判定系数来表示回归直线的拟合优度，类似于一元回归，多元回归分析中我们使用的是多重判定系数。

一元线性回归中使用了因变量变差的分解公式：

$$\sum (y_i - \overline{y})^2 = \sum (y_i - \hat{y}_i)^2 + \sum (\hat{y}_i - \overline{y})^2$$

即：$SST = SSE + SSR$

多元线性回归中，因变量的变差分解公式也一样，即：

$$SST = SSE + SSR \qquad (10-7)$$

其中，SST 为总平方和，SSR 为回归平方和，SSE 为残差平方和，其公式为：

$$SST = \sum (y_i - \overline{y})^2$$

$$SSR = \sum (\hat{y}_i - \overline{y})^2$$

$$SSE = \sum (y_i - \hat{y}_i)^2$$

同样，对于多元线性回归来说，多重判定系数（multiple of determination）的公式如下：

$$R^2 = \frac{SSR}{SST} = 1 - \frac{SSE}{SST} \qquad (10-8)$$

多重判定系数是多元回归中回归平方和占总平方和的比例，它是度量多元回归方程拟合程度的一个统计量,反映了在因变量 y 的变差中被估计的回归方程所解释的比例。

R^2 的平方根称为多重相关系数,也称为复相关系数,它度量了因变量同 k 个自变量的相关程度。

对于多重判定系数还有一点需要注意:自变量个数的增加将影响到因变量中被估计的回归方程所解释的变差数量。自变量增加时,会使预测误差变得比较小,从而减少残差平方和 SSE。由于回归平方和 $SSR = SST - SSE$,SSE 变小,SSR 就会变大,从而使 R^2 变大。如果模型中增加一个自变量,即使这个自变量在统计上并不显著,R^2 也会变大。因此,为避免因增加自变量而高估 R^2,统计学家提出用样本量 n 和自变量的个数 k 去调整 R^2,计算出调整的多重判定系数(adjusted multiple coefficient of determination)记为 R_a^2,其计算公式为:

$$R_a^2 = 1 - (1 - R^2)\left(\frac{n-1}{n-k-1}\right) \tag{10-9}$$

R^2 的解释与 R_a^2 类似,不同的是 R_a^2 同时考虑了样本量 n 和模型中自变量的个数 k 的影响,这就使得 R_a^2 的值永远小于 R^2,且 R_a^2 的值不会由于模型中自变量个数的增加而越来越接近 1。因此,在多元回归分析中,通常用调整的多重判定系数。

第三节 显著性检验

在一元线性回归中,线性关系的检验 F 检验与回归系数的检验 t 检验是等价的。例如,F 检验表明降雨量与农作物亩产量之间有显著的线性关系,也意味着回归系数不会等于 0,因为只有一个自变量。但在多元回归中,这两种检验不再等价。线性关系检验主要是检验因变量同多个自变量的线性关系是否显著,在 k 个自变量中,只要有一个自变量与因变量的线性关系显著,F 检验就能通过,但这不意味着每个自变量与因变量的关系都显著。回归系数检验则是对每个回归系数分别进行单独的检验,它主要用于检验每个自变量对因变量的影响是否显著。如果某个自变量没有通过检验,就意味着这个自变量对因变量的影响不显著,也就没有必要将这个自变量放进回归模型了。

一、F 检验

对多元线性回归方程的显著性检验就是要看自变量 x_1，x_2，$\cdots$，x_k 从整体上对随机变量 y 是否有明显的影响。为此提出原假设：

H_0: $\beta_1 = \beta_2 = \cdots = \beta_k = 0$

备择假设是：

H_1: β_1，β_2，$\cdots$，β_k 中至少有一个不为零

如果没有足够的理由拒绝原假设 H_0，则表明随机变量 y 与自变量 x_1，x_2，$\cdots$，x_k 之间的关系不适合用线性回归模型表示。类似于一元线性回归检验，为了建立对原假设 H_0 进行检验的 F 统计量，仍利用总离差平方和的分解式，即：

$$\sum (y_i - \bar{y})^2 = \sum (y_i - \hat{y}_i)^2 + \sum (\hat{y}_i - \bar{y})^2$$

即：$SST = SSE + SSR$

通过总离差平方和的分解式，可以构造 F 统计量如下：

$$F = \frac{SSR/k}{SSE/(n-k-1)} \sim F(k,\ n-k-1) \tag{10-10}$$

其中，k 为自变量的个数，SSR 的自由度为自变量的个数 k，SSE 的自由度为 $n-k-1$。

在正态假设下，当原假设 H_0: $\beta_1 = \beta_2 = \cdots = \beta_k = 0$ 成立，F 统计量服从自由度为 $(k,\ n-k-1)$ 的 F 分布。因此，可以利用 F 统计量对回归方程的总体显著性进行检验。对于给定的数据，可以通过计算 SSR 与 SSE 求出 F 统计量的值，计算过程如表 10-1 所示。

表 10-1　方差分析表

误差来源	自由度 df	平方和 SS	均方 MS	F 值	P 值
回归	k	SSR	SSR/k	$\dfrac{SSR/k}{SSE/(n-k-1)}$	$P(F > F\text{值}) = P$
残差	$n-k-1$	SSE	$SSE/(n-k-1)$		
总和	$n-1$	SST			

当 $F > F_\alpha(k,\ n-k-1)$ 时，拒绝原假设 H_0: $\beta_1 = \beta_2 = \cdots = \beta_k = 0$，说明回归方程显著，即因变量 y 与自变量 x_1，x_2，$\cdots$，x_k 之间有显著的线性关系；反之，当 $F \leqslant F_\alpha(k,\ n-k-1)$ 时，不能拒绝原假设 H_0: $\beta_1 = \beta_2 = \cdots = \beta_k = 0$，即回归

方程不显著。

二、回归系数的显著性检验

一元回归方程中，回归方程显著意味着自变量对因变量的影响是显著的。但是在多元回归方程中，由于涉及多个自变量，此时回归方程显著并不意味着每个自变量对因变量的影响都是显著的。因此，在多元回归方程中，需要对每个自变量都进行显著性检验，然后剔除没有显著影响或影响非常小的变量，利用保留的变量重新构建更为简单的回归方程。

如果某个自变量 x_j 对因变量 y 没有显著影响，就意味着在回归方程中这个变量对应的系数 β_j 为 0. 因此，检验某个自变量 x_j 是否显著就等价于检验其对应的系数 β_j 是否为 0。检验步骤如下：

第一步：构建原假设和备择假设。

$H_0: \beta_j = 0 \ (j = 1, \ 2, \ 3, \ \cdots, \ k)$

$H_{0j}: \beta_j \neq 0 \ (j = 1, \ 2, \ 3, \ \cdots, \ k)$

第二步：计算检验统计量 t。

$$t_i = \frac{\hat{\beta}_j}{s_{\hat{\beta}_j}} \sim t(n - k - 1) \tag{10-11}$$

其中，$s_{\hat{\beta}_j}$ 是回归系数 $\hat{\beta}_j$ 的抽样分布的标准差，其计算公式为：

$$s_{\hat{\beta}_j} = \frac{s_e}{\sqrt{\sum x_j^2 - \dfrac{1}{n}(\sum x_j)^2}} \tag{10-12}$$

第三步：做出决策。根据给定的显著性水平 α 和相应的自由度 $n - k - 1$，查 t 分布表，得到 $t_{\alpha/2}$ 的值。当 $|t| \geq t_{\alpha/2}$ 时，拒绝原假设 $H_{0j}: \beta_j \neq 0 (j = 1, \ 2, \ 3, \ \cdots, \ k)$，即 β_j 显著不为 0，自变量 x_j 对因变量 y 有显著影响；当 $|t| < t_{\alpha/2}$ 时，接受原假设 $H_{0j}: \beta_j \neq 0 (j = 1, \ 2, \ 3, \ \cdots, \ k)$，即 β_j 为 0，自变量 x_j 对因变量 y 没有显著影响。

第四节　多重共线性

当回归模型中有两个或两个以上的自变量时，这些自变量往往会提供多余的信息;也就是说,这些自变量之间彼此相关。

一、多重共线性及其所产生的问题

当回归模型中两个或两个以上的自变量彼此相关时,则称回归模型中存在多重共线性(multicollinearity)。在实际问题中,自变量之间存在相关是很常见的,但是在回归分析中存在多重共线性,将会产生某些问题。

首先,变量之间高度相关,可能会造成回归结果的混乱,甚至会把分析引入歧途。其次,多重共线性可能对参数估计值的正负产生影响,有可能导致同预期的正负相反的情况。因此,当存在多重共线性时,要慎重对回归系数进行解释。

二、多重共线性的判别

检测多重共线性的方法有很多,其中,最简单的方法是计算模型中各对自变量之间的相关系数,并对各相关系数进行显著性检验。如果有一个或多个相关系数是显著的,就表示模型所使用的自变量之间是相关的,因而,存在多重共线性问题。

具体来说,如果出现下列情况,则暗示存在多重共线性:

(1)模型中各对自变量之间显著相关。

(2)当模型的线性关系检验 F 检验显著时,几乎所有回归系数 β_j 的 t 检验却不显著。

(3)回归系数的正负与预期的相反。

(4)容忍度(tolerance)与方差扩大因子(Variance Inflation Factor,VIF)。某个自变量的容忍度等于 1 减去该自变量为因变量而其他 $k-1$ 个自变量为预测变量时所得到的线性回归模型的判定系数,即 $1-R_i^2$。容忍度越小,多重共线性越严重。通常认为,容忍度小于 0.1 时,存在严重的多重共线性。方差扩大因子等于容忍度的倒数,即 $VIF = \dfrac{1}{1-R_i^2}$。显然,VIF 越大,多重共线性越严重。一般认为,VIF 大于 10 时,存在严重的多重共线性。

三、多重共线性问题的处理

一旦发现模型中存在多重共线性问题,就应采取某种解决措施。下面给出多重共线性问题的一些解决办法。

（1）将一个或多个相关的自变量从模型中剔除，使保留的自变量尽可能不相关。

（2）如果要在模型中保留所有的自变量，那就应该：

1）避免根据统计量对单个参数进行检验。

2）将对因变量 y 值的推断（估计或预测）限定在自变量样本值的范围内。

对于处理多重共线性问题的更好方法，可以参考与应用回归分析相关的书籍。

多重共线性问题带来的主要麻烦是对单个回归系数的解释和检验，在求因变量的置信区间和预测区间时，一般不会受其影响，但必须保证用于估计或预测的自变量的值是在样本数据的范围之内。因此，如果仅仅是为了估计或预测，可以将所有自变量都保留在模型中。

最后需要提醒的是：在建立多元线性回归模型时，不要试图引入更多的自变量，除非确实有必要。特别是在社会科学研究中，由于所使用的数据大多都是非实验性质的，因此，在某些情况下，得到的结果往往并不令人满意，但这不一定是因为所选择的模型不合适，而是数据的质量不好或引入的自变量不合适。

第五节　变量选择与逐步回归

根据多个自变量建立回归模型时，若试图将所有的自变量都引进回归模型，带来的问题往往是无所适从，或者是所建立的模型不能进行有效的解释。如果在建立模型之前能对收集到的自变量进行一定的筛选，去掉那些不必要的自变量，这样，不仅能使建立模型变得容易，也能使模型更具有可操作性，也更容易解释。

在建立回归模型时，总希望尽可能用最少的变量来建立模型。但究竟哪些自变量应该引入模型？哪些自变量不应该引入模型？这就要对自变量进行一定的筛选。如果在进行回归时，每次只增加一个变量，并且将新变量与已经在模型中的变量进行比较，若新变量引入模型后，以前的某个变量的 t 统计量不显著，这个变量就会从模型中被剔除，在这种情况下，回归分析就很难存在多重共线性的影响，这就是回归中的搜寻过程。逐步回归就是一种搜寻过程，也是避免多重共线性的方法之一。

选择自变量的原则通常是对统计量进行显著性检验，检验的根据是将一个或一个以上的自变量引入回归模型中时，残差平方和 SSE 是否有显著减少。如果增加一个自变量后，残差平方和 SSE 的减少是显著的，则说明有必要将这个自变量引入回归模型，否则，就没有必要。确定在模型中引入自变量心是否使残差平方和 SSE 有显著减少的方法，就是使用 F 统计量的值作为一个标准，以此来确定是在模型中增加一个自变量，还是从模型中剔除一个自变量。

变量选择的方法主要有：向前选择（forward selection）、向后剔除（backward elimination）、逐步回归（stepwise regression）、最优子集（best subset）等。

1. 向前选择

向前选择法是从模型中没有自变量开始，然后按下面步骤选择自变量来拟合模型。

第一步：对 k 个自变量 x_1，x_2，$\cdots$，x_k 分别拟合对因变量 y 的一元线性回归模型，共有 k 个，然后找出 F 统计量的值最高的模型及其自变量，将其先引入模型。如果所有模型均无统计上的显著性，则运算过程终止，没有模型被拟合。

第二步：在已经引入模型的 x_i 的基础上，分别拟合引入模型外的 $k-1$ 个自变量 x_1，x_2，$\cdots$，x_{i-1}，x_{i+1}，$\cdots$，x_k 的线性回归模型，即变量组合为 $x_i + x_1$，$\cdots$，$x_i + x_{i-1}$，$x_i + x_{i+1}$，$\cdots$，$x_i + x_k$ 的 $k-1$ 个线性回归模型。然后，再分别考察这 $k-1$ 个线性模型，挑选出 F 统计量的值最大的含有两个自变量的模型，并将 F 统计量的值最大的那个自变量 x_j 引入模型。如果除 x_i 之外的 $k-1$ 个自变量中没有一个统计上是显著的，则运算过程终止。如此反复进行，直至模型外的自变量均无统计显著性为止。

向前选择变量的方法是不停向模型中增加自变量，直至增加自变量也不能导致 SSE 显著增加（这个过程通过 F 检验来完成）为止。由此可见，只要某个自变量被增加到模型中，这个变量就一定会保留在模型中。

2. 向后剔除

与向前选择法相反，向后剔除法的基本步骤如下：

第一步：先对因变量拟合包括所有 k 个自变量的线性回归模型，然后考察 p $(p < k)$ 个去掉一个自变量的模型，每一个模型都有 $k-1$ 个自变量，挑选出模型的 SSE 值减小最少的自变量并从模型中剔除。

第二步：考察 $p-1$ 个再去掉一个自变量的模型，每一个模型都有 $k=2$ 个自变量，挑选出模型的 SSE 值减小最少的自变量并从模型中剔除。如此反复进行，直至剔除一个自变量不会使 SSE 显著减小为止。这时，模型中所剩的自变量都是显著的。上述过程可以通过 F 检验的 P 值来判断。

3. 逐步回归

逐步回归是将上述两种方法结合起来筛选自变量的方法。前两步与向前选择法相同。不过，在增加了一个自变量后，它会对模型中所有的变量进行考察，看看有没有可能剔除某个自变量。如果在增加了一个自变量后，前面增加的某个自变量对模型的贡献变得不显著，这个变量就会被剔除。因此，逐步回归是向前选择和向后剔除的结合。逐步回归过程就是按此方法不停增加变量并考虑剔除以前增加的变量的可能性，直至增加变量已经不能导致 SSE 显著减少，这个过程可通过 F 统计量来检验。在逐步回归法中，前面增加的自变量在后面有可能被剔除，而前面剔除的自变量在后面也可能重新进入到模型中。

第六节　利用回归方程进行预测

在一元线性回归中，曾介绍利用自变量估计因变量的方法。对于多元线性回归，同样可以利用给定的 k 个自变量，求出因变量 y 的平均值的置信区间和个别值的预测区间。

由于置信区间和预测区间的计算公式复杂，超出了本书的范围，这里不再给出。但由于多元回归问题的求解完全依赖于计算机，已有的统计软件，如 SAS、SPSS、MINITAB、STATISTICA、R 等，都有现成的回归分析程序，可以直接给出因变量的置信区间和预测区间。

虽然使用的软件不同，但是出来的结果的表示方式几乎都是相同的，所以，可以根据软件计算的结果得出相应的值。

习题

1. 对于以下的一组数据，利用自己熟悉的软件，对上述数据进行多元线性回归分析。

变量 y	变量 x_1	变量 x_2
11	123	15
15	152	19
16	191	22
18	215	24
20	254	29
21	286	23
25	299	37

（1）写出估计的多元线性回归方程；

（2）对回归方程中的常数项及系数进行解释说明；

（3）求出相应的 R^2；

（4）求出相应的调整后的判定系数 R_α^2。

2. 下表内为多元回归分析的 Excel 软件输出结果。

SUMMARY

回归统计	数值
Multiple R	0.84241
R Square	0.70965
Adjusted R Square	0.63046
标准误差	109.42960
观测值	15

方差分析表

误差来源	自由度 df	平方和 SS	均方 MS	F 值	F 临界值
回归	3	3219468018	107315.6006	8.961759	0.002724
残差	11	131723.1982	11974.84		
总计	14	453670			

	系数	标准误差	t 统计量	P 值
截距	657.0534	167.459539	3.923655	0.00238
变量 1	5.710311	1.791836	3.186849	0.00866
变量 2	−0.416917	0.322193	−1.293998	0.22218
变量 3	1.442935	1.442935	−2.405847	0.03488

（1）说明该模型中有多少个变量，原数据中有多少个观测值；

（2）根据 SUMMARY 写出该模型的 R^2、调整后的判定系数 R_α^2 和 s_e；

（3）根据表格建立估计的多元回归方程，并对系数进行解释；

（4）该回归方程的拟合效果如何。

3. 补全下面的方差分析表。

误差来源	自由度 df	平方和 SS	均方 MS	F 值	F 临界值
回归	4	214251.1			
残差	12				0.006472
总计		215712.5			

4. 已知多元回归方程如下：$\hat{y} = 2462.2 + 12.4x_1 - 54x_2 + 157x_3$，$n = 11$，$SST = 102452.1$，$SSR = 98452.8$。

（1）计算该回归方程的判定系数 R^2；

（2）计算该回归方程调整后的判定系数 R_α^2；

（3）该回归方程线性关系是否显著。

5. 下表是我国某地区 2003~2017 年的城镇居民消费水平及相关因素数据。

年份	居民消费价格指数（％）	地区生产总值（亿元）	人均可支配收入（元）	储蓄存款（万元）	居民消费水平（元/人）
2003	100.5	69.53	8765	490962	8311
2004	100.0	76.14	9106	592467	8617
2005	101.4	86.78	9429	671194	8853
2006	101.93	102.39	10348	782580	9393
2007	104.68	121.91	12376	1595615	9867
2008	106.40	138.79	13941	1040028	10809
2009	101.69	154.27	15114	1268345	13950
2010	102.20	178.91	16567	1595904	13255
2011	105.00	222.09	17654	1782976	12503
2012	103.20	260.04	19545	2238330	13990
2013	103.40	304.87	21427	2721160	15203

续表

年份	居民消费价格指数（％）	地区生产总值（亿元）	人均可支配收入（元）	储蓄存款（万元）	居民消费水平（元／人）
2014	103.00	347.45	23057	3030527	16410
2015	102.20	389.46	26908	3462530	17591
2016	102.60	424.95	29968	3910556	18858
2017	101.60	479.25	32408	4501245	20215

（1）写出估计的多元线性回归方程；

（2）对回归方程中的常数项及系数进行解释说明；

（3）计算相应的 R^2；

（4）计算相应的调整后的判定系数 R_α^2；

（5）利用逐步回归法筛选变量，并做解释。

第十一章   时间序列分析和预测

时间序列数据用于描述现象随时间发展变化的特征，就其发展的历史阶段和所使用的统计分析方法来看，有传统时间序列分析和现代时间序列分析。本章主要介绍传统时间序列分析方法，内容包括时间序列数据的统计描述和预测方法。

第一节   时间序列及其分解

时间序列（time series）是将某种现象的某一个统计指标在不同时间上的各个数值，按时间先后顺序排列而形成的序列。经济数据大多数以时间序列的形式给出。根据观察时间的不同，时间序列的时间可以是年份、季度、月份或其他任何时间形式。为便于表述，本书用 t 表示所观察的时间，Y 表示观察值，则 Y_i（$i=1$，2，$\cdots$，n）为时间 t_i 上的观察值。

时间序列可以分为平稳序列和非平稳序列两大类。平稳序列（stationary series）是基本上不存在趋势的序列。这类序列中的各观察值基本上在某个固定水平上波动，虽然不同的时间段波动的程度不同，但并不存在某种规律，其波动可以看成是随机的，如图 11-1 所示。

非平稳序列（non-stationary series）是包含趋势、季节性或周期性的序列，它可能只含有其中一种成分，也可能是几种成分的组合。因此，非平稳序列可以分为有趋势的序列、有趋势和季节性的序列和几种成分混合而成的复合型序列。

趋势（trend）是时间序列在长时期内呈现出来的某种持续向上或持续下降的变动，也称长期趋势。时间序列中的趋势可以是线性的，也可以是非线性的。图 11-2 是一种线性趋势的时间序列，此时，序列在长期内呈上涨趋势，并且是线性的。

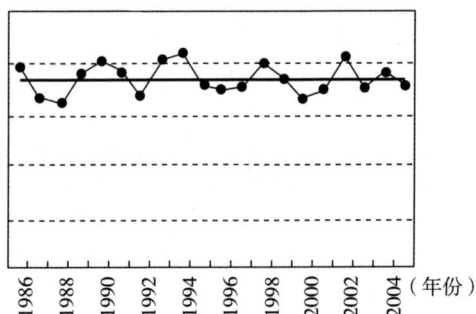

图 11 –1　平稳时间序列

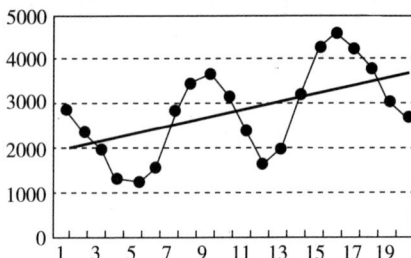

图 11 –2　有趋势的时间序列

　　季节性（seasonality）也称季节变动（seasonal fluctuation），它是时间序列在一年内重复出现的周期性波动（见图 11 – 3）。例如，在商业活动中，常常听到"销售旺季"或"销售淡季"这类术语；在旅游业中，常常使用"旅游旺季"或"旅游淡季"这类术语，等等。这些术语表明，这些活动因季节的不同而发生变化。当然，季节性中的"季节"一词是广义的，它不仅仅是指一年中的四季，也是指任何一种周期性的变化。在现实生活中，季节变动是一种极为普遍的现象，它是气候条件、生产条件、节假日或人们的风俗习惯等各种因素作用的结果。例如，农业生产、交通运输、建筑业、旅游业、商品销售以及工业生产中都有明显的季节性。含有季节成分的序列可能含有趋势，也可能不含有趋势。

　　周期性（cyclicity）也称循环波动（cyclical fluctuation），它是时间序列中呈现出来的围绕长期趋势的一种波浪形或振荡式变动（见图 11 – 4）。周期性通常是由商业和经济活动引起的，它不同于趋势变动，不是朝着单一方向的持续运动，而是涨落相间的交替波动；它也不同于季节变动，季节变动有比较固定的规律，且变动周期大多为一年，而循环波动则无固定规律，变动周期多在一年以上，且周期长短不一。周期性通常是由经济环境的变化引起的。

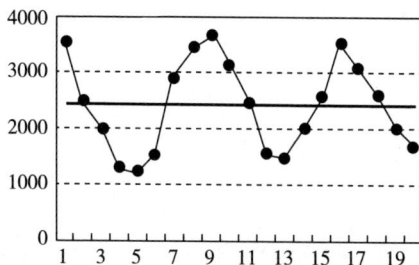

图 11-3　含有季节成分的序列

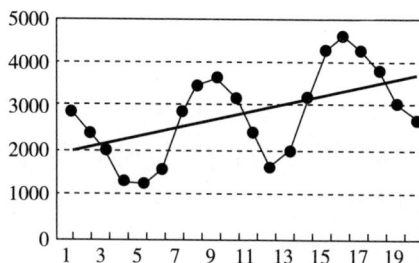

图 11-4　既含有季节成分又含有趋势的序列

除此以外，还有些偶然性因素会对时间序列产生影响，致使时间序列呈现出某种随机波动。时间序列中，除去趋势、周期性和季节性的偶然性波动，称为随机性（random），也称不规则波动（irregular variations）。图 11-1 和图 11-2 中都含有明显的随机波动。这样，时间序列的成分可以分为 4 种，即趋势（T）、季节性或季节变动（S）、周期性或循环波动（C）、随机性或不规则波动（J）。传统时间序列分析的一项主要内容就是把这些成分从时间序列中分离出来，并将它们之间的关系用一定的数学关系式予以表达，而后分别进行分析。按 4 种成分对时间序列的影响方式不同，时间序列可分解为多种模型，如加法模型（additive model）、乘法模型（multiplicative model）等。其中，较常用的是乘法模型，其表现形式为：

$$Y_i = T_i \times S_i \times C_i \times J_i \tag{11-1}$$

本章所介绍的时间序列分解方法都是以乘法模型为基础的。

第二节　时间序列的描述性分析

一、图形描述

在对时间序列进行分析时，最好是先作一个图形，然后通过图形观察数据随时间的变化模式和变化趋势。作图是观察时间序列形态的一种有效方法，对于进一步分析和预测会有很大帮助。

二、增长率分析

在一些经济报道中，常使用增长率。增长率是对现象在不同时间的变化状况所做的描述。由于对比的基期不同，增长率有不同的计算方法。这里主要介绍增长率和平均增长率的计算方法。

1. 增长率

增长率（growth rate）也称增长速度，它是时间序列中报告期观察值与基期观察值之比减 1 后的结果，用% 表示。由于对比的基期不同，增长率可以分为环比增长率和定基增长率。环比增长率是报告期观察值与前一时期观察值之比减 1，说明现象逐期增长变化的程度；定基增长率是报告期观察值与某一固定时期观察值之比减 1，说明现象在整个观察期内总的增长变化程度。设增长率为 G，则环比增长率和定基增长率的计算公式为：

$$G_i = \frac{Y_i - Y_{i-1}}{Y_{i-1}} = \frac{Y_i}{Y_{i-1}} - 1 \quad (i = 1,\ 2,\ \cdots,\ n) \tag{11-2}$$

$$G_i = \frac{Y_i - Y_0}{Y_0} = \frac{Y_i}{Y_0} - 1 \quad (i = 1,\ 2,\ \cdots,\ n) \tag{11-3}$$

式（11-3）中，Y_0 表示用于对比的固定基期的观察值。

2. 平均增长率

平均增长率（average rate of increase）也称平均增长速度，它是时间序列中逐期环比值（也称环比发展速度）的几何平均数减 1 后的结果，计算公式为：

$$\overline{G} = \sqrt[n]{\left(\frac{Y_1}{Y_0}\right)\left(\frac{Y_2}{Y_1}\right)\cdots\left(\frac{Y_n}{Y_{n-1}}\right)} - 1 = \sqrt[n]{\frac{Y_n}{Y_0}} - 1 \qquad (11-4)$$

式（11-4）中，$\overline{G}$ 表示平均增长率，n 表示环比值的个数。

3. 增长量

增长量指现象在一定时期内增长的绝对数量，它等于报告期水平与基期水平之差。其计算公式为：

增长量 = 报告期水平 - 基期水平 $\qquad (11-5)$

增长量分为逐期增长量与累计增长量。

逐期增长量：$\alpha_1 - \alpha_0$，$\alpha_2 - \alpha_1$，$\cdots$，$\alpha_n - \alpha_{n-1}$

累计增长量：$a_1 - a_0$，$a_2 - a_0$，$\cdots$，$a_n - a_0$

4. 增长率分析中应注意的问题

尽管增长率的计算与分析都比较简单，但实际应用中，有时也会出现误用乃至滥用的情况。因此，在用增长率分析实际问题时，应注意以下几点：

第一，当时间序列中的观察值出现 0 或负数时，不宜计算增长率。例如，假定某企业连续 5 年的利润额（单位：万元）分别为 5，2，0，-3，2，计算这一序列的增长率，要么不符合数学公理，要么无法解释其实际意义。在这种情况下，适宜直接用绝对数进行分析。

第二，在有些情况下，不能单纯就增长率论增长率，要注意将增长率与绝对水平相结合进行分析。

第三节　时间序列预测的程序

时间序列分析的一个主要目的就是根据已有的历史数据对未来进行预测。从本章第一节可知，时间序列含有不同的成分，如趋势、季节性、周期性和随机性等。对于一个具体的时间序列，它可能只含有一种成分，也可能同时含有几种成分。不同成分的时间序列的预测方法是不同的。因此，对时间序列的预测，通常包括以下几个步骤：

第一步：确定时间序列所包含的成分，也就是确定时间序列的类型。

第二步：找出适合此类时间序列的预测方法。

第三步：对可能的预测方法进行评估，以确定最佳预测方案。

第四步：利用最佳预测方案进行预测。

一、确定时间序列的成分

1. 确定趋势成分

确定趋势成分是否存在，可以从绘制时间序列的线图入手。一般情况下，通过时序图就可以看出时间序列中是否存在趋势，以及所存在的趋势是线性的还是非线性的。

判断趋势成分是否存在的另一种方法是利用回归分析拟合一条趋势线，然后对回归系数进行显著性检验。如果回归系数显著，就可以得出线性趋势显著的结论。

2. 确定季节成分

确定季节成分是否存在，至少需要两年的数据，而且数据需要按季度、月份、周或天等来记录。确定季节成分也可以从绘制时间序列的线图入手，但这里需要一种特殊的时间序列图，即年度折叠时间序列图（folded annual time series plot）。绘制该图时，需要将每年的数据分开画在图上，也就是横轴只有一年的长度，每年的数据分别对应纵轴。如果时间序列只存在季节成分，年度折叠时间序列图中的折线将会有交叉；如果时间序列既含有季节成分又含有趋势，那么，年度折叠时间序列图中的折线将不会有交叉，而且如果趋势是上升的，后面年度的折线将会高于前面年度的折线，如果趋势是下降的，后面年度的折线将低于前面年度的折线。

二、选择预测方法

在确定了时间序列的类型后，预测程序的第二步就是选择适当的预测方法。利用时间序列数据进行预测时，通常假定过去的变化趋势会延续到未来，这样就可以根据过去已有的形态或模式进行预测。时间序列的预测方法既有传统方法，如简单平均法、移动平均法、指数平滑法等，也有较为精准的现代方法，如博克斯—詹金斯方法的自回归模型（ARMA）。

一般来说，任何时间序列中都会有不规则成分存在，而商务与管理数据中通常不考虑周期性，所以只剩下趋势成分和季节成分。本章所介绍的预测方法主要是针对平稳序列和含有趋势成分或季节成分的时间序列。图 11 – 5 给出了时间序列的类型和可供选择的预测方法。

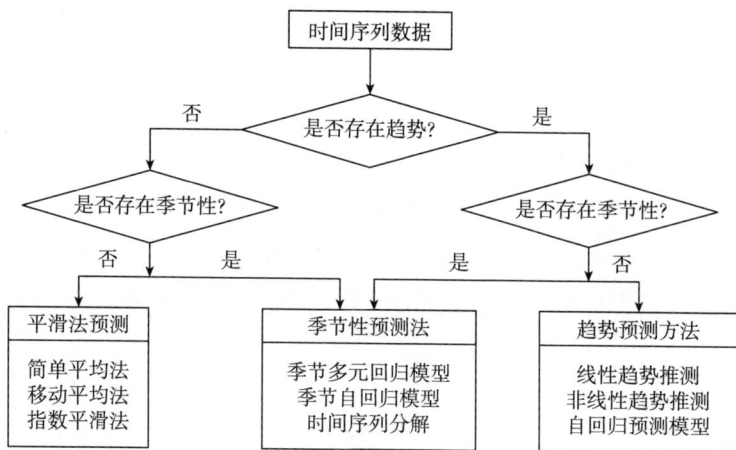

图 11 - 5　时间序列的类型和可供选择的预测方法

不含趋势和季节成分的时间序列，即平稳时间序列，由于这类数列只含随机成分，只通过平滑就可以消除随机波动，因此，这类预测方法也称为平滑预测方法。这些方法将在本章第四节中讨论。对于只含有趋势成分的时间序列，可以利用趋势预测方法，这些方法将在本章第五节中讨论。对于既含有趋势又含有季节成分的时间序列，则采用季节性预测方法，这些方法对于既含有季节成分也含有随机成分的时间序列同样适用，这些方法将在本章第六节中介绍。

三、预测方法的评估

均方误差（mean square error）是通过平方消去误差的正负号后计算出的平均误差，用 *MSE* 表示，其计算公式为：

$$MSE = \frac{\sum (Y_i - F_i)^2}{n} \tag{11-6}$$

预测误差的方法有很多，还有平均误差法、平均绝对误差法、平均百分比误差法和平均绝对百分比误差法等，然而，这些方法中哪种是最优的还没有一致的看法。本章采用均方误差 *MSE* 来评价预测方法的优劣。

第四节 平稳序列的预测

平稳时间序列通常只含有随机成分，其预测方法主要有简单平均法、移动平均法和指数平滑法等，这些方法主要是通过对时间序列进行平滑以消除其随机波动，因而，也称为平滑法。平滑法既可用于对平稳时间序列进行短期预测，也可用于对时间序列进行平滑以描述序列的趋势，包括线性趋势和非线性趋势。

一、简单平均法

简单平均法是根据过去已有的 t 期观察值，通过简单平均来预测下一期的数值。设时间序列已有的 t 期观察值为 Y_1，Y_2，$\cdots$，Y_t，则 $t+1$ 期预测值 F_{t+1} 为：

$$F_{t+1} = \frac{1}{t}(Y_1 + Y_2 + \cdots + Y_t) = \frac{1}{t}\sum_{i=1}^{t} Y_i \tag{11-7}$$

到了 $t+1$ 期后，有了 $t+1$ 期的实际值，便可计算出 $t+1$ 期的预测误差 e_{t+1} 为：

$$e_{t+1} = T_{t+1} - F_{t+1} \tag{11-8}$$

于是，$t+2$ 期的预测值为：

$$F_{t+2} = \frac{1}{t}(Y_1 + Y_2 + \cdots + Y_t + Y_{t+1}) = \frac{1}{t+1}\sum_{i=1}^{t+1} Y_i \tag{11-9}$$

二、移动平均法

移动平均法（moving average）是通过对时间序列逐期递移求得平均数作为预测值的一种预测方法，有简单移动平均法（simple moving average）和加权移动平均法（weighted moving average）两种。这里主要介绍简单移动平均法。

简单移动平均法是将最近的 k 期数据加以平均，作为下一期的预测值。设移动间隔为 k（$1 < k < t$），则 t 期的移动平均值为：

$$\bar{Y}_t = \frac{Y_{t-k+1} + Y_{t-k+2} + \cdots + Y_{t-1} + Y_t}{k} \tag{11-10}$$

式（11-10）是对时间序列的平滑结果，通过这些平滑值就可以描述出时间序列的变化形态或趋势。当然，也可以用它来进行预测。

$t+1$ 期的简单移动平均预测值为：

$$F_{t+1} = \overline{Y}_t = \frac{Y_{t-k+1} + Y_{t-k+2} + \cdots + Y_{t-1} + Y_t}{k} \tag{11-11}$$

同样，$t+2$ 期的预测值为：

$$F_{t+2} = \overline{Y}_{t+1} = \frac{Y_{t-k+2} + Y_{t-k+3} + \cdots + Y_t + Y_{t+1}}{k} \tag{11-12}$$

依此类推。

移动平均法只使用最近 k 期的数据，在每次计算移动平均值时，移动的间隔都为 k。该方法主要适用于对较为平稳的时间序列进行预测。应用的关键是确定合理的移动间隔长度 k。对于同一个时间序列，采用不同的移动步长，预测的准确性是不同的。确定移动步长时，可通过实验的办法，选择一个使均方误差达到最小的移动步长。

三、指数平滑法

指数平滑法（exponential smoothing）是通过对过去的观察值加权平均进行预测的一种方法，该方法使 $t+1$ 期的预测值等于 t 期的实际观察值与 t 期的预测值的加权平均值。指数平滑法是加权平均的一种特殊形式，观察值时间越远，其权数也跟着呈现指数下降，因而，称为指数平滑。指数平滑法有一次指数平滑法、二次指数平滑法、三次指数平滑法等，本节主要介绍一次指数平滑法。

一次指数平滑法也称为单一指数平滑法（single exponential smoothing），它只有一个平滑系数，而且观察值离预测时期越久远，权数越小。一次指数平滑是以一段时期的预测值与观察值的线性组合作为 $t+1$ 期的预测值，其预测模型为：

$$F_{t+1} = \alpha Y_t + (1-\alpha)F_t \tag{11-13}$$

式（11-13）中，Y_t 为 t 期的实际观察值，F_t 为 t 期的预测值，α 为平滑系数（$0 < \alpha < 1$）。

由式（11-13）可以看出，$t+1$ 期的预测值是 t 期的实际观察值与 t 期的预测值的加权平均。由于在开始计算时，还没有 1 期的预测值 F_1，通常可以设 F_1 等于 1 期的实际观察值，即 $F_1 = Y_1$。

因此，2 期的预测值为：

$$F_2 = \alpha Y_1 + (1-\alpha)F_1 = \alpha Y_1 + (1-\alpha)Y_1 = Y_1$$

3 期的预测值为：

$F_3 = \alpha Y_2 + (1 - \alpha) \ F_2 = \alpha Y_2 + (1 - \alpha) \ Y_1$

4 期的预测值为：

$F_4 = \alpha Y_3 + (1 - \alpha) \ F_3 = \alpha Y_3 + \alpha (1 - \alpha) \ Y_2 + (1 - \alpha)^2 Y_1$

依此类推，可见任何预测值 F_{t+1} 都是以前所有的实际观察值的加权平均。尽管如此，并非所有的过去的观察值都需要保留，以用来计算下一时期的预测值。实际上，一旦选定平滑系数 α，只需要两项信息就可以计算预测值。式（11 – 13）表明，只要知道 t 期的实际观察值 Y_t 与 t 期的预测值 F_t，就可以计算 $t + 1$ 期的预测值。

对指数平滑法的预测精度，同样用均方误差来衡量。为此，将式（11 – 13）写成下面的形式：

$$
\begin{aligned}
F_{t+1} &= \alpha Y_t + (1 - \alpha) F_t \\
&= \alpha Y_t + F_t - \alpha F_t \\
&= F_t + \alpha (Y_t - F_t)
\end{aligned} \tag{11 – 14}
$$

可见，F_{t+1} 是 t 期的预测值 F_t 加上用 α 调整的 t 期的预测误差（$Y_t - F_t$）。

使用指数平滑法时，关键的问题是确定一个合适的平滑系数 α。因为不同的 α 会对预测结果产生不同的影响。例如，当 $\alpha = 0$ 时，预测值仅仅是重复上一期的预测结果；当 $\alpha = 1$ 时，预测值就是上一期的实际值。α 越接近 1，模型对时间序列变化的反应就越及时，因为它给当前的实际值赋予了比预测值更大的权数。同样，α 越接近 0，意味着给当前的预测值赋予更大的权数，因此，模型对时间序列变化的反应就越慢。一般而言，当时间序列有较大的随机波动时，宜选较大的 α，以便能很快跟上近期的变化；当时间序列比较平稳时，宜选较小的 α。但实际应用时，还应考虑预测误差，这里仍用均方误差来衡量预测误差的大小，确定 α 时，可选择几个 α 进行预测，然后找出预测误差最小的作为最后的 α 值。

此外，与移动平均法一样，一次指数平滑法也可以用于对时间序列进行修匀，以消除随机波动，找出序列的变化趋势。

第五节　趋势型序列的预测

前文介绍的平滑法都可以用于描述时间序列的趋势，包括线性趋势和非线性趋势。当用这些方法进行预测时，要注意它们一般只适合平稳时间序列，当序列存在明显的趋势或季节成分时，这些方法就不再适用。本节将介绍含有趋势成分的时间序列的预测方法。

时间序列的趋势可以分为线性趋势和非线性趋势两大类，如果这种趋势能够延续到未来，就可以利用趋势进行外推预测。有趋势序列的预测方法主要有线性趋势预测、非线性趋势预测和自回归模型预测等。本节主要介绍线性趋势和非线性趋势的预测方法。

一、线性趋势预测

线性趋势（linear trend）是指现象随着时间的推移而呈现出稳定增长或下降的线性变化规律。当现象的发展按线性趋势变化时，可以用下列线性趋势方程来描述：

$$\hat{Y}_t = b_0 + b_1 t \tag{11-15}$$

式（11-15）中，$\hat{Y}_t$ 代表时间序列 Y_t 的预测值；t 代表时间标号；b_0 代表趋势线在 Y 轴上的截距，是当 $t=0$ 时 $\hat{Y}_t$ 的数值；b_1 是趋势线的斜率，表示时间 t 变动一个单位，观察值的平均变动数量。

趋势方程中的两个待定系数 b_0 和 b_1 通常用回归中的最小二乘法求得。根据最小二乘法，b_0 和 b_1 的计算公式为：

$$b_1 = \frac{n \sum tY - \sum t \sum Y}{n \sum t^2 - \left(\sum t \right)^2} \tag{11-16}$$

$$b_0 = \overline{Y} - b_1 \overline{t} \tag{11-17}$$

通过趋势方程可以计算出各期的预测值，并通过这些预测值来分析序列的变化趋势及其模式。此外，也可以利用趋势方程进行外推预测。趋势预测的误差可用线性回归中的估计标准误差来衡量，其计算公式为：

$$s_e = \sqrt{\frac{\sum (Y_i - \hat{Y}_i)^2}{n - m}} \tag{11-18}$$

二、非线性趋势预测

序列中的趋势通常可以认为是某种固定因素作用同一方向所形成的。若这些因素随着时间的推移按线性变化，可以对时间序列拟合趋势直线；若呈现出某种非线性趋势（non – linear trend），则需要拟合适当的趋势曲线。

1. 指数曲线

指数曲线（exponential curve）用于描述以几何级数递增或递减的现象，即时间序列的观察值按指数规律变化，或者说时间序列的逐期观察值按一定增长率增长或衰减。一般的自然增长及大多数经济序列都有指数变化趋势。指数曲线的趋势方程为：

$$\hat{Y}_t = b_0 b_1^t \tag{11-19}$$

式（11 – 19）中，b_0 和 b_1 为待定系数。

若 $b_1 > 1$，增长率随着时间 t 的增加而增加；若 $b_1 < 1$，增长率随着时间 t 的增加而降低；若 $b_0 > 0$，$b_1 < 1$，预测值 $\hat{Y}_t$ 逐渐降低，以 0 为极限。

为确定指数曲线中的常数 b_0 和 b_1，可采取线性化手段将其化为对数直线形式，即两端取对数得：

$$\lg \hat{Y}_t = \lg b_0 + t \lg b_1 \tag{11-20}$$

然后根据最小二乘法原理，按直线形式的系数确定方法，得到求解 $\lg b_0$ 和 $\lg b_1$ 的标准方程如下：

$$\sum \lg Y = n \lg b_0 + \lg b_1 \sum t$$

$$\sum t \lg Y = \lg b_0 \sum t + \lg b_1 \sum t^2 \tag{11-21}$$

求出 $\lg b_0$ 和 $\lg b_1$ 后，取其反对数，即得到 b_0 和 b_1。

在描述序列的趋势形态时，指数曲线比一般的趋势直线有更广泛的应用。因为它可以反映出现象的相对发展变化程度，所以可以对不同序列的指数曲线进行比较，以分析各自的相对增长程度。

2. 多阶曲线

有些现象的变化形态比较复杂，它们不是按照某种固定的形态变化，而是有升有降，在变化过程中可能有几个拐点。这时，就需要拟合多项式函数。当只有一个拐点时，可以拟合二阶曲线，即抛物线；当有两个拐点时，需要拟合三阶曲线；当有 $k-1$ 个拐点时，需要拟合 k 阶曲线。k 阶曲线函数的一般形式为：

$$\hat{Y}_t = b_0 + b_1 t + b_2 t^2 + \cdots + b_k t^k \tag{11-22}$$

式（11 – 22）中的系数 b_0，b_1，b_2，$\cdots$，b_k 仍然可以根据最小二乘法求得，只需要将式（11 – 22）线性化，即可按多元回归分析中的最小二乘法来求得。

习题

1. 一只股票连续 16 周的收盘价如下表所示，试确定其趋势及其类型。

日期（周）	收盘价格（元）	日期（周）	收盘价格（元）
1	15.03	9	9.12
2	11.69	10	8.51
3	9.63	11	4.45
4	10.58	12	4.02
5	8.48	13	5.29
6	6.98	14	6.51
7	6.82	15	6.02
8	7.69	16	6.07

2. 下表是某公司 2001~2018 年的产品产量数据。

年份	产量（千克）	年份	产量（千克）
2001	9595.3	2010	9963.6
2002	10158.7	2011	9387.3
2003	10639.0	2012	9029.0
2004	9929.7	2013	8648.8
2005	10220.7	2014	9195.2
2006	11056.9	2015	9744.5
2007	12328.9	2016	10846.6
2008	10972.6	2017	10929.8
2009	11388.0	2018	11246.4

（1）使用 3 期移动平均法预测 2019 年产品产量；

（2）使用指数平滑法预测 2019 年产品产量；

（3）对比两种预测结果，分析其预测误差，说明使用哪种方式预测最优。

3. 下表是我国 2001~2018 年某公司收入情况，用指数曲线预测该公司 2019 年的收入。

年份	收入（万元）	年份	收入（万元）
2001	9955.2	2010	20248.1
2002	10512.1	2011	21010.3
2003	13515.4	2012	23204.8
2004	14246.6	2013	24714.6
2005	15521.3	2014	26042.5
2006	16345.8	2015	26482.2
2007	17942.1	2016	28104.5
2008	19248.0	2017	29101.3
2009	19942.0	2018	29948.6

4. 以下是我国某地区 2013～2018 年的 GDP 数据，用指数曲线预测该地区 2019 年的 GDP 数据。

年份	2013	2014	2015	2016	2017	2018
GDP 总值（亿元）	128.57	146.4	166.84	187.75	216.3	240.42

5. 下表是我国某地区 2003～2017 年人均可支配收入情况。

年份	2003	2004	2005	2006	2007	2008	2009	2010	2011	2012	2013	2014	2015	2016	2017
人均可支配收入（元）	8765	9106	9429	10348	12376	13941	15114	16567	17654	19545	21427	23057	26908	29968	32408

（1）绘制时间序列图描述该地区人均可支配收入随时间变动的趋势；

（2）选择一条适合的趋势线拟合数据，并预测 2018 年该地区的人均可支配收入。

6. 下表是我国某地区经济发展影响因素表。

年份	2013	2014	2015	2016	2017	2018
固定资产投资额（亿元）	65.82	77.93	81.91	96.74	105.62	124.74
社会消费品零售额（亿元）	49.23	63.92	68.18	73.06	84.23	88.92
进出口贸易总额（亿元）	41.96	46.18	51.21	52.68	56.14	64.96
地方财政收入（亿元）	97.37	113.93	125.16	131.32	139.15	147.32
GDP 总值（亿元）	129.57	142.41	159.84	176.75	208.30	234.42

（1）计算固定资产投资额的年平均增长率；

（2）计算 GDP 总值的年平均增长率；

（3）选择一条适合的趋势线拟合数据，并预测 2019 年该地区的社会消费品零售额。

7. 下表是我国某地区 2003～2017 年居民消费价格指数情况。

年份	居民消费价格指数（%）	年份	居民消费价格指数（%）
2003	100.50	2011	105.00
2004	100.00	2012	103.20
2005	101.40	2013	103.40
2006	101.93	2014	103.00
2007	104.68	2015	102.20
2008	106.40	2016	102.60
2009	101.69	2017	101.60
2010	102.20		

（1）绘制时间序列图描述人均可支配收入随时间变动的趋势；

（2）选择一条适合的趋势线拟合数据，并预测 2018 年该地区的居民消费价格指数。

第十二章　指数

第一节　基础内容

一、指数概念

指数，或称统计指数，是分析社会经济现象数量变化的一种重要统计方法。它产生于 18 世纪后半叶，当时美洲新大陆开采的金银源源不断地流入欧洲，使欧洲物价骤然上涨，引起了社会的普遍关注。经济学家为了测定物价的变动，开始尝试编制物价指数。此后 200 多年，指数的理论和应用不断发展，并逐步应用到工业生产、进出口贸易、铁路运输、工资、成本、生活费用、股票证券等各个方面。其中，有些指数同人们的生活休戚相关，如零售商品物价指数、生活费用价格指数等；有些指数则直接影响到人们的投资活动，成为社会经济的晴雨表，如生产资料价格指数、股票价格指数等。目前，指数已成为分析社会经济和预测景气度的重要工具。

指数是测定多项内容数量综合变动的相对数。这个概念中包含两个要点：第一个要点是指数的实质是测定多项内容，例如，零售价格指数反映的是零售市场几百万种商品价格变化的整体状况。单一商品价格指数也是有的，例如，国家提高烟酒税后，茅台酒价格上升了 20%。单一项目的指数计算简单，不是指数方法论中的核心内容，指数方法论研究如何将多项内容合在一起，从整体上进行反映。指数概念的第二个要点是其表现形式为动态相对数，既然是动态相对数，就涉及指标的基期对比，不同要素基期的选择就成为指数方法需要讨论的问题。编制指数的方法就是围绕上述两个问题展开的。

二、指数分类

从不同的角度出发，统计指数可以划分为以下几种主要类型：

1. 按照考察对象的范围不同，可分为个体指数和总指数

个体指数是考察总体中个别现象或个别项目数量变动的相对数，如某种产品的产量指数、某种商品的价格指数等。个体指数是计算总指数的基础。

总指数是综合反映多种项目数量变动的相对数，如多种产品的产量指数、多种商品的价格指数等。由于多种事物的使用价值不同，其数量不可直接综合，所以总指数的计算不能使用个体指数直接对比的方法，而需要使用专门的编制方法。总指数和个体指数的区别不仅在于考察范围不同，计算方法也不同。

2. 按照所反映指标的性质不同，可分为数量指标指数和质量指标指数

数量指标指数是反映数量指标变动程度的相对数，如商品销售量指数、工业产品产量指数等，数量指标通常采用实物计量单位。质量指标指数是反映品质指标变动程度的相对数，如产品价格指数、产品单位成本指数等，质量指标通常采用货币计量单位。

世界上没有绝对的东西，数量指标和质量指标的划分也具有相对性。例如，单位产品原材料消耗量指标相对于产品产量指标，它是质量指标，但相对于单位原材料价格指数，它又是数量指标。把指标区分为数量指标和质量指标，更多的是为了讨论问题的方便，而不是真正要把指标分成不同类型。

3. 按计算形式不同，可分为简单指数和加权指数

简单指数把计入指数的各个项目的重要性视为相同的，加权指数则依据计入指数的各个项目的不同重要程度会赋予不同的权数，再进行计算。实际应用中，有时由于缺少必要的权数资料，或者由于指数的编制频率或时效性要求较高，也会采用适当的简单指数。加权指数有两种形式，即综合形式和平均形式。由综合形式编制的加权指数可称为加权综合指数；由平均形式编制的加权指数可称为加权平均指数。

上述分类是从不同角度对统计指数所做的一般分类，这些分类也可以交叉进行复合分类，如在个体指数和总指数中再区分数量指标指数和质量指标指数等。

三、指数编制中的问题

指数编制中，需要解决的问题包括选择项目、确定权数和指数计算方法等。

1. 选择项目

理论上讲，指数是反映总体数量变动的相对数，但实际中将全部项目都计算在内往往不可能，也不必要。例如，编制消费者价格指数是不可能将消费者所消费的商品和服务价格全部纳入价格指数，需要进行项目选择。在计算价格指数时，这些被选中的项目称为"代表规格品"，我们用代表规格品的价格变化来反映所有商品价格的变化。代表规格品需要具有对价格变动趋势的良好代表性，代表规格品的数量要有保证，不能品种过少，且要注意不断更新。代表规格品的更新过程中，价格也在不断变化，这里面既有商品本身价格的变化，也包含商品质量变化引起的价格变化。如何进行质价分解，是当代指数理论不断研究的课题，国外学者尝试用不同模型分析，并取得了一些突破性成果。

2. 确定权数

指数是对代表项目进行加权得到的结果，如何确定权数是在编制指数时必须面对的问题。确定权数的途径大体有两种：一种是利用已有的信息构造权数。例如，计算零售价格指数，每个代表规格品的权数是用其代表那一类商品零售额在全部零售额中的比重做权数，是否具有构造权数的数据，以及这些数据的质量如何是关键问题。另一种是主观权数，常见于社会现象的指数编制。例如，编制幸福感指数，是将反映幸福感不同侧面的类指数综合，最后得到总指数，每个类指数的权重是多少，一般由指数编制人员主观决定，因为没有公认的确定权数的数据，决定过程中应尽可能经过多次研讨，广泛征求意见。对于第一种确定权数的途径，指数理论要回答选择什么样的指标数据做权数，以及用什么时期的数据构造权数；对于后一种确定权数的途径，实际上是将指数方法拓展到多指标的综合评价，从而形成一系列的综合评价方法。

3. 计算方法

总指数的计算方法可以有许多种，因为研究对象不同，编制指数的数据来源不同，由此要用到不同的计算方法，本章后面部分将介绍总指数的不同计算方法。每种方法都有自己的特点，适用于不同场合。一直以来，指数计算方法都是存在争议的，众多经济学家和统计学家也一直试图从不同角度、用不同方式对这些指数进行改造和完善。学习指数的相关知识，并不在于掌握某种指数的具体计算方法，更重要的是体会方法背后蕴藏的统计思想，以便针对具体的研究对象，依据编制指数的主要目的，选择甚至创造最恰当的计算指数的方法。

第二节 总指数编制方法

总指数是对个体指数的综合，综合个体指数有两个途径：一个是对个体指数的简单汇总，不考虑权数，我们把这类指数称为简单指数；另一个是编制总指数时考虑权数的作用，我们把这类指数称为加权指数。在加权指数中，根据计算方式不同，又可以分为加权综合指数和加权平均指数。

一、简单指数

简单指数就是不加权的指数，主要有两种计算方法：简单综合指数和简单平均指数。

1. 简单综合指数

这是将报告期的指标总和与基期的指标总和相对比的指数，该方法的特点是先综合，后对比。其计算公式为：

$$I_p = \frac{\sum p_1}{\sum p_0} \qquad (12-1)$$

$$I_q = \frac{\sum q_1}{\sum q_0} \qquad (12-2)$$

式（12-1）和式（12-2）中，p 代表质量指标，q 代表数量指标，I_p 代表质量指标指数，I_q 代表数量指标指数，下标 1 表示报告期，下标 0 表示基期。

例 12-1 假设有一些铅笔、橡皮之类的商品，在基期时总价为 10 元，相同的这些商品在报告期时总价为 12 元。采用简单汇总的方法计算价格指数。

解：$I_p = \dfrac{\sum p_1}{\sum p_0} = \dfrac{12}{10} \times 100\% = 120\%$

计算结果表明，这些商品报告期价格比基期价格上涨了 20%。

例 12-2 假设笔记本电脑在基期时价格为 8000 元，在报告期时价格为 4000 元。记事本在基期时价格为 10 元，在报告期时价格为 20 元。采用简单汇总的方法计算价格指数。

$$解: I_p = \frac{\sum p_1}{\sum p_0} = \frac{4020}{8010} \times 100\% = 50.19\% \approx 50\%$$

结果表示，报告期与基期相比，总价格下降了50%。由于笔记本电脑与记事本价格相差太大，综合指数反映不出记事本价格的变动。

由此看出，简单综合指数只能用于指标值相差不大的商品，在商品价格差异大且变动幅度差异大的情况下，这种方法不能反映实际变动水平。

简单综合指数的优点在于操作简单，对数据要求少。但它一个显著缺点是，以价格指数为例，在参与计算的商品价格水平有较大差异时，价格低的商品的价格波动会被价格高的商品掩盖而显示不出来。

2. 简单平均指数

这是将个体指数进行简单平均得到的总指数。该方法的计算过程是先对比，后综合，计算公式为：

$$I_p = \frac{\sum \dfrac{p_1}{p_0}}{n} \tag{12-3}$$

$$I_q = \frac{\sum \dfrac{q_1}{q_0}}{n} \tag{12-4}$$

例 12-3 假设笔记本电脑在基期时价格为8000元，在报告期时价格为4000元。记事本在基期时价格为10元，在报告期时价格为20元。采用简单平均的方法计算价格指数。

$$解: I_p = \frac{\sum \dfrac{p_1}{p_0}}{n} = \frac{\dfrac{4000}{8000} + \dfrac{20}{10}}{2} \times 100\% = 125\%$$

计算结果表明，报告期价格比基期价格提高了25%。显然，这个计算结果比前面结果更合理。

简单平均指数消除了不同商品价格水平的影响，可以反映各种商品的价格变动情况。但该指数也有欠缺，因为不同商品对市场价格总水平的影响是不同的，但简单平均指数法计算的指数对各种商品平等看待。

总的来说，简单综合指数和简单平均指数都存在方法上的缺陷，没有考虑到权数的影响，计算结果难以反映实际情况。另外，将使用价值不同的产品个体指数或价格（指标值）相加，既缺少实际意义，又缺少理论依据。因此，编制指数需要考虑权数的作用。

二、加权指数

加权指数因所采用的权数不同，分为加权综合指数和加权平均指数。编制加权指数首先要确定合理的权数，然后根据实际需要确定适当的计算公式。

1. 加权综合指数

例 12 - 4　表 12 - 1 是某商场甲、乙、丙三种商品 2007 年和 2008 年的销售资料，其中，下标 0 表示 2007 年，下标 1 表示 2008 年，p 表示价格，q 表示销售量。

表 12 - 1　某商场各种商品的销售量及销售价格

商品	计量单位	销售量		价格（元）		销售额（万元）			
								假定	
		q_0	q_1	p_0	p_1	$q_0 p_0$	$q_1 p_1$	$q_1 p_0$	$q_0 p_1$
甲	件	200	300	60	60	1.2	1.8	1.8	1.2
乙	双	400	500	20	30	0.8	1.5	1.0	1.2
丙	米	500	600	70	80	3.5	4.8	4.2	4.0
合计						5.5	8.1	7.0	6.4

要求计算三种商品的销售量总指数，以综合反映市场商品销售数量的变化。在具体求解前需要做些分析。

若编制甲、乙、丙三种商品的销售量总指数，需要把各种商品报告期和基期的销售量分别加总，再将两个时期的销售量进行对比。然而，这三种商品的使用价值不同，计量单位也不一样，如果销售量直接加总，没有实际意义。同样，若编制这三种商品的价格总指数，把各商品的价格加总也是没有意义的。

该如何处理呢？这需要掌握两个要点：第一个要点是引进媒介因素。在本例中，不同商品的销售量和价格都不能直接加总。然而，每种商品的销售量和价格的乘积，即销售额，是可以加总的。而且从分析的角度看，销售额的变化又恰好反映了销售量和价格的影响。因此，在编制销售量总指数时，可以通过价格这个媒介因素，将销售量转化为可以加总的销售额；而在编制价格总指数时，则可以通过销售量这个媒介因素，将价格转化为可以加总的销售额。第二个要点要将媒介因素固定起来，以单纯反映被研究指标的变动情况。

将上述两个要点结合，得到加权综合指数的基本公式为：

$$销售量指数：I_q = \frac{\sum q_1 p}{\sum q_0 p} \tag{12-5}$$

$$价格指数：I_q = \frac{\sum q p_1}{\sum q p_0} \tag{12-6}$$

显然，在销售量指数中，价格是权数；在价格指数中，销售量是权数。由此我们得到第一个结论：在加权综合指数中，媒介因素（也称同度量因素）同时起着权数的作用。

接下来的问题是权数固定在什么时期，由此产生了著名的拉氏指数和帕氏指数。

（1）拉氏指数。

拉氏指数是德国统计学家拉斯贝尔斯（Laspeyres）于1684年提出的一种指数计算方法，它在计算综合指数时，将作为权数的同度量因素固定在基期。相应的计算公式为：

$$拉氏数量指标指数：I_q = \frac{\sum q_1 p_0}{\sum q_0 p_0} \tag{12-7}$$

$$拉氏质量指标指数：I_p = \frac{\sum q_0 p_1}{\sum q_0 p_0} \tag{12-8}$$

式（12-7）和式（12-8）中，I_q 表示数量指标指数，I_p 表示质量指标指数；p_0 和 p_1 分别表示基期和报告期的质量指标值；q_0 和 q_1 分别表示基期和报告期的数量指标值。

（2）帕氏指数。

帕氏指数是由德国的另一位统计学家帕舍（H. Paasche）于1874年提出的一种指数计算方法。它在计算综合指数时，将作为权数的同度量因素固定在报告期。相应的计算公式为：

$$帕氏数量指标指数：I_q = \frac{\sum q_1 p_1}{\sum q_0 p_1} \tag{12-9}$$

$$帕氏质量指标指数：I_p = \frac{\sum q_1 p_1}{\sum q_1 p_0} \tag{12-10}$$

例 12 - 4 中的数据，若采用拉氏指数，则计算结果如下：

由式（12 - 7），有：

拉氏数量指标指数：$I_q = \dfrac{\sum q_1 p_0}{\sum q_0 p_0} = \dfrac{7.0}{5.5} \times 100\% = 127.27\%$

由式（12 - 8），有：

拉氏质量指标指数：$I_p = \dfrac{\sum q_0 p_1}{\sum q_0 p_0} = \dfrac{6.4}{5.5} \times 100\% = 116.36\%$

若采用帕氏指数，则计算结果如下：

由式（12 - 9），有：

帕氏数量指标指数：$I_q = \dfrac{\sum q_1 p_1}{\sum q_0 p_1} = \dfrac{8.1}{6.4} \times 100\% = 126.56\%$

由式（12 - 10），有：

帕氏质量指标指数：$I_p = \dfrac{\sum q_1 p_1}{\sum q_1 p_0} = \dfrac{8.1}{7.0} \times 100\% = 115.71\%$

可以看出，权数确定在不同的时期，计算结果不同。由此提出了权数应该定在什么时期这个问题，指数理论的许多研究都围绕这个问题展开。

大多数的看法是，计算数量指数（如生产量指数）时，权数（价格）应该定在基期，这样才能剔除价格变动的影响，准确反映生产量的变化，按不变价计算的产量指数就是源于此因。计算质量指数（如价格指数），不同时期的权数含义不同：若权数定在基期，反映的是在基期商品（产品）结构下价格的整体变动，揭示价格变动的内容更纯粹；若权数定在报告期，反映的是在现实商品（产品）结构下价格的整体变动，商品（产品）结构变化的影响会融合到价格指数里面，但它更能揭示价格变动后的实际影响。编制指数的目的不同，权数的确定时期就可以不同。

由此我们得到第二个结论：权数时期的选择主要取决于编制指数的目的，取决于用指数要说明的问题。

2. 加权平均指数

这是以个体指数为基础，通过对个体指数进行加权平均来编制的指数。具体步骤为，先计算所研究现象各个项目的个体指数，然后以所给的价值量指标（产值或销售额）作为权数，对个体指数进行加权平均。公式为：

$$A_p = \frac{\sum \frac{p_1}{p_0} qp}{\sum qp}$$

$$A_q = \frac{\sum \frac{q_1}{q_0} qp}{\sum qp} \qquad\qquad (12-11)$$

和

$$H_p = \frac{\sum qp}{\sum \frac{p_0}{p_1} qp}$$

$$H_q = \frac{\sum qp}{\sum \frac{q_0}{q_1} qp} \qquad\qquad (12-12)$$

一些教材将式（12-11）称为加权算术平均指数，将式（12-12）称为加权调和平均指数。式（12-11）和式（12-12）没有本质区别，在特定资料条件下，形式上可以互相转换。

式中的 A_p，A_q，H_p，H_q 也只是表示指数计算方法不同，以便区分。这里的核心是权数 qp，由于权数可以取不同时期，可以用做权数的就有 $q_0 p_0$ 和 $q_1 p_1$。用基期权数 $q_0 p_0$ 就类似于前面的拉氏指数，用报告期权数 $q_1 p_1$ 就类似于前面的帕氏指数。

需要指出的是，加权综合指数和加权平均指数的相同只是形式上的，本质上还是有区别的，主要表现在是全面资料还是样本资料。如果是全面资料，可以采用加权综合指数，生产量指数一般属于这种情况，因为生产量指数要包含所有产品的生产情况；而计算价格指数时，是无法得到全面资料的，因为市场上的商品项目成千上万，做不到全面统计，就只能采取选样的方法，挑选代表规格品，在这种背景下，若采用加权综合指数，其结果就是仅仅计算了代表规格品的价格变化。价格指数要反映市场上所有商品的价格变化，代表规格品是样本，其中的每一项都代表了一类商品，每一项代表规格品也都要有自己的权数。在加权平均指数中，权数的本质其实就是用代表规格品所代表的那一类商品的销售额在全部销售额中的比重。在这样的背景下计算指数，就只能采取加权平均指数法。所以，加权平均指数法主要用于价格指数的计算。

基期加权：$\dfrac{q_0p_0}{\sum q_0p_0}$

报告期加权：$\dfrac{q_1p_1}{\sum q_1p_1}$

第三节　指数体系

前面我们介绍了编制加权指数的一般方法。在实际应用中，不仅可以利用指数反映社会经济现象数量的变动程度，而且还能借助由几个指数组成的指数体系，对社会经济现象之间的相互联系做更深入的分析。分析方法的基点是进行因素分解，因素分解的对象可以是总量指数，也可以是平均数指数，平均数变动因素分解暂时就不再分析，感兴趣的同学可以自行搜索相关内容。

这里的指数体系是指，一个总量往往可以分解为若干个构成因素，其数量关系可以用指标体系的形式表现出来。例如：

销售额 = 销售量 × 销售价格

总产值 = 产量 × 产品价格

总成本 = 产量单位 × 产品成本

销售利润 = 销售量 × 销售价格 × 销售利润率

这种指标体系反映了总量指标与因素指标之间的相互关系。它们之间的这种联系同样可以表现为各指标指数之间的联系，即：

销售额指数 = 销售量指数 × 销售价格指数

总产值指数 = 产量指数 × 产品价格指数

总成本指数 = 产量指数 × 单位产品成本指数

销售利润指数 = 销售量指数 × 销售价格指数 × 销售利润率指数

我们把这种由总量指数及若干个因素指数构成的数量关系式称为指数体系。上面列举了两因素指数和三因素指数的体系框架，当然还可以进一步分解为更多的因素。这些指数体系是在一定的经济联系基础上所结成的较为严密的数量关系式，因而具有非常实际的经济意义。作为方法的说明，这里只介绍总量指标的两因素分析。

在加权综合指数体系中（加权平均指数相同），为使总量指数等于各因素指数的乘积，两个因素指数中，通常一个为数量指数，另一个为质量指数，而且各因素指数中权数必须是不同时期的，如果数量指数用基期权数加权，质量指数则必须用报告期权数加权，反之亦然。

加权综合指数由于所用权数所属时期的不同，可以形成不同的指数体系。但实际分析中，比较常用的是基期权数加权的数量指数（拉氏指数）和报告期权数加权的质量指数（帕氏指数）形成的指数体系。该指数体系可表示为：

$$\frac{\sum q_1 p_1}{\sum q_0 p_0} = \frac{\sum q_1 p_0}{\sum q_0 p_0} \times \frac{\sum q_1 p_1}{\sum q_1 p_0} \tag{12-13}$$

因素影响差额之间的关系为：

$$\sum q_1 p_1 - \sum q_0 p_0 = \left(\sum q_1 p_0 - \sum q_0 p_0\right) + \left(\sum q_1 p_1 - \sum q_1 p_0\right) \tag{12-14}$$

式（12-13）和式（12-14）中，$\sum q_1 p_1$ 为报告期总量指标，$\sum q_0 p_0$ 为基期总量指标。q、p 为因素指标，其中，q 为数量指标，p 为质量指标。

例12-5 表12-2是某商场甲、乙、丙三种商品2007年和2008年的资料，其中，下标0表示2007年，下标1表示2008年，p 表示价格，q 表示销售量。采用指数体系对该数据进行因素分析。

解：三种商品销售额的变动：

销售额指数：$I_{pq} = \dfrac{\sum q_1 p_1}{\sum q_0 p_0} = \dfrac{8.1}{5.5} \times 100\% = 147.27\%$

与2007年相比，2008年三种商品销售额增长了47.27%，增加的绝对值为：

$$\sum q_1 p_1 - \sum q_0 p_0 = 8.1 - 5.5 = 2.6(万元)$$

其中：

（1）销售量变动的影响：

销售量指数：$I_q = \dfrac{\sum q_1 p_0}{\sum q_0 p_0} = \dfrac{7.0}{5.5} \times 100\% = 127.27\%$

计算结果表明，与2007年相比，2008年该商场三种商品销售量平均增长了27.27%，销售量的上升使销售额的绝对值增加了：

$$\sum q_1 p_0 - \sum q_0 p_0 = 7.0 - 5.5 = 1.5(万元)$$

（2）销售价格变动的影响：

销售价格指数: $I_q = \dfrac{\sum q_1 p_1}{\sum q_1 p_0} = \dfrac{8.1}{7.0} \times 100\% = 115.71\%$

计算结果表明，2008 年与 2007 年相比，三种商品销售价格平均上升了 15.71%，销售价格的上升使销售额的绝对值增加了：

$$\sum q_1 p_1 - \sum q_1 p_0 = 8.1 - 7.0 = 1.1（万元）$$

由此可见，销售额增长了 47.27%，是销售量平均增长了 27.27% 和销售价格平均增长了 15.71% 共同影响的结果，即：

127.27% × 115.71% = 147.27%

而销售额增加了 2.6 万元，是销售量增长使其增加 1.5 万元和销售价格上升使其增加 1.1 万元共同影响的结果，即：

1.5 + 1.1 = 2.6（万元）

第四节 几种典型的指数

指数作为一种重要的测评和分析方法，在实践中获得了广泛的应用。指数最初反映的是物价变化，随后应用领域不断扩展，从经济领域拓展到社会领域，指数被用来描述社会发展状况和测定人们的感受。这里选择几个典型领域的指数：物价指数领域，以居民消费价格指数为例；金融指数领域，以股票价格指数为例；社会心理领域，以消费者满意度指数为例。旨在说明指数的应用领域，介绍指数应用的不断发展。

一、居民消费价格指数

居民消费价格指数（Consumer Price Index，CPI）是度量居民消费品和服务项目价格水平随时间变动的相对数，反映了居民家庭购买的消费品和服务价格水平的变动情况。该指数是分析经济形势、检测物价水平、进行国民经济核算的重要指标，也常被用来测定通货膨胀，在国民经济生活中有着十分重要的作用。我国居民消费价格指数的编制于 1926 年开始，在北京、上海、天津编制工人生活费用指数，编制者是南开大学社会经济研究委员会，指数的分类有食物、衣着、房租、燃料、杂项 5 类，包括 37 种代表品，采用加权平均指数法。这是我国物价指数编制的起源。

中华人民共和国成立后，特别是改革开放后，我国居民消费价格指数的编制不断完善，表现在：分类更加细致，代表品的数量不断增加，权数确定更贴近实际。目前，居民消费价格指数按城乡编制，分为 8 大类别，每个大类中又分为中类和小类，指数中共有 251 个小类和近千种代表品，权数的确定分别依据城市样本中约 40000 个家庭和农村样本中约 60000 个家庭的实际消费。指数编制的过程有以下步骤。

1. 选择代表规格品

代表规格品的选择是在商品分类基础上进行的，选择的原则是：①销售数量（金额）大；②价格变动趋势和变动程度有代表性，即中选规格品的价格变动与未中选商品的价格变动存在高度相关；③所选的代表规格品之间性质差异大，价格变动特征的相关性低；④选中的工业消费品必须是合格品，有注册商标、产地、规格等级等标识。

代表规格品每年可适当更换，但更换数量的比例有限制，以保证代表规格品的稳定性。

2. 选择调查市县和调查点

选择的方法是划类选点。地区的选择既要考虑其代表性，也要注意类型上的多样性以及地区分布上的合理性和稳定性。例如，1992 年全国共选取 146 个市和 80 个县作为取得数据的基层填报单位，在此基础上选定经营规模大、商品种类多的商场（包括集市）作为调查点。调查市县和调查点的抽取都是采用按有关标志排队后等距抽取的方法确定的。

3. 价格的调查与计算

对代表规格品的采价原则是：①同一规格品的价格必须同质可比；②若挂牌价与成交价不同，按成交价计；③与居民生活密切相关，且价格变动频繁的商品，至少每 5 天调查一次，一般商品，每月调查 2~3 次。

代表规格品的平均价用简单算术平均法计算。

4. 权数的确定

居民消费价格指数的权数由全国样本中的 10 万多个城乡居民家庭消费支出构成确定。其中，各省份城市和农村权数分别根据各省份城镇居民家庭生活消费支出和农村居民家庭生活消费支出现金支出资料整理计算，全国权数根据各省份的权数按各地人均消费支出金额和人口数加权平均计算，大类、中类和小类的权数依次分层计算。

5. 指数计算

总指数计算采用加权平均方法，计算公式为：

$$I_p = \frac{\sum iW}{\sum W} \qquad (12-15)$$

式（12-15）中，i 为代表规格品个体指数或各层的类指数；W 为相对应的消费支出比重。具体计算过程是，先分别计算出各代表规格品基期和报告期的全社会综合平均价，并计算出相应的价格指数，然后分层逐级计算小类、中类、大类和总指数。

二、股票价格指数

目前，金融指数产品创新层出不穷，指数期货、指数期权、指数存托凭证、指数债券、指数存款等，极大丰富了金融市场，指数化投资逐渐成为证券市场的重要投资方式。作为金融指数的代表，股价指数最为大众所熟悉和关注，国际上许多著名的股价指数都是由专业的指数公司编制和发布的。虽然股价指数的编制原理相同，但在具体问题上，不同指数有各自的处理方法，这里仅以我国的上证指数为例，简要介绍股价指数的编制。

上证股价指数是由上海证券交易所编制并发布的指数系列，包括上证综合指数、上证 180 指数、A 股指数、B 股指数等。其中，编制最早也最具典型意义的是上证综合指数，该指数自 1991 年 7 月 15 日起正式发布，以 1990 年 12 月 19 日为基日，基日为 100 点，以现有上市股票为样本，以报告期股发行量为权数进行编制，计算公式为：

$$今日股价指数 = \frac{今日市价总值}{基日市价总值} \times 100 \qquad (12-16)$$

市价总值为收盘价乘以发行股数，遇发行股票新增或扩股时，需要进行修正。

上证综合指数在编制上有几个特点：

（1）该指数包括挂牌上市的所有股票，其优点是能全面、准确地反映某个时点股票价格的全面变动情况，能广泛考虑到行业分布和不同公司的规模，具有广泛的代表性。但同时也具有一些缺陷：一是敏感性差，不能及时反映主要上市公司股票价格对市场大势的影响；二是只要有新股上市就要计入指数中，使得指数内部结构变动频繁，影响了结构的稳定性和指数前后的可比性。

（2）该指数以发行量为权数，这也是国际上通行的做法，好处是比较全面，但我国股票发行中的法人股占到相当比重，且不能上市流通，这样，指数所反映的只能是流通市场的潜在能量，而不是现实市场股价的综合变动。

这说明，任何指数都是有局限性的，不可能依靠一个指数说明所有问题，需要其他一些数据补充说明。所以，我国的股票指数也是一个系列。在上证指数中，除上证综合指数外，还有上证 180 指数、A 股指数、B 股指数等股票指数做补充。认识到这一点，有助于我们科学看待目前社会上发布的各种指数。

三、消费者满意度指数

对消费者满意度的研究始于 20 世纪 70 年代，研究的背景是，一直以来，企业都以其收入（产值）、成本、利润等指标衡量经营业绩，各国的发展水平也是以人均 GDP 来表现的，但这些指标在为人们提供衡量经济发展数量的客观手段的同时，逐渐淡化了经济发展是使人类生活更加幸福的初衷。现代社会中，一切发展都离不开人，企业要具有可持续的竞争力，不仅要重视产值、利润等指标，也要重视黄金顾客、最有价值顾客等以消费者为导向的指标，要逐渐认识到，人类幸福本身才是社会进步的驱动因素和终极目标。人们从对经济资源生产效率的关注，逐步转向对经济资源产出质量的关注。而消费者满意度正是从最终消费者的角度来衡量产出质量的指标，其理论和实践也是在适应经济发展和多方面需要的过程中逐步产生和成熟起来的。

世界上第一个满意度指数由瑞典于 1989 年建立，编制者运用瑞典统计局提供的数据，分别编制了全国、各行业和各类公司的满意度指数，目前，已经成为具有价值的国民经济指标之一。之后，世界上的许多国家纷纷开始编制各自的满意度指数。中国质量协会组织从 2004 年起开始编制一些行业的满意度指数，如汽车、家电、房地产等，与发达国家相比，我国在编制消费者满意度指数方面还有很大的发展空间。

消费者满意度是一个经济心理学的概念，要衡量它就必须建立模型，将消费者满意度与一些相关变量联系起来，如价值、质量、投诉行为、忠诚度等。虽然各国满意度模型不尽相同，但有着共同的基本框架。模型的前导变量有两个：消费者对产品或服务的价值感知和消费者对产品或服务的期望。满意度的结果变量是消费者投诉和消费者忠诚度。忠诚度是模型中最终的因变量，因为它可以作为消费者保留和企业利润的指示器。

各国编制全国消费者满意度指数的内容也略有区别，以美国消费者满意度指数为例，指数的编制有国家、经济领域、行业和公司四个层次。全国消费者满意度指数包括 7 个经济领域，34 个行业，约 200 家公司。这 7 个领域都是向居民家庭提供产品或服务的重要领域，其产值占国民生产总值的 75%。

经济领域确定之后，从中选择有代表性的行业，选择的标准是：行业集中度高，且该行业中大部分公司的财务数据公开。选定行业后，再从每个行业选出 10~20 家公司，对每个公司随机抽取大约 250 名消费者进行调查，用调查数据进行模型参数估计，计算出公司的消费者满意度指数。

在中选公司抽取消费者时，不是根据公司提供的用户名单抽取，而是先按地区进行分层，在中选地区内采用计算机辅助电话调查，由计算机随机拨号产生样本，每月抽取 6000 个消费者样本实施调查，通过调查中得知的商品品牌将消费者与公司对应起来。

计算出各公司的消费者满意度指数后，需要确定上一层次（行业）指数计算的权重，进而计算经济领域指数和全国指数。在计算行业指数时，以各公司销售份额的比重作为权数，计算经济领域指数时，以各行业销售份额的比重作为权数；计算全国指数时，以各经济领域 GDP 的贡献百分比作为权数。

消费者满意度指数是社会学、心理学的研究成果在管理和营销领域应用的具体体现，用指数方式描述主观感受和心理活动是指数应用领域拓展的一个重要方向。指数理论和其他统计方法相结合，为指数的应用开拓了更大的空间。

四、幸福指数

幸福指数衡量的是人们对自身生存和发展状况的感受和体验，即人们的幸福感的一种指数。

不同的人对幸福感的理解和诠释不同，例如，市民小王说："幸福就是工资再高一点，晚上少加班。"而职业经理人胡明鑫认为："最幸福的事情就是把公司做成一个世界品牌。"而专家认为，幸福感可以理解为满意感、快乐感和价值感的有机统一。

事实上，幸福指数的含义远不止幸福感，它还包含民众所拥有的外部生存环境和自身发展条件。例如，"非典"曾让人们的幸福指数下跌；生活在空气污染指数低的城市，就相对幸福。

怎样测试自己的幸福程度呢？专家认为可以通过心理测试来把握，并提出了由 10 个次级指标构成的我国民众幸福指数指标体系，即知足充裕体验指数、心理健康体验指数、成长发展体验指数、社会信心体验指数、目标价值体验指数、自我接受体验指数、人际适应体验指数、身体健康体验指数、心态平衡体验指数和家庭氛围体验指数。

习题

1. 设某粮油零售市场 2017 年和 2018 年 3 种商品的零售价格和销售量资料如下表所示，2017 年为基期，2018 年为报告期。

商品	单位	单价（元）		销售量	
		2017 年	2018 年	2017 年	2018 年
甲	件	60	60	200	300
乙	双	20	30	400	500
丙	米	70	80	500	600

（1）计算三种商品的拉氏加权综合指数；
（2）计算三种商品的帕氏加权综合指数；
（3）采用指数体系对该数据进行因素分析。

2. 某企业生产甲、乙、丙三种产品，资料如下表所示，计算三种产品的销售总指数、价格总指数。

产品	单位	产量		价格（元）	
		基期	报告期	基期	报告期
甲	台	1000	2000	12.0	12.5
乙	吨	4000	6000	6.2	6.0
丙	米	10000	12000	6.0	5.0

3. 某企业生产 3 种产品的有关数据如下表所示，用报告期销售额为权数，计算 3 种产品的价格指数。

产品	单位	总成本（元）		个体成本指数	个体产量指数
		基期 $p_0 q_0$	报告期 $p_1 q_1$	p_1 / p_0	q_1 / q_0
甲	件	200	220	1.14	1.03
乙	双	50	50	1.05	0.98
丙	米	120	150	1.20	1.10

附表一　随机数表

92459 46807 00742 98068 05715 91914 30368 76830 01471 31879
01990 61688 21317 58136 81372 32479 89450 54188 15032 52447
56357 03811 04824 53455 88755 30122 02839 71763 49639 06246
36783 05002 71761 35852 40640 62630 26769 02587 44623 95577
88822 11796 28561 27091 93013 64939 94299 98240 57450 18672

03478 89017 30466 54463 32998 45826 92196 84866 90728 60701
15272 84614 27404 33686 51283 72980 53589 61318 78649 06703
29596 47534 89805 95170 89816 58314 03649 64285 14682 12486
71904 81693 94887 45573 76874 74548 36851 48630 77916 78922
05201 51312 78986 27330 63194 98096 93212 74891 55099 02678

16510 95406 39078 31468 43577 67990 11287 27068 37874 61734
83316 94852 73159 76123 05010 08393 62827 13728 34709 39578
19962 86326 99855 14146 28341 93570 34163 59623 14103 63367
66852 52392 32115 75977 80723 96562 19388 64446 73949 83823
84161 37020 79694 35717 73417 15617 93437 46981 94838 12418

58837 30960 84272 38937 27926 95403 61816 32202 11343 99925
12971 62671 87151 80924 08413 22879 51701 84303 65556 20152
21036 13175 77916 31978 78896 69869 22225 13043 49858 81615
34152 24555 54366 40704 33111 00490 53198 52317 77478 30052
50434 17800 99805 32819 71033 83674 84640 67470 60922 25920

74643 91686 64861 13547 47668 02710 11434 82867 40442 23126
30774 56770 07259 58864 02002 78870 29737 79078 03891 96198
52766 31005 71786 78399 41418 73730 44254 81034 81391 60870
30583 57645 02821 46759 21611 81875 75570 71403 95020 90567
11411 87731 95412 14734 68216 24237 64399 57190 62003 08072

附表二　标准正态分布表

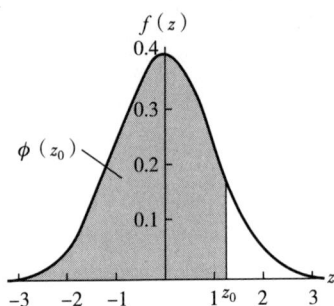

$$P(Z \leqslant z) = \Phi(z) = \int_{-\infty}^{z} \frac{1}{\sqrt{2\pi}} e^{-\omega^2/2} d\omega$$

$$\Phi(-z) = 1 - \Phi(z)$$

z	0.00	0.01	0.02	0.03	0.04	0.05	0.06	0.07	0.08	0.09
0.0	0.5000	0.5040	0.5080	0.5120	0.5160	0.5199	0.5239	0.5279	0.5319	0.5359
0.1	0.5398	0.5438	0.5478	0.5517	0.5557	0.5596	0.5636	0.5675	0.5714	0.5753
0.2	0.5793	0.5832	0.5871	0.5910	0.5948	0.5987	0.6026	0.6064	0.6103	0.6141
0.3	0.6179	0.6217	0.6255	0.6293	0.6331	0.6368	0.6406	0.6443	0.6480	0.6517
0.4	0.6554	0.6591	0.6628	0.6664	0.6700	0.6736	0.6772	0.6808	0.6844	0.6879
0.5	0.6915	0.6950	0.6985	0.7019	0.7054	0.7088	0.7123	0.7157	0.7190	0.7224
0.6	0.7257	0.7291	0.7324	0.7357	0.7389	0.7422	0.7454	0.7486	0.7517	0.7549
0.7	0.7580	0.7611	0.7642	0.7673	0.7703	0.7734	0.7764	0.7794	0.7823	0.7852
0.8	0.7881	0.7910	0.7939	0.7967	0.7995	0.8023	0.8051	0.8078	0.8106	0.8133
0.9	0.8159	0.8186	0.8212	0.8238	0.8264	0.8289	0.8315	0.8340	0.8365	0.8389

续表

1.0	0.8413	0.8438	0.8461	0.8485	0.8508	0.8531	0.8554	0.8577	0.8599	0.8621
1.1	0.8643	0.8665	0.8686	0.8708	0.8729	0.8749	0.8770	0.8790	0.8810	0.8830
1.2	0.8849	0.8869	0.8888	0.8907	0.8925	0.8944	0.8962	0.8980	0.8997	0.9015
1.3	0.9032	0.9049	0.9066	0.9082	0.9099	0.9115	0.9131	0.9147	0.9162	0.9177
1.4	0.9192	0.9207	0.9222	0.9236	0.9251	0.9265	0.9279	0.9292	0.9306	0.9319
1.5	0.9332	0.9545	0.9357	0.9370	0.9382	0.9394	0.9406	0.9418	0.9429	0.9441
1.6	0.9452	0.9463	0.9474	0.9484	0.9495	0.9505	0.9515	0.9525	0.9535	0.9545
1.7	0.9554	0.9564	0.9573	0.9582	0.9591	0.9599	0.9608	0.9616	0.9625	0.9633
1.8	0.9641	0.9649	0.9656	0.9664	0.9671	0.9678	0.9686	0.9693	0.9699	0.9706
1.9	0.9713	0.9719	0.9726	0.9732	0.9738	0.9744	0.9750	0.9756	0.9761	0.9767
2.0	0.9772	0.9778	0.9783	0.9788	0.9793	0.9798	0.9803	0.9808	0.9812	0.9817
2.1	0.9821	0.9826	0.9830	0.9834	0.9838	0.9842	0.9846	0.9850	0.9854	0.9857
2.2	0.9861	0.9864	0.9868	0.9871	0.9875	0.9878	0.9881	0.9884	0.9887	0.9890
2.3	0.9893	0.9896	0.9898	0.9901	0.9904	0.9906	0.9909	0.9911	0.9913	0.9916
2.4	0.9918	0.9920	0.9922	0.9925	0.9927	0.9929	0.9931	0.9932	0.9934	0.9936
2.5	0.9938	0.9940	0.9941	0.9943	0.9945	0.9946	0.9948	0.9949	0.9951	0.9952
2.6	0.9953	0.9955	0.9956	0.9957	0.9959	0.9960	0.9961	0.9962	0.9963	0.9964
2.7	0.9965	0.9966	0.9967	0.9968	0.9969	0.9970	0.9971	0.9972	0.9973	0.9974
2.8	0.9974	0.9975	0.9976	0.9977	0.9977	0.9978	0.9979	0.9979	0.9980	0.9981
2.9	0.9981	0.9982	0.9982	0.9983	0.9984	0.9984	0.9985	0.9985	0.9986	0.9986
3.0	0.9987	0.9987	0.9987	0.9988	0.9988	0.9989	0.9989	0.9989	0.9990	0.9990
α	0.400	0.300	0.200	0.100	0.050	0.025	0.020	0.010	0.005	0.001
z_α	0.253	0.524	0.842	1.282	1.645	1.960	2.0S4	2326	2.576	3.090
$z_{\alpha/2}$	0.842	1.036	1282	1.645	1.960	2.240	2326	2.576	2.807	3.291

附表三 t 分布临界值表

（查表时注意：V 是指自由度，并分单侧和双侧两种类型；右侧的示意图是单侧检验的情形）

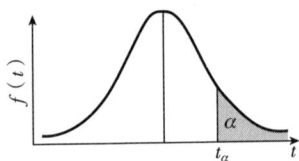

单侧	$\alpha = 0.10$	0.05	0.025	0.01	0.005
双侧	$\alpha = 0.20$	0.10	0.05	0.02	0.01
$V = 1$	3.078	6.314	12.706	31.821	63.657
$V = 2$	1.886	2.920	4.303	6.965	9.925
$V = 3$	1.638	2.353	3.182	4.541	5.841
$V = 4$	1.533	2.132	2.776	3.747	4.604
$V = 5$	1.476	2.015	2.571	3.365	4.032
$V = 6$	1.440	1.943	2.447	3.143	3.707
$V = 7$	1.415	1.895	2.365	2.998	3.499
$V = 8$	1.397	1.860	2.306	2.896	2.355
$V = 9$	1.383	1.833	2.262	2.821	3.250
$V = 10$	1.372	1.812	2.228	2.764	3.169
$V = 11$	1.363	1.796	2.201	2.718	3.106
$V = 12$	1.356	1.782	2.179	2.681	3.055
$V = 13$	1.350	1.771	2.160	2.650	3.012
$V = 14$	1.345	1.761	2.145	2.624	2.977
$V = 15$	1.341	1.753	2.131	2.602	2.947

单侧	$\alpha = 0.10$	0.05	0.025	0.01	0.005
双侧	$\alpha = 0.20$	0.10	0.05	0.02	0.01
$V = 16$	1.337	1.746	2.120	2.583	2.921
$V = 17$	1.333	1.740	2.110	2.567	2.898
$V = 18$	1.330	1.734	2.101	2.552	2.878
$V = 19$	1.328	1.729	2.093	2.539	2.861
$V = 20$	1.325	1.725	2.086	2.528	2.845
$V = 21$	1.323	1.721	2.080	2.518	2.831
$V = 22$	1.321	1.717	2.074	2.508	2.819
$V = 23$	1.319	1.714	2.069	2.500	2.807
$V = 24$	1.318	1.711	2.064	2.492	2.797
$V = 25$	1.316	1.708	2.060	2.485	2.787
$V = 26$	1.315	1.706	2.056	2.479	2.779
$V = 27$	1.314	1.703	2.052	2.473	2.771
$V = 28$	1.313	1.701	2.048	2.467	2.763
$V = 29$	1.311	1.699	2.045	2.462	2.756
$V = 30$	1.310	1.697	2.042	2.457	2.750
$V = 40$	1.303	1.684	2.021	2.423	2.704
$V = 50$	1.299	1.676	2.009	2.403	2.678
$V = 60$	1.296	1.671	2.000	2.390	2.660
$V = 70$	1.294	1.667	1.994	2.381	2.648
$V = 80$	1.292	1.664	1.990	2.374	2.639
$V = 90$	1.291	1.662	1.987	2.368	2.632
$V = 100$	1.290	1.660	1.984	2.364	2.626
$V = 125$	1.288	1.657	1.979	2.357	2.616
$V = 150$	1.287	1.655	1.976	2.351	2.609
$V = 200$	1.286	1.653	1.972	2.345	2.601
$V = \infty$	1.282	1.645	1.960	2.326	2.576

附表四 χ^2 分布临界值表

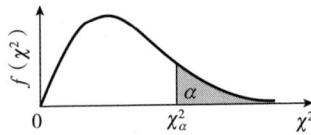

自由度	$\chi^2_{0.995}$	$\chi^2_{0.990}$	$\chi^2_{0.975}$	$\chi^2_{0.950}$	$\chi^2_{0.900}$
1	0.0000393	0.0001571	0.0009821	0.0039321	0.0157908
2	0.0100251	0.0201007	0.0506356	0.102587	0.210720
3	0.0717212	0.114832	0.215795	0.351846	0.584375
4	0.206990	0.297110	0.484419	0.710721	1.063623
5	0.411740	0.554300	0.831211	1.145476	1.61031
6	0.675727	0.872085	1.237347	1.63539	2.20413
7	0.989265	1.239043	1.68987	2.16735	2.83311
8	1.344419	1.646482	2.17973	2.73264	3.48954
9	1.734926	2.087912	2.70039	3.32511	4.16816
10	2.15585	2.55821	3.24697	3.94030	4.86518
11	2.60321	3.05347	3.81575	4.57481	5.57779
12	3.07382	3.57056	4.40379	5.22603	6.30380
13	3.56503	4.10691	5.00874	5.89186	7.04150
14	4.07468	4.66043	5.62872	6.57063	7.78953
15	4.60094	5.22935	6.26214	7.26094	8.54675
16	5.14224	5.81221	6.90766	7.96164	9.31223
17	5.69724	6.40776	7.56418	8.67176	10.0852
18	6.26481	7.01491	8.23075	9.39046	10.8649

自由度	$\chi^2_{0.995}$	$\chi^2_{0.990}$	$\chi^2_{0.975}$	$\chi^2_{0.950}$	$\chi^2_{0.900}$
19	6. 84398	7. 63273	8. 90655	10. 1170	11. 6509
20	7. 43386	8. 26040	9. 59083	10. 8508	12. 4426
21	8. 03366	8. 89720	10. 28293	11. 5913	13. 2396
22	8. 64272	9. 54249	10. 9823	12. 3380	14. 0415
23	9. 26042	10. 19567	11. 6885	13. 0905	14. 8479
24	9. 88623	10. 8564	12. 4011	13. 8484	15. 6587
25	10. 5197	11. 5240	13. 1197	14. 6114	16. 4734
26	11. 1603	12. 1981	13. 8439	15. 3791	17. 2919
27	11. 8076	12. 8786	14. 5733	16. 1513	18. 1138
28	12. 4613	13. 5648	15. 3079	16. 9279	18. 9392
29	13. 1211	14. 2565	16. 0471	17. 7083	19. 7677
30	13. 7867	14. 9535	16. 7908	18. 4926	20. 5992
40	20. 7065	22. 1643	24. 4331	26. 5093	29. 0505
50	27. 9907	29. 7067	32. 3574	34. 7642	37. 6886
60	35. 5346	37. 4848	40. 4817	43. 1879	46. 4589
70	43. 2752	45. 4418	18. 7576	51. 7393	55. 3290
80	51. 1720	53. 5400	57. 1532	60. 3915	64. 2778
90	59. 1963	61. 7541	65. 6466	69. 1260	73. 2912
100	67. 3276	70. 0648	74. 2219	77. 9295	82. 3581
150	109. 142	112. 668	117. 985	122. 692	128. 275
200	152. 241	156. 432	162. 728	168. 279	174. 835
300	240. 663	245. 972	253. 912	260. 878	269. 068
400	330. 903	337. 155	346. 482	354. 641	364. 207
500	422. 303	429. 388	439. 936	449. 147	459. 926

续表

自由度	$\chi^2_{0.100}$	$\chi^2_{0.050}$	$\chi^2_{0.025}$	$\chi^2_{0.010}$	$\chi^2_{0.005}$
1	2.70554	3.84146	5.02389	6.63490	7.87944
2	4.60517	5.99147	7.37776	9.21034	10.5966
3	6.25139	7.81473	9.34840	11.3449	12.8381
4	7.77944	9.48773	11.1433	13.2767	14.8602
5	9.23635	11.0705	12.8325	15.0863	16.7496
6	10.6446	12.5916	14.4494	16.8119	18.5476
7	12.0170	14.0671	16.0128	18.4753	20.2777
8	13.3616	15.5073	17.5346	20.0902	21.9550
9	14.6837	16.9190	19.0228	21.6660	23.5893
10	15.9871	18.3070	20.4831	23.2093	25.1882
11	17.2750	19.6751	21.9200	24.7250	26.7569
12	18.5494	21.0261	23.3367	26.2170	28.2995
13	19.8119	22.3621	24.7356	27.6883	29.8194
14	21.0642	23.6848	26.1190	29.1413	31.3193
15	22.3072	24.9958	27.4884	30.5779	32.8013
16	23.5418	26.2962	28.8454	31.9999	34.2672
17	24.7690	27.5871	30.1910	33.4087	35.7185
18	25.9894	28.8693	31.5264	34.8053	37.1564
19	27.2036	30.1435	35.8523	36.1908	38.5822
20	28.4120	31.4104	34.1696	37.5662	39.9968
21	29.6151	32.6705	35.4789	38.9321	41.4010
22	30.8133	33.9244	36.7807	40.2894	42.7956
23	32.0069	35.1725	38.0757	41.6384	44.1813
24	33.1963	36.4151	39.3641	42.9798	45.5585
25	34.3816	37.6525	40.6465	44.3141	46.9278
26	36.5631	38.8852	41.9232	45.6417	48.2899
27	36.7412	40.1133	43.1944	46.9630	49.6449
28	37.9159	41.3372	44.4607	48.2782	50.9933
29	39.0875	42.5569	45.7222	49.5879	52.3356
30	40.2560	43.7729	46.9792	50.8922	53.6720
40	51.8050	55.7585	59.3417	63.6907	66.7659

续表

自由度	$\chi^2_{0.100}$	$\chi^2_{0.050}$	$\chi^2_{0.025}$	$\chi^2_{0.010}$	$\chi^2_{0.005}$
50	63.1671	67.5048	71.4202	76.1539	79.4900
60	74.3970	79.0819	83.2976	88.3794	91.9517
70	85.5271	90.5312	95.0231	100.425	104.215
80	96.5782	101.879	106.629	112.329	116.321
90	107.565	113.145	118.136	124.116	128.299
100	118.498	124.342	129.561	135.807	140.169
150	172.581	179.581	185.800	193.208	198.360
200	226.021	233.994	241.058	249.445	255.264
300	331.789	341.395	349.874	359.906	366.844
400	436.649	447.632	457.306	468.724	479.606
500	540.930	553.127	563.852	576.493	585.207

附表五　F 分布临界值表（$\alpha = 0.05$）

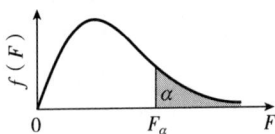

V_2 \ V_1	1	2	3	4	5	6	8	10	15
1	161.4	199.5	215.7	224.6	230.2	234.0	238.9	241.9	245.9
2	18.51	19.00	19.16	19.25	19.30	19.33	19.37	19.40	19.43
3	10.13	9.55	9.28	9.12	9.01	8.94	8.85	8.79	8.70
4	7.71	6.94	6.59	6.39	6.26	6.16	6.04	5.96	5.86
5	6.61	5.79	5.41	5.19	5.05	4.95	4.82	4.74	4.62
6	5.99	5.14	4.76	4.53	4.39	4.28	4.15	4.06	3.94
7	5.59	4.74	4.35	4.12	3.97	3.87	3.73	3.64	3.51
8	5.32	4.46	4.07	3.84	3.69	3.58	3.44	3.35	3.22
9	5.12	4.26	3.86	3.63	3.48	3.37	3.23	3.14	3.01
10	4.96	4.10	3.71	3.48	3.33	3.22	3.07	2.98	2.85
11	4.84	3.98	3.59	3.36	3.20	3.09	2.95	2.85	2.72
12	4.75	3.89	3.49	3.26	3.11	3.00	2.85	2.75	2.62
13	4.67	3.81	3.41	3.18	3.03	2.92	2.77	2.67	2.53
14	4.60	3.74	3.34	3.11	2.96	2.85	2.70	2.60	2.46
15	4.54	3.68	3.29	3.06	2.90	2.79	2.64	2.54	2.40
16	4.49	3.63	3.24	3.01	2.85	2.74	2.59	2.49	2.35
17	4.45	3.59	3.20	2.96	2.81	2.70	2.55	2.45	2.31
18	4.41	3.55	3.16	2.93	2.77	2.66	2.51	2.41	2.27

续表

V_2 \ V_1	1	2	3	4	5	6	8	10	15
19	4.38	3.52	3.13	2.90	2.74	2.63	2.48	2.38	2.23
20	4.35	3.49	3.10	2.87	2.71	2.60	2.45	2.35	2.20
21	4.32	3.47	3.07	2.84	2.68	2.57	2.42	2.32	2.18
22	4.30	3.44	3.05	2.82	2.66	2.55	2.40	2.30	2.15
23	4.28	3.42	3.03	2.80	2.64	2.53	2.37	2.27	2.13
24	4.26	3.40	3.01	2.78	2.62	2.51	2.36	2.25	2.11
25	4.24	3.39	2.99	2.76	2.60	2.49	2.34	2.24	2.09
26	4.23	3.37	2.98	2.74	2.59	2.47	2.32	2.22	2.07
27	4.21	3.35	2.96	2.73	2.57	2.46	2.31	2.20	2.06
28	4.20	3.34	2.95	2.71	2.56	2.45	2.29	2.19	2.04
29	4.18	3.33	2.93	2.70	2.55	2.43	2.28	2.18	2.03
30	4.17	3.32	2.92	2.69	2.53	2.42	2.27	2.16	2.01
40	4.08	3.23	2.84	2.61	2.45	2.34	2.18	2.08	1.92
50	4.03	3.18	2.79	2.56	2.40	2.29	2.13	2.03	1.87
60	4.00	3.15	2.76	2.53	2.37	2.25	2.10	1.99	1.84
70	3.98	3.13	2.74	2.50	2.35	2.23	2.07	1.97	1.81
80	3.96	3.11	2.72	2.49	2.33	2.21	2.06	1.95	1.79
90	3.95	3.10	2.71	2.47	2.32	2.20	2.04	1.94	1.78
100	3.94	3.09	2.70	2.46	2.31	2.19	2.03	1.93	1.77
125	3.92	3.07	2.68	2.44	2.29	2.17	2.01	1.91	1.75
150	3.90	3.06	2.66	2.43	2.27	2.16	2.00	1.89	1.73
200	3.89	3.04	2.65	2.42	2.26	2.14	1.98	1.88	1.72
∞	3.84	3.00	2.60	2.37	2.21	2.10	1.94	1.83	1.67

附表六 F 分布临界值表（$\alpha = 0.01$）

V_2 \\ V_1	1	2	3	4	5	6	8	10	15
1	4052	4999	5403	5625	5764	5859	5981	6065	6157
2	98.50	99.00	99.17	99.25	99.30	99.33	99.37	99.40	99.43
3	34.12	30.82	29.46	28.71	28.24	27.91	27.49	27.23	26.87
4	21.20	18.00	16.69	15.98	15.52	15.21	14.80	14.55	14.20
5	16.26	13.27	12.06	11.39	10.97	10.67	10.29	10.05	9.72
6	13.75	10.92	9.78	9.15	8.75	8.47	8.10	7.87	7.56
7	12.25	9.55	8.45	7.85	7.46	7.19	6.84	6.62	6.31
8	11.26	8.65	7.59	7.01	6.63	6.37	6.03	5.81	5.52
9	10.56	8.02	6.99	6.42	6.06	5.80	5.47	5.26	4.96
10	10.04	7.56	6.55	5.99	5.64	5.39	5.06	4.85	4.56
11	9.65	7.21	6.22	5.67	5.32	5.07	4.74	4.54	4.25
12	9.33	6.93	5.95	5.41	5.06	4.82	4.50	4.30	4.01
13	9.07	6.70	5.74	5.21	4.86	4.62	4.30	4.10	3.82
14	8.86	6.51	5.56	5.04	4.69	4.46	4.14	3.94	3.66
15	8.86	6.36	5.42	4.89	4.56	4.32	4.00	3.80	3.52
16	8.53	6.23	5.29	4.77	4.44	4.20	3.89	3.69	3.41
17	8.40	6.11	5.19	4.67	4.34	4.10	3.79	3.59	3.31
18	8.29	6.01	5.09	4.58	4.25	4.01	3.71	3.51	3.23
19	8.18	5.93	5.01	4.50	4.17	3.94	3.63	3.43	3.15
20	8.10	5.85	4.94	4.43	4.10	3.87	3.56	3.37	3.09
21	8.02	5.78	4.87	4.37	4.04	3.81	3.51	3.31	3.03
22	7.95	5.72	4.82	4.31	3.99	3.76	3.45	3.26	2.98
23	7.88	5.66	4.76	4.26	3.94	3.71	3.41	3.21	2.93
24	7.82	5.61	4.72	4.22	3.90	3.67	3.36	3.17	2.89

续表

V_1 V_2	1	2	3	4	5	6	8	10	15
25	7.77	5.57	4.68	4.18	3.85	3.63	3.32	3.13	2.85
26	7.72	5.53	4.64	1.14	3.82	3.59	3.29	3.09	2.81
27	7.68	5.49	4.60	4.11	3.78	3.36	3.26	3.06	2.78
28	7.64	5.45	4.57	4.07	3.75	3.53	3.23	3.03	2.75
29	7.60	5.42	4.54	4.04	3.73	3.50	3.20	3.00	2.73
30	7.56	5.39	4.51	4.02	3.70	3.47	3.17	2.98	2.70
40	7.31	5.18	4.31	3.83	3.51	3.29	2.99	2.80	2.52
50	7.17	5.06	4.20	3.72	3.41	3.19	2.89	2.70	2.42
60	7.08	4.98	4.13	3.65	3.34	3.12	2.82	2.63	2.35
70	7.01	4.92	4.07	3.60	3.29	3.07	2.78	2.59	2.31
80	6.96	4.88	4.04	3.56	3.26	3.04	2.74	2.55	2.27
90	6.93	4.85	4.01	3.53	3.23	3.01	2.72	2.52	2.42
100	6.90	4.82	3.98	3.51	3.21	2.99	2.69	2.50	2.22
125	6.84	4.78	3.94	3.47	3.17	2.95	2.66	2.47	2.19
150	6.81	4.75	3.91	3.45	3.14	2.92	2.63	2.44	2.16
200	6.76	4.71	3.88	3.41	3.11	2.89	2.60	2.41	2.13
∞	6.63	4.61	3.78	3.32	3.02	2.80	2.51	2.23	2.04